德育与班级管理

（第三版）

主编　陈　鹏　段作章
　　　孙雪连　刘月芳

南京大学出版社

图书在版编目(CIP)数据

德育与班级管理 / 陈鹏等主编. -- 3 版. -- 南京 ：
南京大学出版社，2025.1.(2025.2 重印)-- ISBN 978
- 7 - 305 - 28372 - 7

Ⅰ. G631；G632.421

中国国家版本馆 CIP 数据核字第 2024JF4261 号

出版发行　南京大学出版社
社　　址　南京市汉口路 22 号　　　邮　　编　210093
书　　名　德育与班级管理
　　　　　　DEYU YU BANJI GUANLI
主　　编　陈　鹏　段作章　孙雪连　刘月芳
责任编辑　钱梦菊

照　　排　南京开卷文化传媒有限公司
印　　刷　常州市武进第三印刷有限公司
开　　本　787 mm×1092 mm　1/16　印张 13.75　字数 300 千
版　　次　2025 年 1 月第 3 版　2025 年 2 月第 2 次印刷
ISBN 978 - 7 - 305 - 28372 - 7
定　　价　39.00 元

网　　址：http://www.njupco.com
官方微博：http://weibo.com/njupco
官方微信号：njupress
销售咨询热线：(025)83594756

第三版前言

党的二十大报告提出"培养什么人、怎样培养人、为谁培养人是教育的根本问题，育人的根本在于立德"。在党的二十大精神的引领下，为适应时代和社会的变化，结合《中小学教师培训课程指导标准》(班级管理)(教师厅〔2020〕3号)等文件要求，我们对《德育与班级管理》教材进行了全面而深入的修订，本次修订以坚持立德树人根本任务为宗旨，以培养德智体美劳全面发展的社会主义建设者和接班人为核心目标，全面回应新时代教育发展要求。

在本次教材的编写修订中，我们坚持的原则主要有四个。

第一，思想性。为全面落实立德树人根本任务，培养学生的社会主义核心价值观，我们在教材中增加了课程思政内容，在教材的每个章节有机融入了思政元素，让学生在学习德育与班级管理专业知识的同时，也能够接受思想教育的熏陶，以更好地贯彻落实党的教育方针。

第二，适用性。在遵循《小学教师专业标准(试行)》《中学教师专业标准(试行)》《教师教育课程标准(试行)》《中小学班主任工作规定》等文件理念的基础上，我们充分吸收《中小学教师培训课程指导标准》(班级管理)以及《中学教育专业师范生教师职业能力标准(试行)》和《小学教育专业师范生教师职业能力标准(试行)》(教师厅〔2021〕2号)等最新文件精神，并结合实证调查反映的真实问题，对教材整体结构进行调整，在保留并修订德育概述、德育过程、班级管理与班集体建设等经典内容的基础上，增加了班级活动管理、学生发展指导、综合素质评价、沟通与合作等一线班主任急难愁盼的内容，确保教材的适用性和针对性。

第三，实践性。为了帮助师范生理解和应对新时期教育实践中的新情况、新问题，我们新增和更新了各个章节的案例，强化了教材的时效性和实践性，在确保理论阐释的生动性、形象化的同时，引导师范生掌握新时期青少年成长发展规律，理解新时代基础教育领域的核心问题。

第四,方便性。为了帮助学生有针对性地备考教师资格证,我们在每个章节的不同知识模块都渗透了最新的真题链接,方便学生活学活用;同时我们还配套了数字化的教学资源,为教师的教学和学生的学习提供了更加丰富和便捷的资源支持。

本书各章的编写作者依次为:第一章(陈鹏、刘月芳),第二章(孙雪连、刘月芳),第三章(佟雪峰、陈振),第四章(张晓寒、刘文晓),第五章(王桃英、武楠),第六章(李莎、杜连森),第七章(朱玉山、卢新伟)。最后由陈鹏、孙雪连统稿。在此,对参与编写的各位老师表示感谢。

本教材的顺利完成和出版,得到了南京大学出版社领导与编辑的热情指导和帮助。在此,我们也一并表示衷心的感谢。由于我们的水平所限,加上编写的时间紧促,难免有疏漏和不妥之处,敬请各位师生、读者不吝指正,提出宝贵意见,我们将在后续的修订中不断完善。

编　者
2025 年 1 月

目录 ....

第1章　德育概述

内容提要

立德树人,德育为先。本章主要从理论上阐述德育的内涵、地位与功能,系统论述德育目标、德育内容、德育课程以及德育模式的相关内容。通过本章的学习,应达成如下学习目标:理解德育概念,了解德育的地位与功能;熟悉德育目标的含义,理解我国现阶段的中小学德育目标;熟悉德育的基本内容,了解确定德育内容的依据,明确现阶段我国德育的主要内容;熟悉德育课程的分类,理解不同类型德育课程的特点;掌握皮亚杰的道德发展阶段论和科尔伯格的道德认知发展阶段理论,了解几种主要的德育模式并能灵活选择和运用德育模式指导德育实践。

第一节　德育内涵与功能

一、德育的定义

德育是教育者按照一定社会或阶级的要求,有目的、有计划、有系统地对受教育者施加思想、政治和道德影响,通过受教育者积极的认识、体验、身体力行,以形成他们的品德和自我修养能力的教育活动。德育是我国全面发展教育的一个重要组成部分。

在古代典籍中许多"教"字的表述包含"德"的教育思想,《中庸》中提出:"修道之谓教",《学记》中"教也者,长其善而救其失者也。""建国君民,教学为先。"这里"教""教学"都是教化之意。《大学》指出:"大学之道,在明明德,在亲民,在止于至善。""道"即教育的意思,而教育实际上就是德育。西方教育史上很长一段时间也将德育等同于教育的概念。夸美纽斯认为教育在于发展健全的个人。加里宁指出:"教育是对于受教育者心理上所施行的一种确定的、有目的的和有系统的感化作用,以便在受教育者的身心上,养成教育者所希望的品质。"[①]苏联的教育著作把教育当作德育概念使用的情况十分

---

① 加里宁.论共产主义教育和教学:1924—1945年论文和讲演集[M].陈昌浩,等译.北京:人民教育出版社,1957:56.

001

普遍。

古人并无德育概念，更无"德育"名称，它是近代以来出现的新名词，一般认为英国思想家斯宾塞 1861 年出版的《教育论》一书中最早明确提出把教育分德育、智育、体育三部分，此后"德育"一词才风靡世界。

在我国，"德育"一词最早正式出现在 1906 年王国维的《论教育之宗旨》一文，文中是这样阐述的："教育之宗旨何在？在使人为完全之人物而已。何谓完全之人物？谓人之能力无不发达且调和是也。人之能力分为内外二者：一曰身体之能力，一曰精神之能力。发达其身体而萎缩其精神，或发达其精神而罢敝其身体，皆非所谓完全者也。完全之人物，精神与身体必不可不为调和之发达。而精神之中又分为三部：知力、感情及意志是也。对此三者而有真美善之理想：真者知力之理想，美者感情之理想，善者意志之理想。完全之人物，不可不备真美善之三德。欲达此理想，于是教育之事起。教育之事亦分为三部：智育、德育（即意育）、美育（即情育）是也。"

新中国成立后受政治影响，德育一度就是政治教育，或政治思想教育、思想政治教育。1988 年《中共中央关于改革和加强中小学德育工作的通知》强调德育即思想品德和政治教育。1993 年《中国教育改革和发展纲要》提出德育即思想政治和品德教育。1995 年《中国普通高等学校德育大纲》明确德育即思想、政治和品德教育。1995 年《中学德育大纲》、1998 年《中小学德育工作规程》规定德育即对学生进行政治、思想、道德和心理品质教育。2017 年《中小学德育工作指南》指出德育包含理想信念教育、社会主义核心价值观教育、中华优秀传统文化教育、生态文明教育和心理健康教育。目前，一般认为德育即思想品德教育，其外延有广义与狭义之分，狭义的德育即道德教育，广义的德育则包括政治教育、思想教育和道德教育。我国教育界大多认同广义德育。但是，道德教育与政治教育、思想教育是有区别的，道德教育指道德品质的教育；政治教育主要是政治思想、政治立场、政治态度的教育；思想教育则指世界观、人生观等方面的教育。

真题链接

辨析题：德育就是培养学生道德品质的教育。

答案：此观点错误。解析略。

二、德育的地位

（一）德育地位的历史考察

德育的地位不是抽象的、固定不变的，而是具体的、随着社会历史条件的发展变化而有所变化的。在原始社会，教育带有极端的局限性和原始性，德育及其他方面教育和实际生活完全结合在一起,不存在什么地位问题。人类进入文明社会以后,学校开始与生产、社会相分离,内容也逐渐丰富起来,实际存在着德、智、体方面的教育。古埃及学校也极为重视这方面的教育,要求学生尊日神、忠国君、孝双亲。中国与古埃及学校把德育视为教育的根本,这在世界古代教育中是具有代表性的。近代,学校开始逐渐由以德育为主转向重视科学知识传授,在理论上也出现了德育的地位问题。有些教育家始终把德育放在首要位置,赫尔巴特把德育作为教育的根本目的,认为"教育的唯一工作与全部工作可以总结在这一概念之中——道德"①。

新中国成立以来,我国一直重视德育,把德育作为全面发展教育的重要组成部分,二十世纪六七十年代强调的是政治功能,八十年代以后逐步认识到德育的多种功能和价值,但在"以经济建设为中心"的新时期,又出现一系列淡化甚至否定德育地位的倾向,这些倾向主要有唯物质需要的实惠论和单纯物质刺激论对德育的否定;科技直接物化论和评价人的唯生产能力标准对德育的否定;人的本性自私论和非德论对德育的否定;以智代德论对德育的否定;以法代德论对德育的否定;完全寓他论对德育的否定。

2012 年 11 月,中国共产党第十八次全国人民代表大会报告中提出"把立德树人作为教育的根本任务",为教育指明了前进的方向。为落实党中央号召,教育部于 2014 年印发《关于全面深化课程改革的意见》,该《意见》指出,"立德树人是发展中国特色社会主义教育事业的核心所在,是培养德智体美全面发展的社会主义建设者和接班人的本质要求"。2017 年 10 月,中国共产党第十九次全国人民代表大会报告中指出,"要全面贯彻党的教育方针,落实立德树人根本任务,发展素质教育,推进教育公平,培养德智体美全面发展的社会主义建设者和接班人"。2018 年 9 月,习近平在全国教育大会上强调,坚持把立德树人作为根本任务,培养德智体美劳全面发展的社会主义建设者和接班人,"要努力构建德智体美劳全面培养的教育体系,形成更高水平的人才培养体系。要把立德树人融入思想道德教育、文化知识教育、社会实践教育各环节,贯穿基础教育、职业教育、高等教育各领域"。

(二) 德育在全面发展教育中的地位

德育、智育、体育、美育、劳动教育共同构成全面发展的教育,而德育在全面发展的教育中又有着独特的地位。一方面,德育体现着教育的性质,对其他各育和受教育者全部活动发挥着引领作用。具体来看,一是以德定才智,古语有言"人无德不立",所谓德才兼备,体现的是"德""智"一体,是人才成长的规律,是以德性之"善"引导智慧之"真";二是以德健体魄,体育不仅育体质的康健,更在育体魄之精神,在于健康的心理和积极的态度;三是以德悦美,真善美常常相连并提,美的事物一定是善的事物,反之亦然,因而要以高尚品德培养审美情趣,推动美善一体;四是以德塑劳动品格,劳动教育的重要

---

① 张焕庭.西方资产阶级教育论著精选[M].北京:人民教育出版社,1985:259-260.

一环是劳动态度与价值观的涵育,即劳动品格的养成,这正与德育息息相关、一脉相承。[①] 可见,德育是教育的灵魂,正如苏霍姆林斯基的观点,德育是照亮一切的光源。德育对其他各育和受教育者的发展起到了定向与动力的作用。另一方面,德育与其他各育构成完整的有机的整体,各自都有其独特的作用,应保持其独特的地位,不能相互割裂、相互替代。这是理解德育地位的基本观点。

> **课 程 思 政**
>
> 　　教育是国之大计、党之大计。培养什么人、怎样培养人、为谁培养人是教育的根本问题。育人的根本在于立德。全面贯彻党的教育方针,落实立德树人根本任务,培养德智体美劳全面发展的社会主义建设者和接班人。
> 　　　　　　　　——习近平总书记在中国共产党第二十次全国人民代表大会上的报告

三、德育的功能

(一)德育的社会功能

德育是教育的子系统,教育又是社会这个大系统中的子系统,它与政治、经济、文化等都是构成这个大系统的重要因素。可以说,社会的稳定和发展,也就是社会的政治、经济、文化以及教育因素本身的稳定和发展。所以,德育的社会功能,主要体现为政治功能、经济功能、文化功能。

1. 德育的政治功能

教育的政治功能主要是依托德育的功能实现的,德育的政治功能则主要通过政治关系的再生产、社会政治意识的传播、政治结构的充实与更新、政治行动的引导等方面体现。其一是德育能够促进政治关系的再生产,通过培养年轻一代的政治理解力、理性思考力、批判思维力,实现年轻一代的公民化和社会化。其二是有助于社会政治意识的传播,以德育为抓手能够传播先进思想和引领社会思潮。其三是能够推动政治结构的充实与更新,德育不仅能为阶级斗争服务,还能为国家政治、法律制度的民主化完善与改革服务。其四则表现在对政治行动的引导,德育一方面能够涵养公民意识,一体化发展个人私德、社会公德、天下大德,另一方面是在理念指导下有助于践行德的行为,推动知行合一。

2. 德育的经济功能

其一是通过德育能够形成一定的经济文化、经济思想、经济道德,以此影响整个社会

---

① 冯建军.构建德智体美劳全面培养的教育体系:理据与策略[J].西北师大学报(社会科学版),2020,57(3):5-14.

生活、经济行为的价值取向。在学校德育参与下所形成的各种社会意识形态总是以其独特的方式对经济的发展或延缓起到导向作用。这些社会意识形态一方面能从思想上调节和控制人们之间的关系，影响人们观察、认识自然与社会的立场、观点、方法；另一方面，又能作用于政治、上层建筑，影响各种经济的决策和运行，从而影响社会有机体的发展。德育的经济功能既可能是维护性的，即维持和保存社会既定的意识形态；也可能是变革性的，即通过德育，树立和发展新的意识形态，充当经济、社会变革的先导。例如，改革开放后提出的"科学技术是第一生产力"对经济向现代化方向发展产生了巨大的促进作用。

其二是德育能够提高劳动者的思想道德素质，发挥其在物质生产中的积极性；通过传播一定的哲学思想与科学精神，推动科学技术的进步；通过传播一定的哲学世界观，为科学技术的进步提供思想上的启示；可培养科学工作者锲而不舍的探索精神，养成科学工作者坚持真理和修正错误的勇气；可培养科学工作者为人类谋福利的精神，正如爱因斯坦曾告诫学生的，"你们只懂得应用科学本身是不够的，关心人的本身，应当始终成为一切技术上奋斗的主要目标"。总之，德育可培养科学工作者集体合作及尊重他人的良好品德；德育可引导人们合理的消费需求，培养正确的消费观；德育可培养人们的竞争意识、公平意识、效益意识、诚信观念等经济道德，从而促使生产、消费和流通各领域健康和谐发展。

3. 德育的文化功能

其一是保存、传递和活化文化的功能。德育作为教育的一部分，在保存、传递文化方面发挥着独特的作用。德育所传递的文化与智育不同，这种不同不仅表现在文化的类别上，如德育主要传递的是人文、政治文化等，而智育主要传递的是各种科学文化、技术文化等；这种不同还表现在文化的形态上，除了和智育一样能够传递道德政治、政治知识、哲学知识等政治形态的文化，德育还能传递规范不同形态的文化，如世界观、人生观以及各种价值观。具体来看，德育既传递浅层规范文化，也传递深层的价值观；不仅传递理性形态的文化，还传递非理性形态的文化，如情感、态度、信仰等；不但传递意识层面的文化，而且传递潜意识层面的文化，如各种文化心态、社会风尚等。此外，要彰显价值观念、信仰、思想道德、风俗等文化要素的生命力，一方面要借助文字和先进的科技手段，另一方面更需要活化，即由人们掌握并在行为中表现出来。而实现文化的活化只有通过德育，因为只有在德育过程中人们才能深切理解思想、信念、风俗、道德等文化要素，进而掌握表现这些文化要素的行为方式和方法，也只有在长期、反复的德育过程中人们才能养成践履这些文化要素的行为习惯和品德结构。

其二是选择文化的功能。德育是形成人的选择观点的唯一途径。选择的观点以人的需要为基础。德育引导人们明确自己的需要，区分需要的主次缓急，评价文化要素中的是非善恶，进而决定选择文化中的何种要素，即德育过程本身实际地践履着文化选择。可以说，德育过程的本质是使年轻一代形成符合社会要求的思想品质。同时，文化选择也意味着文化排斥,即排除陈旧的、过时的,或与时代要求相悖的、有害的文化要素,淘汰一切无用的内容,批判有害的文化要素,澄清文化方向,而这种排斥主要是在德育中完成。

其三是创造、发展新文化的功能。教育者在传递一定文化的时候,并不是把这种文化照搬给受教育者,常常是加上自己的理解和创造。受教育者在继承一定的文化的同时,又通过自己的实践和思考,不断地补充、丰富、更新、发展原有的文化,即在继承一定文化的基础上,进行着新质文化的创造和发展。

(二) 德育的个体功能

1. 德育的个体品德发展功能

促进学生个体的品德发展与完善是德育的本体功能,德育其他功能的发挥都以此为基础和中介。个体的品德是包含不同品德形式、内容、能力的,多维度的、复杂的结构系统,因此,德育要实现促进个体品德发展的功能,就必须全面促进品德的内容、形式、能力结构等系统发展。

2. 德育的个体智能发展功能

真善美的追求离不开人的智能水平和人的创造性的支持,而人的智能发展的方向、效率又受人的价值观、道德观的支配与规约。德育支配并制约着个体智能发展的价值方向;激发个体智能发展的动力;促进个体创造性人格的实现。德育对学生个体智能发展发挥着重要的积极作用。

3. 德育的个体享用功能

德育是促使人们道德完善的基本途径,一方面德育使人感受到遵循某种道德规范对自身来说是一种约束、限制、牺牲和奉献;另一方面又使人感受到遵循某种道德规范的愉悦、幸福和满足,得到自我的充分发展和自由,体验到只有人才有的高级享受。这种对个体的精神享用和自我超越就是德育的个体享用功能。德育这后一方面作用的实现必须以前一方面作用为基础,但不能据此只看到德育的前一方面作用和否认德育的后一方面作用,而应该看到,德育使儿童从小就懂得了在符号道德规范的行为中得到赞许、表扬、肯定,懂得在使他人得到满足和快乐的行为中同时可以体会到自我的满足和快乐,懂得维护集体的思想和行为可以获得荣誉和尊重……儿童的这种情感和认识正是道德人格完善的起点。以此为起点,德育还进一步使人感受到在道德人格完善中的自我提升和满足感。

第二节　德育目标与内容

一、德育目标

德育目标是指通过德育活动在受教育者思想品德的形成和发展上所要达到的总体规格要求,即德育活动所要达到的预期目的或结果,与之相关的概念有德育目的、德育任务等。具体来看,德育目标是不同层次、相互联系的各级各类具体目标的集合,第一层次是德育总目标,是德育活动的总方向;第二层次是各级各类学校的德育目标;第三层次是学校德育目标具体化而形成的德育课程目标;第四层次则是具有可操作性的各种德育活动目标。可以说,德育目标是德育的出发点和归宿,制约着整个德育活动,影响着对德育内容、德育课程、德育方法、德育管理等一系列问题的理解。一切德育措施都是为实现既定的德育目标服务的,任何德育活动也总是围绕某种德育目标而展开。德育目标能为德育活动指明前进方向,发挥着指导、调节、控制作用,对有效地开展德育具有导向、选择、协调、激励和评价功能。因此,研究和确定德育目标,对于德育理论建设和德育工作的顺利进行是十分必要的。

(一) 我国中小学德育总体目标

中外教育思想史上对德育目标很少有专门阐述,德育目标大多涵盖于教育目标中,与教育目标的表述相一致。不同学派对德育目标的阐述也不外乎从社会需要、个人需要或二者兼顾的角度出发,分别表现为"社会本位""个人本位"和二者兼顾这三种不同的德育观。在不同国家、不同时代,既存在一定的共通性、共同性,也存在一定的民族性、时代性。

新中国成立后至 20 世纪 80 年代,德育目标随着时代的变化不断发展。党的十一届三中全会后,1986 年《中共中央关于社会主义精神文明建设指导方针的决议》、1993 年《中国教育改革与发展纲要》第二十八条对学校德育目标做了明确表述,规定:"用马列主义、毛泽东思想和建设有中国特色的社会主义理论教育学生,把坚定正确的政治方向摆在首位,培养有理想、有道德、有文化、有纪律的社会主义新人,是学校德育即思想政治和品德教育的根本任务。"1994 年《中共中央关于进一步加强和改进学校德育工作的若干意见》中明确提出新时期学校德育的总目标:"努力培养有理想、有道德、有纪律的献身中国特色社会主义事业的建设者和接班人"。据此,国家教委于 1993 年、1995 年先后正式颁发《小学德育纲要》和《中学德育大纲》,分别对小学阶段、初中阶段、高中阶段的德育目标做了具体的规定。

2017 年 8 月,为了全面落实立德树人的根本任务,教育部颁布了《中小学德育工作指南》,在指南中明确了现阶段我国德育的总体目标:培养学生爱党爱国爱人民,增强国家意识和社会责任意识,教育学生理解、认同和拥护国家政治制度,了解中华优秀传统文化和革命文化、社会主义先进文化,增强中国特色社会主义道路自信、理论自信、制度自信、文化自信,引导学生准确理解和把握社会主义核心价值观的深刻内涵和实践要求,养成良好政治素质、道德品质、法治意识和行为习惯,形成积极健康的人格和良好心理品质,促进学生核心素养提升和全面发展,为学生一生成长奠定坚实的思想基础。

(二)我国中小学德育学段目标

《中小学德育工作指南》不仅清晰界定了我国德育工作的总体目标,而且就不同学段的德育目标进行了具体的阐述与分解。

1. 小学低年级

教育和引导学生热爱中国共产党、热爱祖国、热爱人民,爱亲敬长、爱集体、爱家乡,初步了解生活中的自然、社会常识和有关祖国的知识,保护环境,爱惜资源,养成基本的文明行为习惯,形成自信向上、诚实勇敢、有责任心等良好品质。

2. 小学中高年级

教育和引导学生热爱中国共产党、热爱祖国、热爱人民,了解家乡发展变化和国家历史常识,了解中华优秀传统文化和党的光荣革命传统,理解日常生活中的道德规范和文明礼貌,初步形成规则意识和民主法治观念,养成良好生活和行为习惯,具备保护生态环境的意识,形成诚实守信、友爱宽容、自尊自律、乐观向上等良好品质。

3. 初中学段

教育和引导学生热爱中国共产党、热爱祖国、热爱人民,认同中华文化,继承革命传统,弘扬民族精神,理解基本的社会规范和道德规范,树立规则意识、法治观念,培养公民意识,掌握促进身心健康发展的途径和方法,养成热爱劳动、自主自立、意志坚强的生活态度,形成尊重他人、乐于助人、善于合作、勇于创新等良好品质。

4. 高中学段

教育和引导学生热爱中国共产党、热爱祖国、热爱人民,拥护中国特色社会主义道路,弘扬民族精神,增强民族自尊心、自信心和自豪感,增强公民意识、社会责任感和民主法治观念,学习运用马克思主义基本观点和方法观察问题、分析问题和解决问题,学会正确选择人生发展道路的相关知识,具备自主、自立、自强的态度和能力,初步形成正确的世界观、人生观和价值观。

《中小学生守则(2015 年修订)》[①]

1. 爱党爱国爱人民。了解党史国情,珍视国家荣誉,热爱祖国,热爱人民,热爱中国共产党。

2. 好学多问肯钻研。上课专心听讲,积极发表见解,乐于科学探索,养成阅读习惯。

3. 勤劳笃行乐奉献。自己事自己做,主动分担家务,参与劳动实践,热心志愿服务。

4. 明礼守法讲美德。遵守国法校纪,自觉礼让排队,保持公共卫生,爱护公共财物。

5. 孝亲尊师善待人。孝父母敬师长,爱集体助同学,虚心接受批评,学会合作共处。

6. 诚实守信有担当。保持言行一致,不说谎不作弊,借东西及时还,做到知错就改。

7. 自强自律健身心。坚持锻炼身体,乐观开朗向上,不吸烟不喝酒,文明绿色上网。

8. 珍爱生命保安全。红灯停绿灯行,防溺水不玩火,会自护懂求救,坚决远离毒品。

9. 勤俭节约护家园。不比吃喝穿戴,爱惜花草树木,节粮节水节电,低碳环保生活。

009

二、德育内容

德育内容指的是用什么样的道德规范、政治思想和世界观去教育年轻一代。德育内容是德育目标或任务的具体体现,只有选择与德育目标相适应的德育内容,德育目标才能落到实处并得以实现。否则,德育目标就成为空话。因此,如何确定德育内容? 德育应包含哪些基本内容? 这些基本内容又应如何根据不同学段的学生特点进行编排? 这些都是德育工作所必须研究并加以解决的问题。

(一) 确定德育内容的依据

用怎样的德育内容来培养、教育学生不是由教育者主观随意决定的,而是有它的客

[①]　中华人民共和国教育部.教育部关于印发《中小学生守则(2015 年修订)》的通知[EB/OL].(2015－08－20).http://www.moe.gov.cn/srcsite/A06/s3325/201508/t20150827_203482.html.

观依据。

1. 德育目标和任务决定着德育内容的性质

德育内容服务于德育目标和任务,因而它总是直接反映且来源于社会的政治、思想观点和道德规范。比如在阶级社会中,统治阶级总要以本阶级的政治观、世界观和道德观来培养教育下一代,都有自己确定的培养目标。因此,一定时期的德育内容也就与这一时期的德育目标与任务紧密相联,具有历史性和阶级性的特点。

2. 学生的年龄特征决定了德育内容的深度和广度

各级各类学校都有共同的德育任务,总目标是统一且一贯的,因此德育内容具有一贯性和连续性。同样的德育内容,从小学、中学到大学各教育阶段一般都应当有,但由于年龄和身心发展水平的差异,不同教育阶段的学生所能接受的德育内容的层次高低、深度和广度也就迥然不同。此外,任何一项德育内容都不是由单一层面,而是由深浅不同的多层次所构成的。因此,确定德育内容时必须考虑学生的年龄特征,与其年龄特征相适应的德育内容才能为学生所理解和接受。否则,即使内容正确无误,如果德育内容的深度、广度脱离了受教育者的发展实际,其结果必然是无效或收效甚微的。

3. 当前形势和学生思想品德实际决定了德育内容的针对性

各个时期国内外形势的不同必然会引起学生思想的变化。因此,必须针对不断变化的形势和学生的思想实际选择合适的德育内容展开教育。

由以上分析可知,德育内容的确定受到多种因素的制约。由于其制约作用各不相同,因而德育内容可分为基本的和变动的两部分。一般地说,由德育目标和学生年龄特征所决定的内容是基本的和相对稳定的,而由形势和学生的思想品德实际确定的内容则是有针对性和可变的。

(二) 我国中小学德育的基本内容

中华人民共和国教育部 2017 年制定并印发的《中小学德育工作指南》明确指出,我国中小学德育的基本内容有以下几个方面:

1. 理想信念教育

开展马列主义、毛泽东思想学习教育,加强中国特色社会主义理论体系学习教育,引导学生深入学习习近平总书记系列重要讲话精神,领会党中央治国理政新理念新思想新战略。加强中国历史特别是近现代史教育、革命文化教育、中国特色社会主义宣传教育、中国梦主题宣传教育、时事政策教育,引导学生深入了解中国革命史、中国共产党党史、改革开放史和社会主义发展史,继承革命传统,传承红色基因,深刻领会实现中华民族伟大复兴是中华民族近代以来最伟大的梦想,培养学生对党的政治认同、情感认同、价值认同,不断树立为共产主义远大理想和中国特色社会主义共同理想而奋斗的信念和信心。

2. 社会主义核心价值观教育

把社会主义核心价值观融入国民教育全过程，落实到中小学教育教学和管理服务各环节，深入开展爱国主义教育、国情教育、国家安全教育、民族团结教育、法治教育、诚信教育、文明礼仪教育等，引导学生牢牢把握富强、民主、文明、和谐作为国家层面的价值目标，深刻理解自由、平等、公正、法治作为社会层面的价值取向，自觉遵守爱国、敬业、诚信、友善作为公民层面的价值准则，将社会主义核心价值观内化于心、外化于行。

3. 中华优秀传统文化教育

开展家国情怀教育、社会关爱教育和人格修养教育，传承发展中华优秀传统文化，大力弘扬核心思想理念、中华传统美德、中华人文精神，引导学生了解中华优秀传统文化的历史渊源、发展脉络、精神内涵，增强文化自觉和文化自信。

4. 生态文明教育

加强节约教育和环境保护教育，开展大气、土地、水、粮食等资源的基本国情教育，帮助学生了解祖国的大好河山和地理地貌，开展节粮节水节电教育活动，推动实行垃圾分类，倡导绿色消费，引导学生树立尊重自然、顺应自然、保护自然的发展理念，养成勤俭节约、低碳环保、自觉劳动的生活习惯，形成健康文明的生活方式。

5. 心理健康教育

开展认识自我、尊重生命、学会学习、人际交往、情绪调适、升学择业、人生规划以及适应社会生活等方面教育，引导学生增强调控心理、自主自助、应对挫折、适应环境的能力，培养学生健全的人格、积极的心态和良好的个性心理品质。

知 识 链 接

《中学生日常行为规范》①

（修订）

一、自尊自爱，注重仪表

1. 维护国家荣誉，尊敬国旗、国徽，会唱国歌，升降国旗、奏唱国歌时要肃立、脱帽、行注目礼，少先队员行队礼。

2. 穿戴整洁、朴素大方，不烫发，不染发，不化妆，不佩戴首饰，男生不留长发，女生不穿高跟鞋。

3. 讲究卫生，养成良好的卫生习惯。不随地吐痰，不乱扔废弃物。

4. 举止文明，不说脏话，不骂人，不打架，不赌博。不涉足未成年人不宜的活动和场所。

5. 情趣健康，不看色情、凶杀、暴力、封建迷信的书刊、音像制品，不听不唱不健康歌曲，不参加迷信活动。

6. 爱惜名誉，拾金不昧，抵制不良诱惑，不做有损人格的事。

7. 注意安全，防火灾、防溺水、防触电、防盗、防中毒等。

二、诚实守信，礼貌待人

8. 平等待人，与人为善。尊重他人的人格、宗教信仰、民族风俗习惯。谦恭礼让，尊老爱幼，帮助残疾人。

9. 尊重教职工，见面行礼或主动问好，回答师长问话要起立，给老师提意见态度要诚恳。

10. 同学之间互相尊重、团结互助、理解宽容、真诚相待、正常交往，不以大欺小，不欺侮同学，不戏弄他人，发生矛盾多做自我批评。

11. 使用礼貌用语，讲话注意场合，态度友善，要讲普通话。接受或递送物品时要起立并用双手。

12. 未经允许不进入他人房间、不动用他人物品、不看他人信件和日记。

13. 不随意打断他人的讲话，不打扰他人学习工作和休息，妨碍他人要道歉。

14. 诚实守信，言行一致，答应他人的事要做到，做不到时表示歉意，借他人钱物要及时归还。不说谎，不骗人，不弄虚作假，知错就改。

15. 上、下课时起立向老师致敬，下课时，请老师先行。

三、遵规守纪，勤奋学习

16. 按时到校，不迟到，不早退，不旷课。

① 中华人民共和国教育部.教育部关于发布《中小学生守则》《小学生日常行为规范（修订）》和《中学生日常行为规范（修订）》的通知[EB/OL].（2004 - 03 - 25）.http://www.moe.gov.cn/s78/A06/jcys_left/moe_710/s3325/201001/t20100128_81948.html.（摘录）

17. 上课专心听讲,勤于思考,积极参加讨论,勇于发表见解。

18. 认真预习、复习,主动学习,按时完成作业,考试不作弊。

19. 积极参加生产劳动和社会实践,积极参加学校组织的其他活动,遵守活动的要求和规定。

20. 认真值日,保持教室、校园整洁优美。不在教室和校园内追逐打闹喧哗,维护学校良好秩序。

21. 爱护校舍和公物,不在黑板、墙壁、课桌、布告栏等处乱涂改刻画。借用公物要按时归还,损坏东西要赔偿。

22. 遵守宿舍和食堂的制度,爱惜粮食,节约水电,服从管理。

23. 正确对待困难和挫折,不自卑,不嫉妒,不偏激,保持心理健康。

四、勤劳俭朴,孝敬父母

24. 生活节俭,不互相攀比,不乱花钱。

25. 学会料理个人生活,自己的衣物用品收放整齐。

26. 生活有规律,按时作息,珍惜时间,合理安排课余生活,坚持锻炼身体。

27. 经常与父母交流生活、学习、思想等情况,尊重父母意见和教导。

28. 外出和到家时,向父母打招呼,未经家长同意,不得在外住宿或留宿他人。

29. 体贴帮助父母长辈,主动承担力所能及的家务劳动,关心照顾兄弟姐妹。

30. 对家长有意见要有礼貌地提出,讲道理,不任性,不耍脾气,不顶撞。

31. 待客热情,起立迎送。不影响邻里正常生活,邻里有困难时主动关心帮助。

五、严于律己,遵守公德

32. 遵守国家法律,不做法律禁止的事。

33. 遵守交通法规,不闯红灯,不违章骑车,过马路走人行横道,不跨越隔离栏。

34. 遵守公共秩序,乘公共交通工具主动购票,给老、幼、病、残、孕及师长让座,不争抢座位。

35. 爱护公用设施、文物古迹,爱护庄稼、花草、树木,爱护有益动物和生态环境。

36. 遵守网络道德和安全规定,不浏览、不制作、不传播不良信息,慎交网友,不进入营业性网吧。

37. 珍爱生命,不吸烟,不喝酒,不滥用药物,拒绝毒品。不参加各种名目的非法组织,不参加非法活动。

38. 公共场所不喧哗,瞻仰烈士陵园等相关场所保持肃穆。

39. 观看演出和比赛,不起哄滋扰,做文明观众。

40. 发现违法犯罪行为及时报告。

三、德育课程

德育课程是德育目标、德育内容在德育活动过程中最直接的体现。"德育课程"这一术语是我国近年来才开始使用的,在以往的德育理论与实践中,这部分内容通常以"德育内容""德育途径""德育组织形式"等术语来体现。虽然简明扼要的德育目标具有明确的导向性和概括性,但它仅仅是培养思想品德的设计蓝图,如果不通过德育课程落实到教育实践中去,再好的德育目标只能成为一纸空文。由于德育目标是德育课程编制的基础与前提,而德育内容也必须以某种组织形式加以编排与实施,因此可从广义上将德育课程理解为:在教育环境中,一切影响受教育者思想品德发展的可控或可导的因素综合体。在构成这种综合体的诸种因素中,其一是时间方面,包括系统、持续的影响因素,以及偶发、暂时的影响因素;其二是空间方面,包括课内与课外、校内与校外(但一定是处于教育环境之中)的影响因素;其三是从影响性质和特点方面看,包括有目的、有计划、有组织的正规德育课程,以及无计划、无组织的非正规德育课程。

就课程的分类而言,不同学者的视角不同,分类也不尽相同。根据国内外课程理论和我国现阶段中小学课程计划的规定,结合德育的工作特点,一般将德育课程划分为三种类型:学科性德育课程、活动性德育课程和隐性德育课程,前两者属于德育显性课程。

(一)学科性德育课程

学科性德育课程又称认知性德育课程,是学校课程体系中以直接传授道德的、思想政治的系统知识、观念、理论,来促进受教育者思想道德认识、观念、理想乃至道德情感、意志、行为习惯的形成与发展的正规课程。它以专门的学习科目体现德育目标、德育内容,其内容规定在课程标准和教科书里。和其他德育课程相比,学科性德育课程是中小学德育课程中具有专门教材和教师、有固定教学时间的课程类型,是德育的基础性课程。

1872年日本颁布《学制》,要求小学开设"修身"课,中学开设"修身学"。1882年法国在西方率先以法令形式规定"道德课"为学校的正式课程,此后各国纷纷开设道德课、公民课。杜威把这种途径称之为"直接的道德教学",或称"关于道德的教学"。我国1902年的钦定学堂章程(壬寅学制)规定蒙学和小学堂均开设"修身课"。1904年的癸卯学制把修身立为小学课程之首。1923年改为公民课;而后又改为三民主义、党义课。1948年恢复"公民训练课"。新中国成立后,按老解放区的经验在中学设政治课。1950年教育部《中学暂行教学计划》规定中学6个年级均开设"政治课",后反复变化,"文化大革命"中时用时废。1986年《义务教育全日制小学、初级中学教学计划(初稿)》《中学思想政治课改革实验教学大纲(初稿)》规定,小学开设思想品德;初中思想政治主要为公民、社会发展简史、中国社会主义建设常识;高中思想政治主要为共产主义人生观、经济和政治常识。课程根据传统学科性课程的特点进行编排。21世纪初,我国新一轮基础教育课程改革全面展开,小学德育课进行了改革,低年级开设《品德与生活》、高年级开设《品德与社会》,课程类型也由传统的学科课程改为综合实践课。从 2016 年起,教育部将义务教育小学和初中起始年级《品德与生活》《思想品德》教材名称统一更改为《道德与法治》[①],强调涵养政治认同、道德修养、法制观念、健全人格、责任意识等核心素养。

学科性德育课程主要有以下几个特点:

一是思想性。科学性与思想性相统一是各科教学必须遵循的基本原则,而学科性德育课程以直接传授道德知识或价值、培养思想品德为根本目的,课程的思想性或教育性是第一要义。

二是系统性。学科性德育课程注重由德育课程标准与计划所构建的德育目标体系的整体性,考虑到不同层级、不同类型学校德育的内在联系和同一层级德育课程目标、内容的内在联系,在凸显其在不同层级、水平、类型中的差异的同时,又反映它们的内在结构特点,体现出整体联系、层层推进、不断深入的系统性特点。

三是直接性。学科性德育课程的编制,依据德育课程计划,从课程内容的选择、安排,到课程的实施、评估,都直接为设定的课程目标服务,并直接体现出课程目标。

四是认识性。学科性德育课程注重对道德价值为基础的知识认知、把握,注意德育内容的知识逻辑,在不同层级、不同阶段充分体现个体的认知特点。在实施、评价过程中,和其他类型的德育课程相比,它侧重引导学生系统掌握有关思想、政治、道德知识,培养他们的世界观、人生观、道德品质和初步的价值评估、判断、推理和选择能力。

五是计划性。计划性是正规课程的共同特点。学科性德育课程作为专门的德育课程,是学校有目的、有计划、有组织安排的教学科目,它被列入课程表之中,按严格的教学规程开展教学。从对学科性德育课程的定义与特点分析可以看出,学科性德育课程最主要的功能在于传授道德或以道德价值观为基础的知识,发展道德认识能力。

与传统学科性德育课程不同,现代学科性德育课程的根本特征在于探究与疏导,其主要表现是,德育课程的学习既要体现自觉原则,又要体现学习的自愿原则。从教育者角度看,这种课程的展开是疏通、引导、启发;从受教育者角度看,这种课程的展开是探究、讨论、研究的过程。德育活动应充分发挥受教育者的积极性、主动性,体现学习者的自觉自愿,提倡一种少灌输的教育;强调认知在道德发展中的作用,重视通过德育科目所设置的内容,以适合学生品德发展水平的方式方法,传授道德知识或价值观念,加强道德思维能力的培养,让学生在德育科目的学习过程中学会认识、判断、推理、评价、选择。强调学科性德育课程在整个学校课程体系中的相对独立性,强调其在德育课程结构中的基础地位。

015

---

① 中华人民共和国教育部.教育部办公厅关于 2016 年中小学教学用书有关事项的通知[EB/OL].(2016-04-08).http://www.moe.gov.cn/srcsite/A26/moe_714/201604/t20160428_241261.html.

德育与班级管理

学校实施德育的基本途径是(   )。

A. 班主任工作　　　　　　　　　　B. 课外校外活动

C. 团队活动　　　　　　　　　　　D. 品德课与其他学科教学

答案:D。

(二)活动性德育课程

活动课程又称"经验课程""生活课程""儿童中心课程",是指以学生的兴趣、需要和能力为基础,利用校内外的教育资源,通过学校组织或学生自己组织的一系列活动,以增进学生的道德认知和实践能力、改善其道德生活的德育课程。活动性德育课程与学科性德育课程相对应,是通过活动的形式,以社区、经验、生活、劳动等为内容来体现德育目标、德育内容的课程类型。它有一定的结构、相应的活动纲要与活动指导书,与学科性德育课程既相辅相成又有相对独立性,自成体系,是德育的主导性课程。

活动性德育课程具有以下几个特点:

一是实践性。它是活动性德育课程的根本特征。德育的最终目的不仅是让学生掌握有关的道德规范、原则和价值观,而且还要养成相应的行为习惯。因此,活动性德育课程更强调和重视在实践中通过活动和交往来获得相应的价值、观念,并形成相关的行为习惯。学科性德育课程发展学生的道德认知能力,养成正确的道德判断能力,告诉学生何者为善,何故应为善,这是德育中具有重要意义的一个方面。但人们并不一定因为知善而行善,行善的品质只有在实践活动中才能形成,因此活动性德育课程的最大价值在于可以弥补知而不行之弊。

二是间接性。活动性德育课程的目标隐含在活动中,隐含在学生的经验中,德育的要求反映在具体活动中。

三是灵活性。由于学生的兴趣、需要、能力不同,年龄特征各异,而且不同性质的活动有不同的表现形式,即使是同一性质的活动也可以有不同的表现形式,因此在活动性德育课程的编制特别是课程内容的组织与实施方面,具有较大的灵活性,它可以因时间、空间、学校、教育对象而异。

活动性德育课程的最大优点是切合实际,贴近生活,弥补学科性德育课程知、行分离的不足,故应把活动性德育课程作为德育的主导课程,要求把"活动"作为学校课程来开设,同样应该有系统的课程标准和课程编排、组织与实施计划和方案。

(三)隐性德育课程

隐性课程又称"隐蔽课程""潜在课程""非正式课程"等,对隐性课程的认识目前还存在分歧。一般认为隐性德育课程是指学校情境中以间接、内隐方式呈现的,对学生的品德发展能够产生一定影响的德育课程。它与显性德育课程(包括学科性德育课程和活动性德育课程)相对应,广泛存在于课内外、校内外有目的的教育活动中,它既存在于学科性德育课程、活动性德育课程之中,也存在于德育环境内的体制与气氛中。

隐性德育课程具有以下几个特点:

一是影响的间接性、内隐性。显性课程主要以直接的、外显的、明确的方式影响学生,而隐性课程主要是以间接的、内隐的方式来影响学生,这些影响隐藏于各种显性课程背后,也隐藏于学习活动环境氛围之中,隐藏于学校的一切教育、教学、管理之中。

二是范围的广泛性。隐性德育课程浸润于一切学校活动或以学校为主导的活动之中,有时还涉及家庭、社区等校外活动中。

三是发生作用的无意识性。隐性课程对学生来说是一种无意识的教育影响,它的作用和效果是通过提高无意识的、非特定的心理反应而发生作用的,即学生会在不知不觉中受到潜移默化的影响。

隐性德育课程的特点决定了隐性德育课程是一个复杂的系统。由于学校环境中的一切活动、行为皆以育人为中心,都含有价值、态度的成分,所以说,学校中任何教育目标下的活动、行为都隐含了育德的因素。除了专门为育德而设置的科目、活动等显性育育课程,其他因素如校园文化都可以是隐性德育课程,而且学科性德育课程与活动性德育课程中的一些非显性育德因素,如教风、学风等也包含其中。

例说1-1

课程为基 文化为魂 活动为点 打造三维一体德育新格局①

作为国家级课改实验区的河南省郑州市金水区以"为党育人,为国育才"为教育使命和思想统领,提出了"落实核心素养,做有根德育"的教育思路,构建了"校内校外一体化落实"的立德树人新模式。

第一,课程为基,融特色。一是构建德育课程主心骨,将德育内容细化落实到各学科课程的教学目标之中,渗透到教育教学全过程。在开足开齐思政课程的同时,开设《习近平新时代中国特色社会主义思想学生读本》课程,组织青年教师宣讲团、红领巾宣讲团等团队,积极发挥德育课程主阵地作用。二是打造特色课程强自信,不断开拓实践路径,如郑州市第七初级中学结合学校"周邓班"传统,设置了"理想与信仰"文化研学课程。三是聚焦红色课程明初心,将红色教育与主题活动相结合,与校园文化相结合,与课程建设相结合。

---

① 河南省郑州市金水区教育局.课程为基 文化为魂 活动为点 打造三维一体德育新格局[EB/OL].(2022-11-11).http://www.moe.gov.cn/jyb_xwfb/moe_2082/2022/2022_zl29/202211/t20221115_991796.html.

第二，文化为魂，营氛围。一是传承文化重普及，各中小学校将优秀文化的传承列入学校课程图谱，渗透进课后服务中、展示在德育活动中、融合进校园文化中。二是弘扬文化重多元，各学校结合自身办学理念和学校特点进行了教育内容的丰实与发展，使中华优秀传统文化教育的实际内容有重点、具体方式接地气。比如，郑州群英中学经过11年的精雕细琢，形成了"三思"晨会这一德育名片。三是发展文化重创新，金水区各学校在内容和形式上不断创新，形成办学特色，例如郑州市第八中学把《弟子规》融入升旗仪式、班会课等，举办《弟子规》相关的比赛活动，策划组织《弟子规》经典剧目展演，以培养知善、扬善、行善的道德风尚。

第三，活动为点，展特色。一是聚焦时政，增强家国认同。各中小学聚焦当下社会，开展了诸如"把疫情当教材，与祖国共成长""讲好黄河故事，传承黄河文化""十九届六中全会精神宣讲""宪法晨读"等主题活动。二是走出校门，实现家校社共育。金水区坚持"请进来"和"走出去"相结合，整合各类育人资源，建立"校内外育人共同体"，全面推动全方位育人。三是把握节点，注重仪式教育。在传统节日、节气日、纪念日时，学校会通过升旗仪式或其他形式的活动，引导学生领略中国传统文化之美，增强民族文化自信。

第三节　德育模式

德育模式是一种运用"模式"研究法，对在德育现象中逐步形成的、相对稳定的、较为系统且具有典型意义的德育经验加以抽象化、结构化，使之形成特殊的理论形态。德育模式是在一定的教育理念下，对德育过程及其组织方式、操作手段、评价机制做出简要的、特征鲜明的表述。德育模式是联结德育理论和德育实践的纽带和桥梁，发挥着中介作用，上秉抽象理论，下承具体实践，既是德育理论的范型化，又是具体经验的概括化。它以范式所独具的具体性、可操作性相异于一般理论，又以其内在的逻辑性和完整的科学性而有别于具体的德育经验。德育模式可分为宏观与微观两大类，其中微观模式，即特殊德育模式，大多是根据不同类型、级别学校的实际情况或侧重于完成某种德育任务而提出的，如：侧重认知的道德认知发展模式，侧重情感培养的关心体谅模式，侧重行为训练的社会模仿模式，侧重价值观塑造的价值澄清模式。

一、认知模式

道德认知发展模式由瑞士著名心理学家皮亚杰（Jean Piaget）和美国道德心理学家科尔伯格（Lawrence Kohlberg）共同创建。皮亚杰早在二十世纪二三十年代就提出了道德认知发展的理论,而科尔伯格的贡献则体现在从实践上构建起具有可操作性的德育模式。

(一)皮亚杰的道德发展阶段论

皮亚杰在 20 世纪 30 年代就对儿童道德判断的发展进行了系统研究。他采用对偶故事法研究儿童道德判断发展的水平,认为儿童道德判断的发展是一个由他律到自律、由客观责任感逐步向主观责任感转化的过程。根据公正观念的发展水平,儿童的道德发展可分为四个阶段:

1. 前道德阶段(1—2 岁)

儿童处于感觉运动时期,行为多与生理本能的满足有关,无任何规则意识,因而谈不上道德观念发展。

2. 他律道德阶段(2—8 岁)

儿童主要表现为以服从成人为主要特征的他律道德,故又称为服从的阶段。他律道德阶段又分为两个阶段:

其一,自我中心阶段(2—5 岁):这一阶段的儿童处于前运算思维阶段,其特点是单向、不可逆的自我中心主义,片面强调个人存在及个人的意见和要求。

其二,权威阶段(5—8 岁):本阶段儿童的思维正由前运算思维向具体运算思维过渡,以表象思维为主,但仍不具备可逆性和守恒性。因此,这一时期儿童的道德判断是以他律的、绝对的规则及对权威的绝对服从和崇拜为特征。他们了解规则对行为的作用,但不了解其意义。他们常以表面的、实际的结果来判断行为的好坏,认为服从成人就是最好的道德观念,服从成人的意志就是公正。如果违背成人的法则,不管动机如何都应该受惩罚,而且惩罚越厉害越公平。

3. 自律或合作道德阶段(8—11、12 岁)

儿童思维已达到具有可逆性的具体运算,有了自律的萌芽,公正感不再是以"服从"为特征,而是以"平等"的观念为主要特征,逐渐代替了前一阶段服从成人权威的支配地位。这一阶段的儿童意识到准则是一种保证共同利益的、契约性的、自愿接受的行为准则,并表现出合作互惠的精神。儿童开始以动机作为道德判断的依据,认为公平的行为都是好的,并认为只有回报性惩罚才是合理的。

4. 公正道德阶段(11、12 岁以后)

儿童的思维广度、深度及灵活性都有了质的飞跃,此时才真正到了自律阶段。这一阶段的儿童开始出现了利他主义,他们基于公正感做出的判断已经不再是平等基础上的法定关系,而是人与人之间的道德关系;他们将规则同整个社会和人类利益联系起来,形成具有人类关心和同情心的深层品质。

皮亚杰在儿童道德发展规律研究方面的杰出贡献:第一,在认知发展与道德发展的关系方面,肯定了认知发展是道德发展的必要条件,认为道德情感的激发有赖于道德认识,价值判断有赖于事实判断。第二,关于儿童道德发展的规律问题及道德发展过程中的质和量的问题,皮亚杰提出儿童的道德发展是一个连续的整体过程,在这个连续的过程中,由于儿童心理结构的变化而表现出明显的阶段性特征。第三,关于教育在儿童道德发展中的作用,皮亚杰认为认知发展是道德发展的一个必要条件,可以通过教育的手段加以促进。

皮亚杰的道德发展阶段理论的局限性:第一,随着儿童年龄的增长以及同伴间相互关系的不断发展,儿童道德判断的基础便从考虑后果转为考虑意图,在这个转变过程中,起重要作用的是同伴的协作,而不是成人的教育或榜样,即否定了榜样的作用,这是失之偏颇的。第二,皮亚杰虽然揭示了道德认知在儿童道德发展中的作用,也注意了情感和意志的发展在儿童道德发展中的作用,但忽视了"行"的因素,这也是不够全面的。第三,关于成人的强制、约束或协作在儿童道德发展过程中的作用,皮亚杰绝对否定其对儿童道德发展可能具有的积极作用,这是有失公允的。

(二) 科尔伯格道德认知发展阶段理论

20世纪70年代,科尔伯格采用"道德两难故事"的方法对儿童道德发展进行了实证研究,提出人类存在文化上具有普遍性的基本道德价值,这些基本道德价值表现为一个有相同阶段的连续发展的过程,即著名的道德发展"三水平六阶段",见表1-1。

表1-1　道德判断发展的阶段

水平	阶段	道德推理的特点	关于"海因兹两难"的道德推理	
			不该偷的理由	该偷的理由
前习俗水平	1	以惩罚与服从为定向	偷东西会被警察抓起来,受到惩罚。	他事先请示过,又不是偷大东西,他不会受重罚。
	2	以工具性的相对主义为定向	要是妻子一直对他不好,海因兹就没有必要自寻烦恼,冒险偷药。	要是妻子一向对他好,海因兹就该关心妻子,为救她的命去偷药。
习俗水平	3	以人与人之间和谐一致或"好男孩一好女孩"为定向	做贼会使自己的家庭名声扫地,给自己的家人(包括妻子)带来烦恼和耻辱。	不管妻子过去对他好不好,他都得对妻子负责。为救妻子去偷药,只不过尽了丈夫该尽的义务。
	4	以法律与秩序为定向	采取非常措施救妻子的命合情合理,但偷别人的东西犯法。	偷东西是不对,可不这么做的话,海因兹就没有尽到丈夫的义务。

水平	阶段	道德推理的特点	关于"海因兹两难"的道德推理	
			不该偷的理由	该偷的理由
后习俗水平	5	以法律的社会契约为定向	丈夫没有偷药救妻子的义务,这不是正常的夫妻关系契约中的组成部分。海因兹已经为救妻子的命尽了全力,无论如何都不该采取偷的手段解决问题。	法律禁止人偷窃,却没有考虑到为救人性命而去偷东西这种情况。海因兹不得不偷药救命,如果有什么不对的话,需要改正的是现行的法律。稀有药品应当按照公平原则加以调控。
	6	以普遍的伦理原则为定向	海因兹设法救自己妻子的性命无可非议,但他没有考虑所有人的生命的价值,别人也可能急需这种药。他这么做,对别人是不公正的。	为救人性命去偷是值得的。对任何一个有道德理性的人来说,人的生命最宝贵,生命的价值提供了唯一可能的无条件的道德义务的源泉。

不同发展阶段的人的道德推理方式和性质是不一样的。上述三水平六阶段的顺序由低到高逐步展开:更高层次和阶段的道德推理能兼容更低层次和阶段的道德推理方式;反之,则不能。科尔伯格认为道德发展是学习的结果;道德发展有赖于个体的道德自主性,道德不能从外部强加于个体,而是个体内部与外部环境交互作用的产物;冲突的交往和生活情境最适合于促进个体道德判断力的发展。

根据道德认知发展理论,科尔伯格提出道德教育就是为了促进个体道德判断按阶段有顺序地发展,道德教育应奉行发展性原则。为此,他和他的追随者在学校教育实践中探索出两种道德教育的方法,即"道德讨论法"和"公正团体法"。前者通过引导学生就道德两难问题进行讨论,诱发认知冲突,引起积极的道德思维,从而促进道德判断能力的发展。后者则是通过创设充满民主的道德气氛,培养学生集体行为规范、共同负责的精神,建立有益于团体发展和学生生活的集体行为规范,给学生更多的民主参与机会,利用学校环境和伙伴之间影响促进学生道德发展。

认知模式向世人提供了一种重视理性思维的德育模式,还向世人展示了一种从基础理论到开发应用的研究范式。在当代学校德育模式中,认知性道德发展模式可能是理论基础最为坚实的模式,但它的理论假设并非无懈可击。有研究发现有些文化背景下的人根本没有出现阶段五和阶段六的道德发展特征;美国心理学家吉利根发现女孩子的回答不能完全归纳在"正义"概念之下,而可以归入"正义"之外的"关心"概念里;科尔伯格的经典理论没有对道德判断力向更高水平和阶段发展具有不可逆性做出圆满的解释;不少人批评这个模式忽视道德发展中的情感因素……但认知模式阐述了道德发展阶段,主张发展性德育,探索了有效的德育方法,对我国的德育改革具有很好的启示。这种模式对于使用者有相当高的要求:要成功地运用这种模式,教师不但要有一整套提问的策略、控制和指导班组讨论的能力，而且还要对道德发展理论有着精深的理解，了解并掌握各个发展阶段的道德思维方式。如果教师没有受到良好的训练，就极有可能滥用和误用这个模式。

真题链接

　　欣怡能用规则来约束自己的行为，认为规则是绝对的，不可变更的，并表现出对规则的服从。根据皮亚杰的道德认知发展理论，欣怡的道德发展水平处于（　　）。

A. 自我中心阶段　　　B. 权威阶段　　　C. 可逆阶段　　　D. 公正阶段

答案：B。

二、体谅模式

　　与认知模式不同，体谅模式把道德情感的培养放在中心地位。该模式由英国学校德育专家彼特·麦克菲尔（Peter Mcphail）等首创，先在英国使用，后在北美流行；先在中学试用，后也在小学流行。

　　1964年—1971年，麦克菲尔团队以问卷和访谈的形式对英国中学13—18岁的男女学生进行了三次大规模的调查，要求他们分别叙述一件对自己好、不好、既谈不上好也谈不上不好的事件，通过对这些好事与坏事的分析，提出了学校德育的一些基本假设。

　　麦克菲尔认为满足学生与人友好相处的需要是教育的首要职责；道德教育重在引导学生学会关心、学会体谅，并在关心人、体谅人中获得快乐；角色尝试有助于青少年敏感而成熟的人际意识和社会行为的发展；学校要重视营造和谐的人际关系和生活关系。尽管麦克菲尔认为关系比教材更重要，但还是根据学生叙述的好事与坏事，提炼出许多典型的人际—社会情境问题，开发了一套中学生的教材——《生命线》。《生命线》包括三部分：设身处地，证明规则，你会怎么办。

　　认知模式与体谅模式都是价值多元化、道德相对论压力下的产物，两者一个重知、一个重情，各自为培养学生道德判断力、道德敏感性提供了一种新思路。两者分别以道德两难问题与人际—社会情境为基本教材。道德两难问题就是人际或社会情境，而人际—社会情境却未必具有两难性质。体谅模式也有使用冲突情境，但其目的在于引导学生设身处地学会关心、学会体谅，以理解和消除冲突。而在认知模式中，设置和运用两难问题，意在加剧学生之间的道德冲突，造成学生认知失衡，以此为基础促进学生道德判断力的发展。前者虽然鼓励学生进行角色扮演，但以小组讨论为主；后者也可以组织学生围绕情境问题进行讨论，但常用的方法是角色扮演和模拟表演。尽管体谅模式的理论与实践均建立在大规模的实证研究的基础上，但教育界只对其实践部分予以充分肯定，而对其理论假设争议较多，其对青少年学生需要和特点的描述带有较强的人本主义色彩，而关于道德感染、道德表率、观察学习和社会模仿的观点又有明显的行为主义倾向。

体谅模式提供了一整套提高学生人际意识与社会意识的开放性情境教材，并为教师理解和使用这套教材提供了一系列的教师指南，如《中学德育》《学会关心》等。指南详细阐述了《生命线》各部分各单元的教育目的和意图，还提出了与教材配套的教学方法、策略和程序方面的建议，使体谅模式具有很强的操作性。这是一种围绕《生命线》组织起来的较为复杂的德育模式，所有的情境教材既可以在群体使用，也可以供个体使用，并且适用从小品到社会戏剧等多种形式的创造性活动。我国正把"学会关心"视为学校德育的一个重要目标，故体谅模式对我国德育实践具有重要的实践意义。

例说1-2

孩子，愿你尝到学习的甜滋味①

初一进来摸底考试，小良同学是班级倒数第三。开学没几天，我耳朵里装满了大家对他的不满：自己不想学，还影响别人。我想尽了各种办法，鼓励加批评，可总觉得拳头打进棉花团里，苍白又无力。

初一上学期的第三个月，他从楼梯上跑下来时一脚踏空，头的一侧摔碰在地上，虽然没有出血，也没有鼓包，却觉得头痛。而之后在医院的经历让我感觉坐了一次过山车，每次想起都觉得惊心动魄。那一刻，我一心只想让他平安健康，别的一切，都可以慢慢来。那个夜晚，我写下了一封长信，把小良摔伤后发生的事情慢慢地告诉了他，把他的父母、爷爷还有我这个老师的心情慢慢地告诉了他。

出院后，他来上学了，医生关照不能跑跳，不然还会头痛。他安静地坐在教室里，或者到老师们的办公室里补课。各门功课都差，想要齐头并进谈何容易。不如先重点突破一门吧。我这样想着，和他交流了一下，他自己选了数学，我同意了他的选择，带他到教数学的王老师那里说了一下。数学上他慢慢开始有了点进步，每个星期一次的小练习卷上，不及格的次数减少了，七十几分居多了，偶尔出来个八十几分，让我和他都很高兴。慢慢地，半年多过去了。初一下半学期开学后，3月30日，真是一个值得纪念的日子，他的数学考了93分。我为他高兴了一整天。我知道，一个孩子一旦尝到了一点点学习的甜滋味，那就像是一辆车被车钥匙插入后一转，发动机起动了！我于是写下了第二封信：

"孩子，今天真的是很惊喜的一天，值得纪念。写这封信的心情，和上次给你写第一封信的心情完全不一样。上次的心情很是沉重，这次却充满喜悦。祝贺你，数学考了93分！……整个初一上半期，感觉你就像一架没有组装起来的机

---

① 于洁.我就想做班主任[M].武汉:长江文艺出版社,2018:221-229.

器,零部件丢了一地,哪里谈得上运转起来? 心里真是叹气又叹气。……今天,我请你吃了个金橘,是不是很甜? 你终于在学习上尝到了一些甜蜜,有了自信心,这实在是太好! ……最近天气忽冷忽热,我听到你的鼻子一直呼噜呼噜的,想来是鼻炎犯了,你注意保暖。……再次祝贺你数学上的进步! 你要好好感谢数学老师王老师一直抓着你没有放弃你。永远期待你学得自信,学得快乐!"

现在他读初二了,是个勤劳能干的数学课代表,这个月数学两次周练习,他一次满分,一次97分,是三个数学课代表里最厉害的分数了。满分的时候我请他吃糖,97分的时候,我买了锅贴,请他热乎乎地吃。孩子,学习上成功的甜滋味你要尝一尝,努力后的香味你要闻一闻,享一享。而他的进步,触动了班级里另外几个原本和他属于一类情况的学生,他们也开始认真起来了。

教育是慢的艺术,急不得。把孩子的健康安全放在第一位,把教师的真实心情告诉他,抓住机会、心平气和、想方设法,会看到蜗牛爬上山巅的时候。

三、社会模仿模式

社会模仿模式的代表人物是美国著名的心理学家阿尔伯特·班杜拉(Albert Bandura),其主要思想在《社会学习理论》一书中得以奠基。班杜拉认为,人既不完全受内部力量的驱使,也不完全受环境刺激的支配,它是受人的因素和环境因素双方连续不断的交互作用的影响。此时,符号的、替代的和自我调节的过程担负着一种重要的角色。他进一步指出,所有的学习现象都是从观察别人的行为及其结果,在替代的基础上所发生的直接经验那里来的。[1] 因此,社会模仿模式重视榜样的作用,主张建立在替代经验基础上的观察学习是人类学习的重要形式,也是道德教育的主要渠道。

社会模仿模式揭示了榜样示范对道德发展的内在机制,指出示范的功能就在于通过身体演示、图形表征、言语描述等方式把一些反应综合成新模式的信息传递给观察者。社会模仿模式把道德判断看作在多因素的基础上做出的社会决策,而对这种多维度的评价标准就可以从说教、榜样、直接或替代经验中获得[2]。因此,在道德教育中教师要善于利用榜样人物的模范做法引导学生,通过榜样示范的方式,让学生在观察学习中获得良好的品行。

榜样示范能引发学习过程,主要是因为观察学习的内在机制。社会模仿模式指出,观察学习受注意、保持、运动再现、动机四个过程所决定。面对示范性事件,人们首先得注意并正确理解示范行为的显著特征,否则就无法通过观察有所习得,因此注

---

① 阿尔伯特·班杜拉.社会学习理论[M].陈欣银,李伯黍,译.北京:中国人民大学出版社,2015:10.

② 阿尔伯特·班杜拉.社会学习理论[M].陈欣银,李伯黍,译.北京:中国人民大学出版社,2015:33-38.

意过程决定了选择什么进行观察以及把哪些信息提取出来。其次,如果不记住示范行为,那么对其的观察也不会产生很大影响,故保持阶段主要涉及以符号为媒介将示范经验保持于记忆,即对所模仿活动的保持。接着,第三个过程是将符号的表象转换成合适的行动,将观察学习到的内容付诸实践。最后,人们对自身行为产生的评价反应也调节着他们将操作哪些可观察的习得行为,因为人们多半接受能够产生他们自己认为有价值的结果的示范行为,而不大接受没有奖赏或具有惩罚效果的示范行为,所以足够的动因同样重要,这正指向观察学习的第四个过程——动机。

社会模仿模式认为人们是否愿意去操作在观察中习得的行为,要受到这类行动结果的强烈影响,强调了强化在道德教育中的重要作用,进一步指出可以通过直接强化、替代性强化和自我强化的交互作用,促进学生的道德发展。所谓直接强化,暗含外部的结果,即观察者自己表现出观察行为而直接受到强化。所谓替代性强化,指向替代性结果,即观察者因看到榜样的行为被强化而受到强化,强化物作用在被观察者身上。所谓自我强化,则是自我生成的结果,即人们能观察到自己的行为,并根据自己的判断标准强化或惩罚自己。

总之,社会模仿模式有许多成果都值得借鉴,对我国道德教育加强和行为习惯培养具有较大的启迪作用。其最大贡献在于强调了榜样示范在道德行为的形成、改变和发展中的作用,突出了榜样教育的重要性。同时,也强调自我强化对行为的调节作用,对学校道德教育具有实际指导意义。[①]

真 题 链 接

鉴于何雷这学期各方面有明显进步,学校撤销了对他原有的警告处分。学校采用的行为矫正方法属于( )。

A. 正强化   B. 负强化   C. 正惩罚   D. 负惩罚

答案:B。

四、价值澄清模式

价值澄清模式是 20 世纪 60 年代产生于美国的一种德育模式,其目的在于塑造人的价值观。代表人物有美国的路易斯·拉思斯(Louis Raths)、梅里尔·哈明(Merrill Harmin)等人,其代表作是 1963 年出版的《价值与教学》一书。

价值澄清模式基于杜威的经验论、人本主义心理学以及存在主义提出了两个基本的理论假设:一是当代儿童生活在价值观日益多元化且相互冲突的世界,这些价值观深刻地影响着他们的身心发展;二是当代社会不存在一套公认的价值观。由此,他们认为

---

① 王道俊,郭文安.教育学[M].7 版.北京:人民教育出版社,2016:272.

教师不能把价值观直接教给学生,而只能通过学习评价分析和批评性思考等方法,来帮助学生形成适合本人的价值观体系[1]。价值澄清模式的基本观点是,学校道德教育的目的在于要创造条件,利用一切有效途径和方法帮助青少年澄清他们选择时所依据的内心价值观,并把其公之于众。价值澄清的构成要素包括关注生活、接受现实、激发进一步思考、提高个人潜能。

价值澄清模式的实施步骤与方法:价值澄清的完整过程可划分为选择、珍视和行动三个阶段,具体又分为七个步骤。选择阶段:① 完全自由地选择;② 在尽可能广泛的范围内进行自由选择;③ 对每一种可能选择的后果进行审慎思考后做出选择。珍视阶段:④ 做出喜欢的选择并对选择感到满意;⑤ 乐于向别人公布自己的选择。行动阶段:⑥ 根据做出的选择行事;⑦ 作为一种生活方式不断重复。

价值澄清的教学方法:路易斯·拉思斯在《价值与教学》一书中提出了近 20 种方法,最主要的方法包括澄清应答法、价值表填写法和价值观延续讨论法。

采用价值澄清法的基本原则:① 避免说教、批评、灌输,不要把焦点集中于对或错上;② 促进学生反思自己的行为,要让学生独立负责地做出决定;③ 不要强求学生有问必答;④ 主要在造成气氛,目标是有限的;⑤ 主要帮助学生澄清自己的思想和生活;⑥ 避免空泛的讨论,要及时结束讨论;⑦ 不要针对个人;⑧ 教师不必对学生的话和行为都做出反应;⑨ 不要使学生迎合教师;⑩ 避免千篇一律。

价值澄清法的优点与不足:价值澄清法在价值冲突的背景中具有重要意义,它是相对主义思潮在道德教育中的呈现,具有实用性、操作性、现实性、有效性等特点,在西方被学校和教师广泛接受。其优越性具体表现在:① 尊重儿童的地位,引发儿童的主动性;② 注重发展儿童的道德意识、道德判断和价值观的选择能力;③ 注重现实生活;④ 具有很强的可操作性。但近年来,澄清是非的价值观受到了严厉的批评。因为这种模式过分强调价值的个性特征,极容易导向价值相对主义。

思考题

1. 什么是德育? 德育在全面发展教育中的地位是什么?

2. 德育的功能有哪些? 如何理解德育的文化功能?

3. 什么是德育目标? 如何认识现阶段我国中小学德育目标?

4. 我国德育的基本内容是什么? 确定德育内容的依据有哪些?

5. 德育课程有哪几种类型? 分别有什么特点?

6. 什么是德育模式? 有哪些主要的德育模式?

7. 试述认知模式、体谅模式、社会模仿模式、价值澄清模式。

8. 请以某一德育模式为指导设计一份德育活动方案。

---

[1] 冯增俊.当代西方学校道德教育[M].广州:广东教育出版社,1993:85.

第2章 德育过程

内容提要

本章主要论述德育过程、德育原则、德育途径与方法,通过本章的学习应达到如下学习目标:理解和掌握德育过程的基本规律,分析和解决德育实践中的问题;理解和掌握德育的基本原则,并运用德育原则分析和解决中小学德育实际中的问题;熟悉德育的基本途径,掌握和运用德育基本方法,运用德育方法开展德育工作。

第一节 德育过程概述

德育过程是一个十分复杂、相对独立的过程。探讨德育过程就是剖析和研究德育过程的特点和规律,为制定德育原则、开展德育工作提供科学的理论依据。正确理解德育过程将有助于深刻理解德育工作,提高德育工作的科学性和有效性。

一、德育过程的内涵

(一) 德育过程的概念

德育过程是教育者根据一定社会的要求和受教育者思想品德形成发展的规律,有目地对受教育者施加教育影响,并通过受教育者心理内部矛盾运动,而使其养成一定的思想品德的过程,也就是把一定社会的思想准则和道德规范转化为受教育者个体的思想品德的过程。

(二) 构成德育过程的要素

构成德育过程的要素是教育者、受教育者、德育内容、德育方法。教育者(包括教育集体)是教育主体,是德育过程的组织者,起主导作用。受教育者(包括受教育者的个体和群体),具有教育客体和教育主体的双重性质。德育内容是教育者采用的影响、作用于受教育者的中介,是教育者进行德育工作的重要依据。德育方法是教育者开展德育工作的方式或方法,是教育者与受教育者相互作用的活动方式的总和。

(三) 德育过程与思想品德形成过程

这是两个不同的过程,它们既有区别又有联系。其区别在于:思想品德形成过程是构成品德的各要素(如知、情、意、行等)由简单到复杂、由低级到高级、由量变到质变的矛盾运动过程,其实质是一个发展过程。德育过程是德育工作者根据思想品德形成的规律,有目的、有计划地促进学生思想品德形成的过程,其实质是教育过程。其关系在于:两者是教育与发展的关系。一方面,发展离不开教育。学生思想品德的形成要受学校、家庭和社会等多方面因素的综合影响,其中有正式的和非正式的,有自觉的和自发的,有可控制的和不可控制的。各种因素相互交叉、相互制约,其中学校德育是正式的、自觉的和可控制的影响,它是促进学生思想品德形成和发展的主导因素。另一方面,教育必须遵循发展的规律。思想品德教育过程必须依据学生思想品德形成和发展的规律,才能有效促进学生品德的形成和发展。

真 题 链 接

辨析题:德育过程就是品德形成过程。

答案:表述错误。解析略。

(四) 德育过程与教学过程

这是两个相对独立的过程,两者的任务各有侧重,同时两者又相互联系、相互渗透。德育过程是提高学生的道德认识、丰富道德情感、锻炼道德意志、培养道德行为的过程,主要是解决受教育者对客观事物采取的主观态度问题。教学过程是教师引导学生掌握知识、认识客观世界,并通过知识的传递与掌握来促进学生身心全面发展的过程,主要是解决认识世界和改造世界的问题。但两者又紧密相连。一方面德育任务的全面完成离不开教学这一条基本途径,另一方面德育可为学生的学习起导向和提供动力的作用,影响到教学过程的有效进行。

二、德育过程的基本规律

学生思想品德的形成是外部影响与个体活动相互作用的结果。在构成德育过程的各因素之间必然存在着不依人的意志为转移的本质联系,表现出其固有的规律性特点。从学生思想品德形成的内部结构、思想品德发展的内部动力、思想品德发展与外部环境的关系及学生思想品德形成和发展的历程等四方面来看,德育过程存在以下四个规律性的特点。

(一) 德育过程是促使学生知、情、意、行统一发展的过程

知、情、意、行是构成思想品德的基本要素。

知即道德认知,亦称道德观念,是指对道德行为准则及其执行意义的认识,是个体品德中的核心部分。道德认知包括人们对行为规范及其意义的理解和掌握,是对是非、美丑、善恶、荣辱的认识、判断和评价,以及在此基础上形成的道德观念和评价能力。知是形成思想品德的基础,一定的品德的形成总是以一定品德的认识为必要条件。

情即道德情感,是根据道德观念来评价他人或自己行为时产生的内心体验。它与道德认知一起,是推动人产生道德行为或抑制不道德行为的内在动力。道德情感是人们运用一定的道德观念评价自己与他人的品行或某种事物而产生的内心体验和主观态度。当学生对某个问题产生一定的情感,具有强烈的爱憎、好恶时,就会促使他们对这个问题的追求或舍弃、赞成或反对。反之如果学生对某一道德问题抱冷漠态度,缺乏情绪体验,他的行为就不会表现出强烈的、鲜明的反应。正如列宁所说:"没有人的情感,就从来也不可能有人对真理的追求。"① 道德情感是一种巨大的力量,它能推动道德认识转化为道德行为,发展为道德信念。

意即道德意志,道德意志是个体自觉地调节道德行为,克服困难,以实现道德目标的心理过程。意是调节行为的一种精神力量,是人们为实现一定的道德目标和道德行为做出的自觉不懈的努力。意志薄弱者尽管有某种道德认识和情感,但一遇到内外各种困难便不能坚持确定的道德原则。只有意志坚强的人才能严格约束自己,克服种种困难,坚持不渝地履行自己的道德义务,即使犯了错误,一旦认识也有毅力及时加以改正。

行即道德行为,道德行为是实现道德动机的行为意向及外部表现,是衡量品德的重要标志。道德行为是人们在道德认识、道德情感和道德意志的支配下,对他人和社会所采取的行为方式和行为习惯,是衡量一个人觉悟高低、品德好坏的根本标志。

029

真题链接

> 1. 衡量道德品质的重要标志是( )。
> A. 道德认识　　B. 道德情感　　C. 道德意志　　D. 道德行为
> 答案:D。
> 2. 辨析题:个体的道德认识与道德行为是一致的。
> 答案:表述错误。解析略。

知、情、意、行是相互渗透、相互促进的一个整体。在这个整体中,知是基础,是形成思想品行的先导。情和意是两个必备的内在条件,起调节作用。知深、情切、志坚就必

---

① 列宁全集(第25卷)[M].北京:人民出版社,1988:117.

有行。行是关键,是知识、情感、意志的集中表现。反复的道德行为又能扩大、加深和提高认识,增强情感,磨炼意志。因此,德育过程必须坚持晓之以理、动之以情、导之以行、持之以恒,全面影响知、情、意、行几个要素,促使它们统一发展。只有当知、情、意、行四个要素都得到相应的发展时,受教育者思想品德才发展到更高级水平。

德育过程具有多端性。一般地说,德育首先要提高道德认识,并循着知、情、意、行的程序进行。但由于社会生活的复杂性、德育影响的多样性等因素,知、情、意、行的发展往往是不平衡的。基本要素的不平衡性,决定了德育工作的多端性。这可根据学生品德发展的具体情况,或从导之以行开始,或从动之以情开始,或从锻炼品德意志开始,最后达到使学生品德在知、情、意、行等方面的和谐发展。教育者要深入了解学生,根据其要素的发展情况来选择最需要、最迫切和最能奏效的方面作为德育的开端,促使各要素的发展从不平衡到相对平衡,统一地得到发展,以形成良好的品德。例如对行为规范认识不高的学生,应从提高认识入手;对于坚持性差、缺乏必要意志力的学生,应着重于行为习惯的训练,从锻炼意志入手;对于情感冷漠,尤其是心灵受过创伤的学生则要多关心体贴,动之以情,从打开心灵窗户入手;对能说会道的而不付诸行动的学生,则应严格要求,从加强行为的培养和训练入手。

真题链接

1.“动之以情,晓之以理,导之以行,持之以恒”的做法主要反映了哪一德育过程规律?（　　　）

A. 德育过程是具有多种开端的学生知、情、意、行的培养提高过程

B. 德育过程是促进学生思想内部矛盾斗争的过程

C. 德育过程是组织学生活动与交往,统一多方面教育影响的过程

D. 德育过程是长期的、反复的、逐步提高的过程

答案:A。

2.辨析题:德育过程具有多端性。

答案:正确。解析略。

(二) 德育过程是促进学生思想内部矛盾运动的过程

学生思想品德的形成和发展是其思想内部矛盾的过程,辩证唯物主义认为,每一事物的发展过程中,都存在着自始至终的矛盾运动,事物发展的根本动力在于事物的内部矛盾运动,在学生思想品德的形成和发展过程中,也自始至终存在着矛盾运动。教育者的教育影响是学生思想品德形成和发展的不可缺少的重要条件,但教育者无法代替受教育者的内部思想矛盾运动。教育者的教育影响要为学生所接受,还必须经过一个内因变化的过程,即经过学生的各种思想因素的矛盾运动。

教育者的德育要求与学生已有的品德结构和水平的矛盾构成了德育过程的基本矛盾。当教育者根据一定的德育目的和任务提出要求时,学生往往要以"自己的"方式即已有的品德结构和水平做出反应,或全部接受,或部分接受,或排斥,从而形成了德育过程的基本矛盾。

要使教育者的德育要求内化为学生的思想品德,关键是要把德育要求转化为学生内在的品德需要。只有当教育者提出的教育要求转变为学生自己的内在品德需要时,才能真正引起和推动学生思想的内部矛盾运动,促使品德的形成和发展。而要把教育者的德育要求内化为学生的内在需要,一方面,要求教育者要对德育要求精心设计,只有那种高于学生的原有水平,且经过主观努力又能达到的要求才是最恰当的要求,才能有效地把德育要求内化为学生的内在品德需要。另一方面,要求把教育和自我教育很好地结合起来。学生既是德育的客体,又是德育的主体,学生在接受教育者的教育时,自己也在不断地进行自我教育,所谓自我教育是指学生为形成良好的思想品德而进行的自觉的思想转化和行为调控活动,德育过程始终是教育与自我德育相结合的过程。

总之,思想品德的形成和发展如果离开学生的内因,教育这个外部条件就不能发挥作用;如果只有学生的内因,而没有良好的教育条件,学生的思想品行的发展就没有明确的方向,也达不到教育要求。因此,在德育过程中,既要充分发挥教师的主导作用,又要充分调动学生的主动性和积极性,通过学生积极的思想内部矛盾运动,推动学生思想品德的形成和发展。

真题链接

像任何事物的发展一样,学生品德的发展也是由其内部矛盾推动的。学生品德发展的内部矛盾是( )。

A. 社会道德要求与学生现有品德发展水平之间的矛盾

B. 学习德育要求与学生现有品德发展水平之间的矛盾

C. 学生品德发展的社会要求与学校德育要求之间的矛盾

D. 学生品德发展的新需要与其现有发展水平之间的矛盾

答案:A。

例说2-1

高一分班后的第一个晚上,小明就因宿舍有人打呼噜而要求换寝室。被婉拒后,又提出转学。在所有人面前,他都保持冷漠的表情……刚刚当上班主任的小杨老师晓之以理,动之以情,结果却使小明越来越抵触,小杨老师越来越焦虑。

曾老师看着被困住的小杨老师，拿出了他班主任工作23年的心法秘诀：教学工作需要用科学的方法去思考和研究，德育工作也一样。曾老师分享了一个抑郁症学生的案例，向小杨老师介绍"五大步骤"：第一，务必保持耐心；第二，了解他的家庭情况；第三，了解他的生活状况；第四，学习心理健康知识；第五，采取措施，重视但不歧视。在曾老师的帮助下，小杨老师梳理出了几个问题：小明的亲子关系、家庭状况如何？他在学校里人际关系如何？他的性格是什么样子的？……

家庭条件不好的小明，父母离异的小明，总是在班里没有存在感的小明……真实的小明，让小杨老师不再感到焦虑，反而有些心疼。小杨老师通过小明喜欢的篮球走近他，一起在球场上挥洒汗水的他们不知不觉成了战友，小杨老师鼓励他多和其他同学接触，展示自己的特长和爱好；创造合适的机会，让他为班级做力所能及的事……故事的最后，曾老师欣慰地看到小杨老师获得了"优秀班主任"称号，小明通过高职单招考试入读理想的学校。①

（三）德育过程是组织学生活动与交往、统一多方面影响的过程

活动与交往是形成学生思想品德的源泉。一方面，个体的思想品德是在活动与交往中逐渐形成的。青少年正是在与外界社会接触和相互作用中，接受来自家庭、社会和学校等各方面的影响，逐步形成和发展了自己的道德思想和行为习惯，并且在活动与交往中不断加深认识、丰富情感体验、磨炼意志。另一方面，思想品德又在活动与交往中表现出来。只有在活动与交往中反复表现出的某种行为才算是具备某种品德。

学生的活动与交往是广泛而多样的。学生不仅与教师、家长交往，而且要与社会各种人交往，还有广播、影视、书报杂志等。这其中有积极的、消极的；有自觉的、自发的；有可控的、不可控的等诸多影响。学生的思想品德是在各方面综合影响下形成和发展的。其中教育者根据思想品德教育要求进行的活动和交往在学生品德的形成和发展中起主导作用。因此，德育过程是教育者精心设计和组织各种教育性活动与交往，统一协调各种德育影响的过程。

真题链接

"寓德育于教学之中，寓德育于活动之中，寓德育于教师榜样之中，寓德育于学生自我教育之中，寓德育于管理之中。"这体现的德育过程是（　　　）。

A. 培养学生知情意行的过程

B. 促进学生思想内部矛盾斗争发展的过程,是教育和自我教育统一的过程

C. 长期、反复的、逐步提高的过程

D. 组织学生的活动和交往,统一多方面教育影响的过程

答案:D。

(四)德育过程是长期的、反复的、逐步提高的过程

品德的形成是长期渐进的过程。从思想品德的结构来看,知、情、意、行是构成思想品德的四要素,要形成某一思想品德不仅仅是形成某一正确观念,某一良好习惯,而是要使知、情、意、行四者得到统一发展,只有当四个要素作为一个整体都得到相应的发展时,我们才称之为具备某一思想品德。而知、情、意、行四者在个体身上发展又往往是不平衡的,因此,决定了德育过程是长期的、复杂的。即使是某一正确观点、某一良好习惯的形成,也非一朝一夕所能奏效的,需要长时期的培养、多次的训练。

从思想品德的内容看,任何一项社会政治、思想和道德内容都是由不同的、多层次的结构系统组成的,都必须经长期的、反复的教育才能转化为受教育者个体的思想品德。而且,品德的提高是永无止境的,永远也不会达到尽善尽美的程度。

从影响学生思想品德形成和发展的因素来看,学生思想品行的形成和发展要受到许多因素广泛复杂的影响,是许多因素共同作用的结果。社会现实中既有积极的因素,即与德育要求一致的思想观点和道德行为,能给学生品德以正确影响,也有消极的因素,即与德育要求大相径庭的思想观点、不良行为。这种真善美与假丑恶并存并同时作用于学生而他们世界观尚未定型,可塑性大,容易"近朱者赤,近墨者黑"。当不能自觉抵制不良因素的诱惑,思想上就容易出现波动和反复,表现为昨天已经解决了的问题,今天因未能抵制不良诱惑而旧病复发。可见,思想品德的形成和发展不是直线上升的,有时进步快,有时进步慢,前进了还会出现后退,经常反复,有时还会反复好几次。因此,进行德育时必须坚持渐进性,做深入细致的工作,不断地抓反复,反复抓,把"塑造"和"改造"很好地结合起来,企图一蹴而就、一劳永逸的想法是违背德育规律的。

知识链接

品德形成的一般过程

品德的形成过程经历依从、认同、内化三个阶段。一是依从,依从包括从众和服从两种。从众是指人们对于某种行为要求的依据或必要性缺乏认识与体验,跟随他人行动的现象。服从是指在权威命令、社会舆论或群体气氛的压力下

放弃自己的意见而采取与大多数人一致的行为,服从可能是自愿的,也可能是被迫的,被迫的服从也叫顺从,处于依从阶段的品德水平较低,但它是品德形成的开端环节,不可缺少。二是认同,认同是在思想、情感、态度和行为上主动接受他人的影响,使自己的态度和行为与他人相近。认同实质上是对榜样的模仿,试图与榜样一致,它不受外力控制,行为有一定的自觉性、主动性和稳定性。三是内化,指在思想观点上与他人的观点一致,将自己认同的思想与自己原有的观点、信念融为一体,构成一个完整的价值体系。在内化阶段个体的行为具有高度的自觉性和主动性,表现为"富贵不能淫,贫贱不能移,威武不能屈"。

第二节　德育原则

一、德育原则概述

德育原则是教育者进行德育工作时必须遵循的基本要求。这些基本要求是根据教育目的、德育任务及青少年思想品德形成的规律提出来的,也是人们长期以来德育实践经验的总结。德育原则是在德育规律的基础上制定的,德育规律的认识程度直接影响着德育原则制定的科学性,从而影响着德育原则对德育实践的指导性。教育者遵循德育原则进行德育,可以提高德育工作的自觉性和科学性,减少盲目性,有效地提高德育效果。

二、中小学德育的基本原则

(一)导向性原则

导向性原则是指教育者开展德育工作时要有一定的理想性和方向性,以指导学生向正确的方向发展。在进行德育工作时,应当具有明确的目标和方向,帮助学生形成正确的价值观、道德观和世界观,从而促进学生品德的健康发展。

贯彻这一原则的要求是:

1. 坚持正确的政治方向

教育工作要始终坚持马克思主义的指导地位,帮助学生树立正确的政治方向和理想信念。引导学生学习党的路线、方针、政策,增强国家意识、民族意识、文化自信。

2. 德育目标必须符合国家新时期的方针政策和总任务的要求

德育目标要与时俱进,反映新时代的社会发展和人才培养要求。结合国家的发展目标和教育政策,制定符合学生实际和时代特点的德育目标。

3. 要把德育的理想性和现实性结合起来

在德育工作中,既要强调理想性,引导学生追求高尚的道德品质和人生境界,又要注重现实性,结合学生的生活实际和成长需求,开展有针对性的德育活动。

┌─ 课 程 思 政 ─────────────────────────────┐

　　先生不应该专教书,他的责任是教人做人;学生不应该专读书,他的责任是学习人生之道。

　　　　　　　　　　　　　　　　　　　　　　　　　　　——陶行知

└──────────────────────────────────────┘

(二)疏导原则

疏导原则,是指在德育工作中要循循善诱,以理服人,从提高学生认识入手,调动学生的主动性,使他们积极向上。疏导原则也就是循循善诱原则。"夫子循循善诱,博我以文,约我以礼,欲罢不能",意思是老师或教育者善于有步骤地引导学生,用各种知识来丰富他们的内心世界,用礼节和道德规范来约束他们的行为,使学生对学习产生浓厚的兴趣,以至于他们想要停止学习都不可能,这体现了德育过程中的疏导原则。

贯彻这一原则的要求是:

1. 讲明道理,疏通思想

教育者应当清晰、明确地阐述道德规范和价值观,使学生理解其背后的道理和意义。通过解释、讨论等方式,引导学生深入思考,形成正确的道德认识。

2. 因势利导,循循善诱

教育者应当根据学生的年龄、性格、兴趣等特点,因势利导,采用合适的方法和手段进行教育。通过逐步引导、逐步深入的方式,学生逐步理解并接受道德规范。

3. 以表扬肯定激励为主,坚持正面教育。

教育者应当以表扬、激励为主要手段,肯定学生的进步和优点,增强他们的自信心和自尊心。坚持正面教育,审慎使用惩罚、批评等手段,保护学生的自尊心和自信心。

┌─ 例说2-2 ──────────────────────────────┐

　　"蝴蝶有生命,它有自己的思考、自己的判断,而气球没有。所以,气球跟风走,而小蝴蝶会迎着风,用它的翅膀舞出自己最喜欢的舞蹈"——江苏省南京市浦口区车站小学一场引导小学生正确认识网络热词的班会引发讨论。

　　在这堂班会上,对网络热词是盲目跟风还是要有自我判断,语文老师用"气

└──────────────────────────────────────┘

球"和"蝴蝶"的生动比喻来教育和启发孩子们,不仅在班级里产生了良好的反应,也在网络上获得了越来越多的赞同。网友们点赞的不仅是这位老师尊重并理解孩子的态度,更是她教育和引导孩子如何面对网络热词的智慧。当网络已触手可及、无处不在,我们不可能让孩子置身于一个没有网络影响的"真空"语言环境,因而面对"玩梗"这个难以回避的问题,教育、引导孩子提高自身辨别能力是关键。①

有位小男孩嘲笑一个小女孩的衣服又丑又土,小女孩很伤心。

老师得知后,当着全班同学的面,拿出一张白纸,不停地说:"你长得真丑,你学习真差,你的衣服真难看,老师很讨厌你,家长很讨厌你,同学也很讨厌你……"

她每说一句话,就将白纸揉得皱一点。

最后,她手中的白纸,变成皱巴巴的一团。

老师在课堂上用一张白纸生动地演示了恶语相向对一个人的伤害有多大。这张白纸代表了语言暴力的受害者,就算是别人道歉了,受害者也接受了道歉并且原谅了他,这张白纸再展开时也是皱皱巴巴的,布满了折痕。老师用白纸举例教育学生,不要做"揉纸团"的人,拒绝校园霸凌。②

真题链接

1. 班主任陈老师通过生杏的酸涩和熟杏的香甜来教育一位早恋初三女生,告诉她,谈恋爱和吃杏子是一样的道理,中学生还没有生长成熟,此时若谈恋爱,就如同吃生杏子一般,只能又苦又涩;只有到成熟后再去品尝,才会香甜可口,无比幸福,从而使这位女生从早恋中走了出来。这体现了德育的哪一原则?(　　　)

A. 知行统一原则　　　　　　　　B. 长善救失原则

C. 有的放矢原则　　　　　　　　D. 疏导原则

答案:D。

2. "夫子循循然善诱人,博我以文,约我以礼,欲罢不能。"体现的德育原则是(　　　)。

A. 思想性原则　　B. 疏导性原则　　C. 连贯性原则　　D. 一致性原则

答案:B。

---

① 有章.帮助孩子正确认识网络热词[N].人民日报,2023 - 08 - 22(06).

② 新华社.不要做那个"揉纸团的人"[Z/OL].新华社公众号,2023 - 04 - 15.

3. 子路对教育的作用不以为然,说:南山有竹,人不去管它,照样长的直;砍来当箭,照样能穿透犀牛皮。孔子对他说:若是将砍来的竹子刮光,装上箭头,得很利,岂不射得更深吗? 子路接受了孔子的教诲,成为孔门的学生。孔子的做法体现了哪一德育原则?(   )

A. 教育影响的一致性与连贯性原则　　B. 长善救失原则

C. 理论联系实际原则　　D. 疏导原则

答案:D。

(三)因材施教原则

这一原则是指在德育过程中,要从学生品德发展的实际出发,根据学生的年龄特征和个性差异进行不同的教育,使每个学生的品德都能得到更好的发展。

这一原则是根据教育必须适应青少年身心发展规律的教育原理及思想品德形成规律而制定的。不同年龄阶段的学生具有不同的年龄特征,同一年龄的学生由于个人经历、所受教育影响及个人的主观条件等不同而具有不同的特点。而学生是品德形成的主体,教育影响要通过学生自身思想斗争及自我教育而起作用,这就决定了教育要求、内容和方法等须从每个学生的实际出发。

例说2-3

子路问:“闻斯行诸?”

子曰:“有父兄在,如之何其闻斯行之?”

冉有问:“闻斯行诸?”

子曰:“闻斯行之。”

公西华曰:“由也问,闻斯行诸? 子曰,‘有父兄在’;求也问闻斯行诸,子曰‘闻斯行之’。赤也惑,敢问。”

子曰:“求也退,故进之;由也兼人,故退之。”(出自《论语·先进篇》)

贯彻这一原则的要求是:

1. 深入了解学生的个性特点和内心世界

这是开展德育活动的基础和前提。只有做到这一点,班主任的工作才能符合实际,对学生进行的教育才能有的放矢,防止工作的主观主义和一般化的倾向。

有经验的班主任,一拿到学生的名单后,往往在开学之初便着手了解学生。如熟悉学生的学籍卡,找原任班主任了解情况,有重点地走访家长和学生等,使班级管理有一个良好的开端。假如班主任对学生的基本情况一无所知,便着手对学生分组、排座次、委派干部,就难免盲目、主观,为今后的工作埋下隐患。

了解学生包括个人和集体两个方面。了解学生个人情况,主要包括个人德智体等发展情况,学生的兴趣、爱好、特长、品质、性格,他们在家庭生活中的地位及其社会交往情况。了解学生集体情况主要包括全班学生的年龄、性别、家庭等一般情况,学生的一般发展水平和有特殊才能的学生情况,班风与传统等。

2. 根据学生个人特点有的放矢地进行教育

《三国志·华佗传》有这样一段记载:东汉时期有两个州官,一个叫倪寻,一个叫李延,同时来到华佗这里求医,这两个人的症状都是头痛发烧。华佗诊断后,给倪寻吃泻药,给李延吃发汗的药。两个州官不解地问:我们同样头痛发烧,为什么用药不同呢?华佗说:倪寻是因为吃东西而不适,由内食伤引起的头痛发烧;李延则是外部受凉风寒感冒,导致头痛发烧的。你们俩的情况不同,我们医治办法自然不同。俩人听了华佗的话之后,感到有道理。于是,按照华佗的嘱咐服了药,他们的病很快就好了。华佗对症下药的治病方法启示我们,德育工作必须从学生实际出发。由于学生个人都有自己的生活环境、成长经历和个性特点,因而对他们的教育必须有的放矢,采用不同的内容和方法加以教育引导。俗话说得好,一把钥匙开一把锁。为了打开每个学生的心灵之锁,必须善于找到并运用特定的钥匙,也就是要打破"一般化""老一套"的教育方法,力求找到适合学生特点、开启学生心灵的德育内容和方法,创造性地进行教育。

3. 根据学生的年龄特征科学地实施德育

中学生的品德发展和思想认识具有明显的年龄特征,因此进行德育必须研究每一个年级学生的思想特点。一般说来,初一学生刚入中学,对新的学习生活充满新鲜感、好奇心,但他们的自觉性、独立性较弱,对突然增多的课程门类和较深的学习内容一下子难以适应,容易松散而出现掉队者。初二学生进入青春期,出现男女界限,开始考虑人生理想,学习上也开始出现分化现象。初三学生对升学考虑较多,情绪不稳,容易冲动,常走极端,最怕失学待业。高一学生生理发育趋于成熟,渴望自主、自理,渴望得到别人的理解和尊重,希望生活丰富多彩,视道德、纪律为小事。高二学生接近成人,重充实实力,讲平等竞争,不满足于课堂所学知识,注重自学和课外活动,思想活跃,爱发议论,容易脱离社会现实只强调自我,爱和异性在一起。高三学生面临毕业,考虑自己的人生、专业、前途,理想初步形成,学习负担重、时间紧,思想紧张,心事重重,但比较冷静沉着。只有清醒地把握每一个年级学生的年龄特征,才能对学生德育进行整体规划,统一安排,以保证德育切合学生实际。

真 题 链 接

"一把钥匙开一把锁"体现的德育原则是(　　　)。

A. 理论联系实际　　　　　　B. 长善救失

C. 教育影响的一致性　　　　D. 因材施教

答案:D。

课程思政

　　每一个人的心灵有它自己的形式,必须按它的形式去指导他;必须通过他这种形式而不能通过其他的形式去教育,才能使你对他花费的苦心取得成效。谨慎的人啊,对大自然多多地探索一下吧,你必须好好地了解了你的学生之后,才能对他说第一句话,先让他的性格的种子自由自在地表现出来,不要对它有任何束缚,以便全面地详详细细地观察他。①

——卢梭《爱弥儿》

(四) 知行统一原则

　　知行统一原则是指既要重视思想道德的理论教育,又要重视组织学生参加实践锻炼,把提高认识和行为养成结合起来,使学生做到言行一致、表里如一。

　　知行统一、言行一致是一个人重要的道德品质,培养这种品质是社会主义教育目的所要求的。如果我们培养出来的学生只会讲大道理,不能付诸行动,说得多、做得少,德育目标就难以达到,教育目的就无法实现。

　　知行统一符合学生思想品德形成的规律。人们的思想品德是稳固的思想认识与相应行为方式的统一体。在这统一体中,知是行的先导。没有正确认识做指导的行为,往往是盲目的,甚至是错误的。行是知的目的,提高认识的目的在于指导学生的行动,没有道德行为的认识是没有实际体验的,是不深刻、不牢固的,正如苏霍姆林斯基说的,"道德准则,只有当它们被学生自己去追求、获得和亲身体验过的时候,只有当它们变成学生独立的个人信念的时候,才能真正成为学生的精神财富"②。因此,只重视知或只重视行都具有片面性,应使之在实践中相互统一。

　　自古以来,中国有许多教育家都重视知行统一,孔丘要求弟子"讷于言而敏于行",认为"言过其行"是可耻的。墨子提出"强力而行"的主张,认为"士虽有学,而行为本焉"。王守仁主张"知行合一",认为"知是行之始,行是知之成",要人们注重"真知即所以为行,不行不足谓之知"。王夫之的"行可兼知,而知不可兼行"的观点,要求行先知

① 卢梭.爱弥儿[M].李平沤,译.北京:商务印书馆,2017:108.

② 苏霍姆林斯基.给教师的建议[M].杜殿坤,译.北京:教育科学出版社,1984:339.

后,知行并进,反映了古代教育家注重行为实践的思想。①

贯彻这一原则的要求是:

1. 进行系统的理论教育,从根本上提高学生的道德认识

列宁说过:"没有革命的理论,便没有革命的行动。"要向学生进行系统的马列主义、毛泽东思想和社会主义道德准则、行为规范的教育,帮助学生形成正确的思想观点、政治观点和道德观点,使学生从根本上掌握明辨是非、美丑、善恶、荣辱的标准,并学会运用它解决现实生活中的问题,指导和评价自己的行为,这对提高学生道德行为的自觉性、主动性,防止盲目性是十分重要的。另外,在理论学习中既要充分重视以感性认识为基础,又要使学生善于将感性认识上升到理性认识,防止理论成为无源之水、无本之木。

2. 组织和指导学生参加各种实践活动

要在提高学生思想认识的同时,尽力为学生创设实际锻炼的机会和环境,激发他们对实践活动的积极态度和愿望,使他们在实践中加深认识,增强情感体验,磨炼意志,坚定信念,形成良好的思想品德。实际锻炼主要有两种形式:一种是经常性的锻炼,就是要求学生在学习、课外活动、家庭生活等日常生活实践中履行学生守则和道德规范;另一种是组织学生参加以德育为主要目的的活动,包括各种形式的班会、团队活动等。

3. 全面评价学生的思想品德

动机与行为有时是不一致的,完全相同的行为方式,由于动机不同,因而可能是完全不同的品德的表现;同一动机也可表现为不同的行为方式。因此,教师在评价学生的行为时既要看行动,又要分析其动机;既要看实践,又要看认识。对学生的行为要调查清楚,不要轻易地表扬和批评,更不要搞形式主义。苏联教育家苏霍姆林斯基坚决反对在教育过程中搞任何形式主义的东西,他说:"在学校里不许讲空话,不许搞空洞的思想,要珍惜每一句话。当儿童还不能理解某些词句的含义时,就不要让这些词句从他们的嘴里说出来,请不要把那些崇高的、神圣的语言变成不值钱的破铜币。"②

(五) 尊重学生与严格要求学生相结合原则

这一原则的含义是指教育者进行德育时,要把对学生的思想和行为的严格要求与对他们个人的尊重和信赖结合起来,使教育者对学生的影响与要求易于转化为学生的品德。在德育过程中,教育者既要在学生原有的品德基础上提出进一步的、严格的、坚持不渝的要求,又要尊重、爱护和信任学生,把两者结合起来,使教育者的要求易于转化为学生的思想品德。

---

① 中国大百科全书出版社编辑部.中国大百科全书(教育卷)[M].北京:中国大百科全书出版社,1985:518.
② 杜殿坤,采石.道德标准应当物化出来——苏霍姆林斯基论道德教育之四[J].湖南教育,1982(6):7.

教育工作就是按照一定的要求培养人，如果没有要求，放任自流，实际上就取消了教育。对学生严格要求是人民教师的神圣职责。

教育者的严格要求，是促使学生产生思想关键的动因。没有这个动因，就不可能引起受教育者的思想内部矛盾运动。形成品德，最终要依赖于学生内部动因。而尊重、爱护和信任学生，就使学生容易把教师的教育要求转化为自己的道德需要，促使其内部矛盾运动，形成教育者所期望的思想品德。

严格要求与尊重学生是辩证统一的关系，一方面，"爱之深，求之切"。没有发自内心的热爱和尊重，便不会有对受教育者的严格要求。严格要求是以尊重，热爱为前提，严源于爱，否则严会变成无理无度。另一方面，没有严格要求，对受教育者的热爱和尊重便无法得到体现，甚至还会娇宠、放纵学生。严格要求是保证受教育者健康发展的必要条件，是对受教育者最大的尊重和热爱。

贯彻这一原则的要求是：

1. 爱护、尊重、信任每一个学生，建立尊师爱生的师生关系

教师要充分信任学生，保护其自尊心，激发其上进心，增强其自信心，对差生更应如此，要一视同仁地给予同样的爱护和尊重。

2. 善于向学生提出正确、合理、明确而具体的要求

所谓正确，就是符合德育大纲。所谓合理，就是要求要适度。所谓明确具体，就是要求的意义要明确，内容要具体。另外，教师提出的要求要前后连贯。当学生已达到某阶段的要求后，要善于向他们提出新的更高要求。要求一旦提出，要坚持到底，不能朝令夕改、虎头蛇尾。

课程思政

要尽量多地要求一个人，也要尽可能地尊重一个人。

——马卡连柯

（六）正面教育与纪律约束相结合的原则

这一原则的含义是指进行德育既要坚持进行正面疏导，启发自觉，调动学生接受教育的内在积极性，又要辅之以带强制性的纪律约束，督促其严格执行，把两者有机结合起来。

这一原则体现了我国社会主义教育性质和教育目的的要求。我国社会主义教育要把青少年培养成富有自觉性、积极性和创造性的现代化建设人才，必须积极疏导，启发自觉，对他们进行正面教育为主。而且以马列主义、毛泽东思想为核心的德育内容，是科学的、先进的革命理论，完全能为年轻一代所掌握，成为他们的信念。

这一原则符合德育过程中内因和外因辩证统一的规律。教育者的教导和纪律约束是学生思想品德形成和发展的外因,学生思想内部矛盾斗争是内因。学生思想品德的形成和发展离不开教师的教导和纪律约束,但它不能代替学生的思想斗争,只有通过摆事实,讲道理,正面疏导引导学生自己去理解、去体验、去追求,才能使教育要求转化为学生的内在需要。

这一原则符合青少年身心发展的特点和规律。青少年可塑性大,易接受积极的影响,也易接受消极影响,他们所存在的问题许多是属于认识问题。因此,教育者应坚持说服疏导。同时,青少年自我控制、自我调节的能力还未得到很好发展,意志力相对薄弱,需要从外部给予一定的制约。

贯彻这一原则的要求是:

1. 坚持积极引导、正面教育

良好的思想品德是逐渐地确定下来的,不可能自发生成。教育者必须有计划、有系统,由浅入深、由简单到复杂、生动具体地正面进行教育,使受教育者形成正确的观点,提高认识。进行正面教育时,要注意充分发挥榜样的示范作用,而不是简单地进行灌输,对学生出现的问题,也不能使用简单的"堵"的办法,而是要采取多种方式进行疏导。

不管采用什么方式进行疏导,都要抓住时机,把握住"火候",因势利导,否则会导致疏而不通,说而不服。教育实践表明,德育时机往往集中在以下几个方面:① 兴趣点。当学生对某事物发生兴趣,产生积极追求的欲望时,比较容易接受外界影响,正是德育实施的有利时机。② 荣辱关头。学生受到表扬、奖励或批评、处罚时,思想总会发生一些变化,这些变化,对于学生的成长至关重要,需要加以引导。③ 求异点。学生出现求异心理时思想总处于活跃状态,这时进行疏导往往更有针对性和深度。④ 疑惧点。学生犯错误,会疑虑重重,产生心理压力,渴望别人的理解和帮助。教师如能不失时机地给予关怀和指导,无异于雪中送炭,定会收到理想的教育效果。

2. 正确处理正面材料与反面材料的关系

一方面,儿童青少年时期是积极上进、乐观向上、充满阳光的时期,进行德育应以正面积极的道理、事实为主,如果消极的、阴暗的东西接触得太多,容易形成消极的甚至是反社会的人格。另一方面,有比较才有鉴别,适当接触反面材料有利于学生理解、领会正面的教育。而且当今改革开放的社会,学校不可能完全封闭起来搞"孤岛教育"。关键是要把正面教育和反面教育、正面材料和反面材料有机结合,把握好适当的度。这也是当今教育工作者和家长感到棘手的问题。

3. 将正面教育与建立必要的规章制度结合起来

正面教育与纪律约束是相辅相成的,没有必要的纪律约束,学生行为就无章可循。正面教育难以落实到行动中去,就会成为空调的说教;但如只颁布规章制度,不伴之以正面说理,启发自觉遵守,这样规章制度也不能起到很好的教育作用,因此,要把两者很好地结合起来。

4. 以表扬为主，批评处分为辅

教师要通过表扬、扶植、肯定学生品德中的积极进步的因素，用以战胜和克服落后的消极的东西，对学生的错误要及时批评，对隐患毒瘤也要"动手术"，才能"气顺脉通"。

(七) 集体教育与个别教育相结合原则

这一原则的含义是指在德育过程中，教育者要善于组织和教育学生热爱集体，并依靠集体教育每个学生，同时通过对个别学生的教育，来促进集体的形成和发展，从而把集体教育和个别教育有机结合起来。

这一原则的提出是由社会主义教育的性质和任务决定的。集体主义是社会主义道德的基本原则，培养集体主义精神是我国社会主义学校德育的基本任务之一，而集体主义精神，只有通过集体和集体教育才能培养起来。

这一原则体现了青少年思想品德是在活动交往中形成和发展的规律。学生的活动和交往大部分是在学生集体及其影响下进行的，学生集体尤其是班级集体对学生思想品德的形成和发展具有特殊作用。"蓬生麻中，不扶自直"，学生集体的影响作用会大大超过教师个人对学生的直接影响。另外，集体是由个人组成的，由于每个学生的气质、性格、思想基础不同，他们对集体教育影响的态度也会有差异。这就要求在集体教育时，辅之以个别教育。

苏联教育家马卡连柯在其教育实践中，十分重视集体的教育影响作用。他说："教育了集体，团结了集体，加强了集体以后，集体自身就能成为很大的教育力量了。"因此，他认为，教师要影响个别学生，首先，要去影响这个学生所在的集体，然后通过集体和教师一起去影响这个学生，并且使教育集体和教育个人同时、平行地进行。马卡连柯称之为"平行影响"原则。

贯彻这一原则的要求是：

1. 重视组织和培养集体

集体不是各个成员在数量上的简单相加，更不是乌合之众，而是一个有正确政治方向、有共同的奋斗目标、有坚强的领导核心、有健全的组织机构、有严密的纪律、有正确的舆论及良好作风的学生联合体。这个集体不是自发形成的，是在教育和自我教育中逐渐形成的，教师要研究集体形成的规律，精心组织和培养集体，尤其要注意在集体活动中培养和健全集体。

2. 善于发挥集体的教育影响作用

教师不应单枪匹马地做工作，而要始终注意充分依靠和发挥学生集体的作用。学生集体教育中的作用主要有集体目标的动力作用、集体舆论的约束指向作用、人际关系的调整作用、遵守纪律的保证作用、成员个性发展的积极作用等。尤其要注意组织学生积极参加集体活动,使集体中的每个成员始终把自己同集体紧紧联系在一起。

3. 把个别教育与集体教育、教育个别与教育集体有机结合起来

苏霍姆林斯基指出:"集体的精神世界和个性的精神世界是依靠相互的影响而形成,人从集体中吸取许多东西,但是,如果没有组成集体的人们的多方面的、丰富的世界,也就不会有集体存在。"我们在教育中要以集体为教育的出发点。要善于提出统一要求,促使集体健全地发展;但集体又是由个人组成的,集体活动要为个人的发展提供有利条件,让集体的每个成员都能够有条件充分发挥他们的天资才能和爱好,因此,在以集体教育为主的同时要加强个别教育,使集体和个人和谐发展。另外,在充分利用和发挥集体对个人的教育作用的同时,又要注意通过个人来影响集体。尤其要做好那些在班里有一定影响力的学生工作,发挥他们的积极影响。同时,也要注意做好后进生的转化工作。

(八) 依靠积极因素、克服消极因素原则

依靠积极因素、克服消极因素原则,又称长善救失原则,是指德育工作中,教育者要善于依靠、发扬学生自身的积极因素,调动学生自我教育的积极性,克服消极因素,实现品德发展内部矛盾的转化。学校德育只是学生品德发展的外因,外因必须通过内因而起作用,即学生的品德发展,主要在于他们思想情感内部的矛盾运动,在于其中积极一面不断得到发扬并战胜了消极一面,表现出进步。在这个意义上,长善救失,也就是学生自己战胜自己、自己超越自己。

贯彻这一原则的要求是:

1. 教育者要用一分为二的观点,客观地评价学生的优点与不足

正确了解和评价学生是正确教育学生的前提。对学生既要看到他们积极的一面,也要看到他们消极的一面;既要看到他们过去的表现,也要看到后来的变化和现实的表现。

2. 教育者要有意识创造条件,促进学生思想中的消极因素转化为积极因素

发扬积极因素,克服消极因素。全面而深入地了解学生,为教育学生打下了良好的基础。但要促进他们的品德发展,根本的一点在于调动其积极性,引导他们自觉地巩固发扬自身的优点来抑制和克服自身的缺点,才能养成良好的品德,获得长足的进步。

3. 引导学生自觉评价自己,进行自我教育

教育者要引导学生提高自我认识、自我评价、自我调节的能力,启发他们自觉思考,克服缺点,发扬优点。引导学生依靠积极因素克服消极因素,固然需要教师起主导作用,但主要靠学生自我教育、自觉发扬优点来克服缺点。

教师在德育过程中要结合学生的实际情况,贯彻依靠积极因素、克服消极因素原则,促进学生品德的长足发展与提高。

真题链接

1. 初二(1)班小王同学在黑板上画了个漫画,并写上"班长是班主任的小跟班"。班主任冯老师看了,发现漫画真画出了自己的特征,认为他有绘画天赋。于是请他担任班上的板报和班刊绘画编辑,并安排班长协助他。在班长的帮助下,小王同学发挥了自己的才能,出色地完成了任务,克服了散漫的毛病,后来还圆了他考取美术专业的大学梦。冯老师遵循的主要德育原则是( )。

A. 疏导原则　　　　　　　　B. 教育影响一致性与连贯性原则
C. 长善救失原则　　　　　　D. 严格要求与尊重学生相结合原则

答案:C。

2. 德育过程中,体现了马克思主义"一分为二"辩证法认识学生的德育原则是( )。

A. 发扬积极因素与克服消极因素相结合　B. 理论与实践相结合
C. 集体教育与个别教育相结合　　　　　D. 严格要求与尊重学生相结合

答案:A。

(九) 教育影响的一致性和连贯性

这一原则是指在德育过程中,教师必须主动地协调来自各方面对学生的教育影响,使之步调一致,前后连贯,促使学生的思想品德按照统一方向发展。

这一原则主要是依据学生思想品德形成的规律而提出的。一个人的思想品德是在各种因素的综合作用下逐渐形成的。来自校内外的各种影响因素是复杂多样的,如各方面的影响不一,甚至相互矛盾,就不能形成合力作用于学生,教育的作用就会被削弱、抵消,使学生产生思想混乱,形成不良品德。因此,必须使这些影响因素综合一致,密切配合。另外,学生品德的形成,必须经过一个长期培养、循序提高的过程,要使学生明了一个道理,形成一种观点信念,养成良好的行为习惯,或是转变已形成的错误观点,纠正不良习惯,需要很长的时间。至于形成品德体系,更需教育者长期不懈的努力。因此,进行德育要前后连贯,系统地、连续不断地进行。

贯彻这一原则的要求是:

1. 统一校内各种教育力量

组建教师集体,使校内教育、影响一致。学校中的团队组织、班主任、任课教师、政治教师及一切工作人员都应在学校党组织和行政领导下协调一致,形成统一的教育力量,尤其是班主任教师更应做好协调工作。要使一个学校或者班级的教育者对学生的影响一致起来,必须组建相应的教师群体。为实现集体的共同目的,应使集体成员团结起来,及时互通学生的情况,定期研究学生德育中的问题,制定教育方案,互相配合开展教育活动。

2.做好衔接工作

做好衔接工作,使对学生的教育前后连贯和一致。使教育、影响的连贯和一致是德育的一项重要工作。为此,首先,要做好衔接工作,包括做好小学与初中、初中与高中、学期与学期之间思想教育的衔接工作;做好班主任和教师因工作调换而产生的衔接工作。其次,一定要防止德育中出现前紧后松、一曝十寒的现象,这会给学生品德的形成带来不良的影响。

3.正确认识和发挥学校教育的引领作用

统一校外各种教育影响,使学校、家庭和社会各方面对学生的教育影响达到最佳状态。随着社会的发展,仅靠学校德育不再能单方面决定学生的品德发展,更无法"控制"来自家庭和社会其他方面的因素对学生品德发展产生的影响。然而,学校德育不能因此就放弃引导学生道德发展的责任,应该审时度势,有所作为。首先,学校应与家庭和社会的有关机构建立和保持联系,形成一定的制度;其次,要及时或定期地交流情况,研究学生的教育问题,制定互相配合的方案;再次,要分工负责、共同努力来控制和消除环境中对学生的不良影响;最后,要引导学生在多种多样甚至相互冲突的影响中,学会自主判断和选择,确立自己的世界观、人生观和价值观。

真题链接

针对我国目前家庭教育与学校教育对学生品德要求出现的差异甚至对立的现象,应强调贯彻的德育原则是(   )。

A.发扬积极因素,克服消极因素　　B.理论联系实际
C.教育影响的一致性与连贯性　　D.正面启发,积极引导
答案:C。

第三节　德育途径与方法

一、德育途径

德育途径是指德育的实施渠道或形式。我国中小学德育的途径有思想品德课与其他学科教学、课外活动与校外活动、劳动、共青团与少先队活动、班主任工作等。

1.思想品德课与其他学科教学

这是学校有目的、有计划、系统地对学生进行德育的基本途径。思想道德课是对学生实施德育的专门途径。通过这一途径可以向学生进行系统的政治思想教育。

学校的中心工作是教学,教学是学校德育的最基本途径。各科教材包含丰富的德

育思想,只有充分发掘教材本身所具有的德育因素,把教学的科学性与思想性统一起来,才能在传授与学习科学知识的同时,使学生受到科学精神、社会人文精神的熏陶,形成良好品德。同时教学过程的每个环节都具有教育性,课堂教学中的师生互动、课堂气氛、教学方法、课外辅导,作业布置与批改,学业成绩的检查与评定等各个环节都会对学生的思想品德产生影响。

2. 课外活动与校外活动

课外、校外活动是整个教育体系中必不可少的组成部分,它不受教学计划的限制,具有参与的自愿性、内容的丰富性、形式的多样性以及活动的自主性的特点,是生动活泼地向学生进行德育的一个重要途径。

3. 社会实践活动

活动与交往是学生品德形成的基础,开展形式多样的社会实践活动有利于学生品德的形成与发展,社会实践活动是学校德育的不可缺少的重要途径。社会实践活动的形式主要有社会生产劳动、社会宣传与服务活动、志愿者活动、社会调查(包括参观、访问、考察等)。这是生动活泼地向学生进行德育的一个重要途径。

4. 共青团、少先队、学生会和社团组织的活动

通过学生自己的集体组织进行德育,有利于调动学生的积极性和创造性,培养学生的主人翁意识和自我教育、掌握管理的能力,培养优良品德。

5. 班主任工作

班级是学校教育工作的基本单位,班主任是班级教育与管理的主导力量,学校的各项工作都要通过班主任强有力的领导与管理才能实现,德育工作更是需要班主任的力量来实现。

6. 校园文化

校园对学生的思想品德有着潜移默化的影响。校园文化从形态上可以分为校园物质文化、制度文化和精神文化,校园文化建设可以从这三方面进行,从而营造出"让学校的每一堵墙壁都说话"的环境,使学生在潜移默化中受到教育。校园文化还可以分为各种亚文化,如教师文化、学生文化、班级文化、宿舍文化等,要全方位发挥其作用。

7. 家庭、社区、学校三结合教育

学校要主动争取家庭、社区、社会各方面的支持和配合。可以通过家庭访问、家长会、家庭教育咨询、家长委员会、家长学校等形式,了解家长对子女教育的情况,向家长介绍教育子女的科学方法,交流成功的经验,帮助家长创造良好的家庭教育环境。要积极争取乡镇、街道、工厂、部队、文化科学宣传等单位的支持,建设一支相对稳定、由各条战线优秀分子组成的校外辅导员队伍,在条件成熟的情况下,争取建立"社区教育委员会",以组织、协调社会各界支持、关心学校工作,形成全社会关心青少年健康成长的氛围。

2017年8月中华人民共和国教育部颁发了《中小学德育工作指南》,该《指南》指

出，通过课程育人、文化育人、实践育人、活动育人、管理育人和协同育人等六大德育途径进行德育，实现立德树人的目标。

二、德育方法

德育方法是为了完成德育的任务而采取的活动方式和手段。它包括教育者的工作方法和受教育者的活动方法。德育方法随着德育目的和德育理念的变化、德育经验的积累、德育手段的更新以及受教育者状况的不断变化等因素不断地变革与创新。目前，我国中小学常用的德育方法主要有以下六种。

（一）说服教育法

说服教育法是借助语言和事实，通过摆事实、讲道理，以影响受教育者的思想意识，使其明辨是非，提高其思想认识的方法。说服教育法是德育的基本方法。主要功能是提高受教育者的思想、政治、道德等方面的认识，使其形成正确的观点、方法。一般来说，青少年学生的问题大都存在于思想认识方面。因此，要解决问题，就要晓之以理，动之以情，启发自觉，运用说服教育来以理服人、以情动人。对于不同年龄阶段的学生，不管采用何种德育方法，往往都离不开说服教育。

说服的方式丰富多样，归纳起来可分为两类。一类是言语说服，包括口头语言与书面语言说服，主要有讲解、报告、谈话、讨论、指导阅读等；另一类是事实说服，主要有参观、访问、调查等。其中每一种方式往往也有各种不同的形式。

运用说服教育法时要注意：① 明确目的性。说服要有针对性、启发性、感染性、民主性和客观性。② 注意时机。善于抓住时机进行说服。③ 富有知识性、趣味性。说服的各种方式应相互配合、综合运用。说服要与提出行动要求相结合。④ 以诚待人。以真诚打动学生。

说服是最常见的德育方法，但是，无数事实证明，"说"而不"服"的现象还是屡见不鲜的。究其原因，大概有三：一是老师"说"的内容老生常谈，毫无新义，听者乏味，更不动心；二是教师说的态度欠妥，讽刺挖苦，无限上纲，无法接受；三是老师"说"的方法简单生硬,当众数说,毫不委婉,令人不服。说服教育成效显著的老师大都能掌握说服的艺术,善于摆事实,讲道理,把深奥的道理说得通俗易懂,使人心悦诚服;或用寓言、比喻等故事,揭示事物的本质,给人留下隽永的回味,从而转变不正确的思想;或用名言警句,从侧面回答学生的问题,使学生听着有味,继而大悟,改变认识。

(二) 情感陶冶法

情感陶冶法是教育者利用环境和自身的教育因素,创设良好的情境,潜移默化地培养学生品德的方法。这种方法的特点是利用了情境的暗示和感染作用,将理与情、情与境融为一体,使受教育者产生情感的共鸣,并且在不知不觉中受到潜移默化的影响。

情感陶冶法包括人格陶冶、环境陶冶、情感陶冶、艺术陶冶、活动和交往的情境陶冶等。主要方式主要有三种:① 教育者的爱和人格感化。即通过教育者对受教育者真诚的、无微不至的关心爱护及教育者高尚的人格,感化熏陶学生,使之形成教育者所期望的良好的品德。② 环境陶冶。即通过创设良好的学习和生活环境,使学生的身心长期受到熏陶,逐渐养成良好品德。或者根据特定的教育目的的要求特意创设教育情境和氛围,来暗示、感染学生使之产生情感上的共鸣,激发学生产生高尚的道德情感。③ 艺术陶冶。即借助于音乐、美术、诗歌、小说、影视等艺术手段创造的生动形象感染学生,在欣赏、评论、创作及演出过程中受到陶冶。

运用情感陶冶法时要注意:① 教育者必须加强品德修养,恪守教师职业道德,处处以身作则,使学生能在经常性的身教中受到熏陶。② 教育者要精心设计教育情境。既要让学校的每一堵墙都说话,又要根据具体的任务选择不同的方式,创设特定的情境。

（side）第 2 章 德育过程

049

真题链接

1. 张校长特别重视学校文化建设,提出"让学校的每一面墙都开口说话",以此来促进学生品德的发展。张校长强调的德育方法是(   )。

A. 陶冶法　　　　　B. 示范法　　　　　C. 锻炼法　　　　　D. 说服法

答案:A。

2. 在学习文化建设中,让学校里的每一面墙壁都开口说话,这体现的德育方法是(   )。

A. 说服教育法　　　B. 实际锻炼法　　　C. 情感陶冶法　　　D. 自我修养法

答案:C。

(三) 榜样示范法

榜样示范法是指用榜样人物的高尚思想、模范行为、优异成就来影响学生的思想、情感和行为的方法。这种方法的特点是把抽象的道德规范和高深的政治思想原理具体化、人格化,以生动具体的典型形象影响学生心理,使教育有很强的吸引力、说服力和感染力。

榜样的类型主要有:老一辈无产阶级革命家、革命先烈以及历史上出现过的伟人的典范;现实生活中先进模范人物的典型事迹;艺术作品中典型人物的示范;家庭成员、教师和同学中的先进人物的示范;艺术作品中艺术形象的影响。

运用榜样示范法时要注意:① 要选好学习的榜样。树立和选择榜样时要注意榜样的权威性、针对性和相近性,运用榜样进行教育时要坚持客观性。② 要激起学生对榜样的敬慕之情。③ 引导学生用榜样来调节自身行为,提高修养。要引导学生对榜样进行分析。通过对榜样的分析,了解榜样,对照自己找出差距,激发学习榜样的自觉性。

例说2-4

"时代楷模"张桂梅

张桂梅是全国第一所全免费女子高级中学校长。12 年间,她帮助 1 800 多名女孩圆梦大学。1990 年毕业后张桂梅随丈夫来到云南大理任教,1996 年丈夫去世后,她自愿调到地处边远的云南省丽江市华坪县中心学校。又先后在华坪县民族中学、华坪县儿童福利院工作。为了改善孩子的生活、学习状况,她节衣缩食,每天的生活费不超过 3 元,先后捐出 40 多万元助学。其间她被查出患有子宫肌瘤等多种疾病,却依然全身心投入教育教学,将病痛置之度外,直至把学生送进中考考场后才去医院——她腹腔切出的肿瘤已经超过 2 公斤。2002 年目睹 13 岁的女孩因无法继续读书而辍学嫁人,她深切意识到,在当地培养一个女孩最少可以影响三代人,于是她立志要在当地办一所全免费女子高中。为此,张桂梅四处奔走,不顾他人的误解和白眼筹集经费。在她的不懈努力下,2008 年全国第一所全免费的女子高级中学在华坪建成,学校不收任何费用,也不管学生原来的成绩如何,都可以来上学。为了让贫困家庭的女孩走进学校,她一次次翻山越岭挨家挨户做工作;为了让女孩有更美好的未来,她"变身"严厉的张校长,与孩子一起吃苦、奋斗、磨炼意志;为提高学校的教学水平,她四处寻找优秀教师,努力把最好、最适合的教育带给山村女孩……她拥有坚定的共产主义信仰,也有明确的人生目标:改变山村女孩的人生,改变当地的贫困面貌。为此,她几乎把个人的一切都奉献给了这个目标,她把所有的资金和绝大部分工资,甚至别人捐给她治病的钱都用在了学校和学生身上;她把骨瘤、肺纤维化、小脑萎缩等 23 种疾病带来的痛苦抛在脑后,一心扑在孩子身上。她先后荣获"全国先进工作者""全国五一劳动奖章""全国三八红旗手""全国教书育人楷模""全国优秀共产党员"等称号。2020 年 12 月中宣部授予张桂梅"时代楷模"称号。①

---

① 邢星,魏倩,程路.她倾尽所有给了山里女孩一个大世界——记云南省丽江市华坪女子高级中学党支部书记、校长张桂梅[J].人民教育,2020(17):12-22.

真题链接

1. 某中学在"每月一星"的活动中,将表现好、进步快的学生照片贴在"明星墙"上,以示奖励,并号召大家向他们学习。这种做法体现出的德育方法是( )。

A. 说服教育　　　B. 情感陶冶　　　C. 实际锻炼　　　D. 榜样示范

答案:D。

2. "其身正不令而行,其身不正虽令不从"这体现的德育方法是( )。

A. 实际锻炼法　　B. 个人修养法　　C. 榜样示范法　　D. 品德评价法

答案:C。

3. 新学期开始的第一周,班主任李老师每天早上都把教室打扫得干干净净。一周后,李老师安排学生值日,同学们都非常认真负责,出色地完成了值日任务。李老师采用的德育方法是( )。

A. 品德评价法　　B. 自我修养法　　C. 榜样示范法　　D. 说服教育法

答案:C。

(四) 实际锻炼法

实际锻炼法也称指导实践法,是教育者组织学生参加多种实际活动,在行为实践中使学生接受磨炼和考验,以培养优良思想品德的方法。实际锻炼法的主要功能在于培养学生的优良行为,养成良好的品德习惯,增强品德意志,从而培养品德践行能力。

为提高实际锻炼的效果,应注意:① 运用实际锻炼的两种方式,对学生进行锻炼。一是执行学校规章制度的常规训练。让学生按照学生守则、课堂纪律、作息制度等必要的规章制度进行锻炼。二是组织学生参加多种实践活动的锻炼。这些活动包括学习活动、课外活动、劳动以及一定的社会实践活动等,在活动中,学生加深认识、丰富体验、锻炼意志,培养学生优良的品德和行为习惯。② 在培养青少年学生良好行为习惯的同时,与提高他们的认识、增强他们的情感体验相结合。实际锻炼要与教师的说理有机结合,不断提高学生对实际锻炼意义的认识,使其产生自觉锻炼的要求。③ 要有明确的目的和有序有恒的要求,进行持之以恒的锻炼。④ 要不断地督促检查,使之坚持。对锻炼的结果要及时地进行评价总结,表扬先进,激励后进,讲求锻炼的经常性和反馈的及时性。⑤ 提高学生实践锻炼的主动性。

(五) 个人修养法

个人修养法是指在教育者的启发和引导下,受教育者对自己的思想品德表现进行自我认识、自我克制、自我激励、自我评价、自我调节等以提高自己的思想品德水平的方法。自我教育是一种自觉的思想转化和行为控制的活动,是一个人在品德修养上能动性的表现,它贯穿于思想品德形成的整个过程。从这个意义上说,运用任何教育方法都离不开学生的自我教育。

教育与自我教育是相互联系的。教育离不开自我教育,自我教育能力的发展可促使学生更好地、更自觉地接受教育的影响,增强和巩固教育效果;学生自我教育的能力和要求是通过教育而逐渐形成发展的。我国著名教育家叶圣陶说过:"教育的目的就是为了不教。"苏联著名教育家苏霍姆林斯基亦曾断言:"只有促进自我教育的教育才是真正的教育。"

提倡进行自我教育,绝不意味着可以降低教育者的责任和要求,进行"放任教育";相反,教育者更应加强有计划的指导和培养。在运用自我教育法指导学生自我教育时,要注意以下几点:① 激发学生自我教育的愿望,培养自我教育的自觉性。这是引导学生做好自我教育的前提条件,只有当学生产生了自我教育的强烈需要和动机时,他才有可能进行自我评价、自我调节、自我监督等。因此,教师要设法引导学生"卷入"新旧思想的斗争、道德或价值的冲突、道德行为的选择中去,使其产生自我教育的强烈愿望。② 指导学生掌握自我教育的标准。学生明确自我教育的标准,是进行自我教育的基础,只有明确要求,才能知道努力方向,并以此不断调节自己。③ 创设有利的道德情境,组织各种实践活动,发展学生的自我教育能力。随着自我意识的发展,中学生已有一定的自我教育能力,产生自我教育的需要,但发展毕竟不够充分、成熟,需要教师不断加以控制、训练和培养。因此,教师应指导学生在各种不同的情境中,在不同的活动中,培养自己的自我教育能力。

真 题 链 接

1. 在一次志愿者活动结束后,马老师要求同学们对自己这一天的表现进行反思,并写出心得体会,马老师运用的德育方法是( )。

A. 说服教育法
B. 榜样示范法
C. 实际锻炼法
D. 个人修养法

答案:D。

2. 班主任张老师鼓励小刚通过立志、学习、反思和慎独等方式不断提高自身品质,这种德育方式是( )。

A. 说服教育法
B. 榜样示范法
C. 个人修养法
D. 情感陶冶法

答案:C。

课 程 思 政

君子博学而日参省乎已,则知明而行无过矣。

——荀子

(六) 品德评价法

品德评价法是指教育者根据一定的要求和标准,对学生的思想品德进行肯定或否定的评价,促使其发扬优点,克服缺点,督促其不断进步。品德评价具有激励、导向、约束等多方面的作用,具有经常性(随时、随地、随事)、广泛性(学习、生活、活动)、深刻性(引起良心自责,触动人的心灵深处)等特点,对形成品德尤其是巩固行为习惯方面具有十分重要的作用。因而品德评价法也是常用的德育方法。

品德评价的方式主要有表扬与奖励、批评与惩罚以及操行评定等。

表扬是对学生思想品德行为做出好的评价。可以是口头表扬,也可以是书面表扬,目的是增强学生的上进心和自信心。奖励是对学生特别突出的思想品德行为的肯定。一般要采用比较隆重的形式,发给奖状、奖品、纪念章或者授予光荣称号等。目的是强化学生的先进思想和行为,激励他们更加严格要求自己,完善自己。

批评是对学生不良思想行为做出否定评价,以中止其不良的思想品德。批评的方式可以是个别进行,也可以当众进行。惩罚是对学生严重不良行为的否定。当学生的不良思想行为经过反复说服、教育无效时,为维护集体利益,也为教育本人,必要时应该给予一定的强制,直到给予某些惩罚。目的是限制其不再发展下去并从错误中扭转过来。惩罚能引起学生内疚的痛苦和不愉快的情感,并使学生学会用意志努力去克服自己不良的行为习惯,从而培养学生意志品质。当然惩罚往往也有副作用。2020年12月,教育部出台了《中小学教育惩戒规则(试行)》,明确了教育惩戒的概念和实施范围,以及实施的规则、程序、措施、要求等,帮助教师审慎、合理、正当实施惩戒。

操行评定是在一定时期内对学生思想行为所做的比较全面的评价。它应以德育大纲中的德育目标为评价标准,以"学生守则"等为基本内容来考查学生平时在课内课外、校内校外对待学习、社会活动、劳动及对待集体和同学等各方面的表现,从而做出概括性的总结。一般是一个学期做一次,有操行等级与书面的操行评语两种形式。

奖惩不仅是十分重要的方法,而且是教师的基本教育手段,恰当地使用奖惩,是十分复杂的,需要教师在实践中不断摸索,这里大致谈几点注意事项:① 奖惩要适当,要有教育意义,不要滥用,尤其是惩罚更要慎用。② 奖惩要公平合理,实事求是,对学生要一视同仁。③ 奖惩要及时,时机要恰当。④ 奖惩方式要多样化。⑤ 奖惩要注意学生的年龄特征和个性差异。

真题链接

1. 班主任赵老师经常运用表扬、鼓励、批评和处分等方式引导和促进学生品德积极发展,这种方法属于(   )。

A. 说服教育法   B. 榜样示范法   C. 情感陶冶法   D. 品德评价法

答案:D。

2. 学校德育工作中经常采用的表扬与批评、奖励与处分的德育方法属于(   )。

A. 说服教育法   B. 品德评价法

C. 榜样示范法   D. 品德陶冶法

答案:B。

例说2-5

陶行知的四颗糖

陶行知先生在担任一所小学的校长时,看到男生王友用泥块砸班上的同学,当即制止了他,并要他放学时到校长室去。

放学后,陶行知来到校长室,王友已经等在门口准备挨训了。陶行知没有批评他,却送了一块糖给他,说:"这是奖给你的,因为你按时来到这里,而我却迟到了。"

王友惊疑地接过了糖果。

接着，陶行知又从口袋里掏出一块糖给王友，说："这块糖也是奖给你的，因为当我不让你再打人时，你立即住手了，这说明你很尊重我，我应该奖励你。"

王友迷惑不解地接过了糖。

陶行知又掏出第三块糖，说："我调查过了，你用泥块砸那些男生，是因为他们不守游戏规则，欺负女生。你砸他们，说明你很正直善良，有跟坏人斗争的勇气，应该奖励你啊！"

听到这里，王友感动极了，他流着眼泪后悔地说："陶校长，你打我两下吧！我错了，我砸的不是坏人，而是自己的同学呀！"

陶行知满意地笑了，他随即掏出第四块糖，递给王友："为你正确地认识错误，我再奖给你一块糖。"待王友接过糖，陶行知说："我的糖给完了，我看我们的谈话也该结束了！"①

德育过程是个错综复杂、充满矛盾的过程，德育方法也是丰富多样，每一种方法都有其独特的功能，又有其局限性，教师要根据具体的情况选择不同的方法，并使各种方法互相配合发挥最佳效果。正如苏联教育家马卡连柯说的："没有任何十全十美的方法，也没有一定有害的方法。使用这种或那种方法的范围，可以扩大到十分普遍的程度，或者缩小到完全否定的状态——这要看环境、时间、个人和集体的特点，要看执行者的才能和修养，要看最近期间要达到的目的，要看全部的情势而定。"②

思考题

1. 德育过程要做到"晓之以理、动之以情、持之以恒、导之以行"，试以所学的德育原理进行分析。

2. 如何理解德育过程是长期的、反复的、逐步提高的过程？

3. 简述贯彻依靠积极因素、克服消极因素原则的基本要求。

4. 除了思想品德课老师外，班主任也承担着对学生开展德育工作的责任，德育途径有哪些？

5. 简述开展德育工作的基本方法。

---

① 张传刚.陶行知"四块糖"教育故事辨正[J].职大学报，2020(1)：110-113.
② 邱国梁.马卡连柯论青少年教育[M].北京：中国青年出版社，1984：35-36.

第<big>3</big>章　　　班级管理与班集体建设

／内容提要／

　　班级是组成学校的基本单位,是学校教育、教学的基本组织形式。要全面理解、动态把握班级管理的精髓,不仅需要认识班级组织这样一个复杂的社会系统,更需要深入、系统地把握班级管理的价值、功能、目标与内容,以及班集体的发展阶段等。同时,作为一种组织活动的过程,班级管理是为高效率地完成既定目标的过程,体现了教师和学生间的交往过程。所以为了构建良好的班集体,不仅需要将班主任视为班级管理的主要责任人,而且也更需要将学生视为班级管理的主体,体现主体间平等的交往关系。在此基础上,才能更系统、科学地把握班集体建设的目标管理策略、文化建设策略和组织建设策略。

第一节　班级管理概述

一、班级管理与班集体的内涵

(一)班级管理

　　班级并不是自古就有,而是与班级授课制的建立联系在一起的。在古代社会,学校教育采用个别教学的方式。16世纪,随着资本主义工商业的发展,要求学校培养工业生产所需要的劳动力,教育对象的扩大,需要新的教学组织形式,于是班级应运而生。

　　"班"是把年龄相近、文化程度大体相同的学生,按照一定学籍管理规范编成的学生聚合体;因为"班"处于学校教育系统中一定的教育阶段上,而被称为"级"。所以,班级是按照特定社会的要求,学校将一定年龄阶段、发展水平相当的一群学生组成的学校教育工作的基本组织单位,也是学校教育的细胞。对学生而言,班级的编成具有一定的强制性,教师的偏好以及学生的学业等方面的表现是决定其群体地位的主要因素;对班级而言,其构成的成员具有一定的随机性和偶然性。

　　作为一种特殊的社会组织,班级不仅具有社会性的特殊结构,这种特殊的结构决定了班级具有明确目的的组织性和独特功能的教育性；而且也还具有自功能性和半自治性的特征。① 所谓自功能性，是指班级的目标主要指向于班级成员自身的发展，而不是指向组织外部。所谓半自治性，是指作为非成人组织的班级，还不足以对自己以及班级进行全面、完善的教育和管理，总是在一定程度上借助于组织外部的力量。

知识链接

班级授课制的发展历程

1. "班级"一词最早出现在文艺复兴时期著名教育家艾拉斯莫斯的《愚人颂》当中。

2. 在教学组织形式上，昆体良最早提出了分班教学的思想。（"班级授课制"萌芽）。

3. 17 世纪初，"班级授课制"的组织形式最早兴起于中世纪的乌克兰兄弟会学校。

4. 1632 年捷克教育家夸美纽斯在《大教学论》中对班级授课制进行了系统化理论论证。

5. 18 世纪，赫尔巴特进行了进一步设计和实施，班级授课制的发展基本定型。

6. 19 世纪，英国"导生制"的出现，对班级授课制的发展起到了巨大推动作用。

7. 20 世纪，苏联教育家凯洛夫的推动，使其成为一个完整的体系。

8. "班级授课制"在我国萌芽于我国汉代太学（大班讲课）。

9. "班级授课制"在我国最早出现在 1862 年的京师同文馆。

10. 1903 年，清政府颁布《奏定学堂章程》，又称癸卯学制，以法令形式确定，班级授课制在全国广泛推行。

管理，是在特定的组织中，管理者运用一定的原理和方法，引导被管理者去行动，使有限的资源得到合理配置，以实现预定目标的活动。因此，对于班级管理而言，当然就是班主任通过对班级资源的计划、组织、指挥、协调、控制，引导被管理者高效率地实现班级特定目标的活动。首先，班级管理是班级这一特殊社会组织活动中的现象，其次强调的是班主任与学生间相互影响的行为，最后体现的是班主任运用体现着计划、组织、指挥、协调、控制等管理职能的原理和方法，以合理地配置人、财、物、信息等组织资源，高效率地实现与特定班级组织相适应的预定目标。但是，这种通过班主任主导的班级管理，还必须是在学校对班级实施间接管理的总体安排范围内，包括学校对班级的编

---

① 吴康宁.教育社会学视野中的班级：事实分析及其价值选择[J].教育研究，1999(7).

制、班主任的委任、班级活动空间的确定、班级活动的统筹安排等。

真 题 链 接

中国最早采用班级组织形式的是(　　　)。

A. 京师大学堂　　B. 福建船政学堂　C. 京师同文馆　　　D. 南洋公学

答案:C。

(二) 班集体

集体是活生生的社会有机体,之所以是一个有机体,就因为它有机构、有权能、有责任,有各部分之间的相互关系和相互依赖。如果这样的因素一点也没有的话,也就没有集体了,所有的只是随随便便的一群人罢了。[①] 因此,作为一个特定的教育学概念,班集体是通过班级成员间的彼此交往,而培养和引导形成的具有良好纪律、舆论,团结友爱、积极向上的高层次的班级。目的是促进学生的身心发展而构建的一种理想教育实体。

第一,班集体具有明确的方向性。即符合国家和社会关于教育的主流价值观念、国家有关的教育方针和政策。这是班集体的一个重要条件。第二,班集体具有共同的奋斗目标。班级成员对具有共同奋斗目标基础上的班集体有着较为强烈的心理上的归属性,将其视作“我”的班集体。第三,健全的组织结构和严格的规章制度。班级,是为了完成学习、活动等任务而被组织起来的组织,当然会形成健全的组织结构,以有效实现其预定目标。同时,在全体同学与班主任充分协商的基础上,也会形成自觉且严格遵守的班级规章制度。第四,班集体的良好班风、学风。班级中的绝大部分成员具有一致的且积极向上的、健康的价值观念、舆论等,成员之间关系和谐、友爱,学习氛围浓郁,能够开展恰当的、有益的学习竞争。

例 说3-1

“森林效应”:发挥集体的力量[②]

为了争夺空气和空间,每一棵树都拼命向上生长,却不会因为树木众多而彼此倾轧,反而形成相互竞争的良好势头,这就是心理学上奇妙的“森林效应”。对于一个新班级而言,在班级管理中让成员有良好的集体意识和竞争意识,进而形成团队合力,“森林效应”能发挥重要作用。

[①]　马卡连柯.马卡连柯全集(第5卷)[M].北京:人民教育出版社,1956:226.

[②]　林美聪.“森林效应”:发挥集体的力量[N].中国教师报,2024-04-03(第9版).

那个学期，我就接手了这样一个新班级——由原来的一班学生，再加上一分为二的三班学生，合并成为一个全新的集体。因此，在开学初我就遇到诸多班级管理问题。

记得那天上午的大课间，突然班上的小郑跑到我面前"投诉"："老师，班长处处排斥我们原来三班同学。他说原来的一班同学都能服从管理，就算老师不在班级时，班级的秩序也能有条不紊，可自从三班的同学加入，班级就变得一团糟……"。小郑陈述的事情让我十分忧虑——万万没想到，合班后他们之间竟会形成两大派别。我必须尽快扼杀不和谐因素，让班级的两拨学生拢到一起、拧成一股绳。

正巧，学校要进行班级文化建设评比，我便让两拨学生组合、协作，共同完成这项任务。上次冲突的焦点——小郑和班长两人，我特意将他们安排在同一小组，共同制作一面"班级文化墙"。如此一来，两拨学生开始为集体的共同目标而努力，事情也向着我期待的方向发展。虽然学生在此期间还会因为某个作品是否上榜产生争议，会因为某张图片不尽如人意互相埋怨……但我无条件相信他们，并鼓励他们自己处理。

在接下来的学习活动中我如法炮制。比如，设计一个"一对一"辅导模式：一个"学优生"带一个"学困生"，根据教师安排的学习任务单执行，并且每天完成任务之后才能"打卡"放学。我将原来没有交集的学生捆绑在一起，让他们为了集体的目标共同进步。如此一来，学生的动机更明确、目标更一致，每天都能看到"一对一"互助的热闹场面，大家向着同一个方向努力，形成了一股团结向上的班级凝聚力。

半学期过后，我再也听不到学生口中提到"原一班"或者"原三班"的称谓，不管大事小情，不管投诉还是报喜，他们脱口而出的都是"我们班"……

二、班级管理的价值、目标与内容

班级管理的价值和目标，是相互依存、互为表里的关系。价值是班级组织中的重要原则和信念，决定了班级管理的文化、行为和决策；目标是班级组织在未来一段时间内要达到的预期结果。价值指导目标制定和实现的过程，相反，目标的确立必须考虑价值的方向。对于班级管理的内容而言，则必须从班级管理目标开始，选择班级管理内容，有效落实班级管理目标，它们"作用力"的方向是一致的。

（一）班级管理的价值

班级管理是学校工作的基础，是开展教育活动的保证。由于班级管理还关涉教育

目标、社会发展以及学校总体规划等的实现,因此,班级管理的价值主要体现在以下几个方面:

1. 发展价值

班级管理的根本价值在于促进学生身心的全面发展。主要是通过各项的班级管理活动,促进学生个体的社会化和个性化。学校中的班级就是青少年社会化的主要场所。通过班级管理,形成特定的生活环境,使学生在其中能够内化社会所期望的价值观、行为规范等,获得社会生活必需的知识、技能以适应社会需要成长为社会人的过程。同时,个体在社会化的发展过程中,也必然伴随着通过班级管理对每个个体形成的独特性,包括人的创造性、主体意识的发展和个体价值的实现等。

2. 选择价值

所谓选择价值,是指学生在教师指导下,从多重社会角色和不同的职业结构中,选择较为合适的社会角色和职业。随着经济的迅速发展,青少年选择职业的门路日益加宽,有些学校在班级课程设置中增加了有一定职业倾向的课程,有组织地开展实践活动,发挥各个学生的特长与才能,为寻求不同职业目标创造条件。所以在班级管理过程中,班主任要全面深入分析每个学生的能力、爱好、特长和个性倾向等,帮助学生选择今后的发展方向。同时,在班级教育中,也同样会重视培养学生对社会变革和职业变动的适应能力。

3. 保护价值

照管儿童是学校所提供的最有形的服务之一,因为无论是社会生活环境,还是儿童的学习生活环境,都会直接或间接地影响着青少年学生的身心健康。在班级管理过程中,当然需要创设合理环境,指导学生心理自我保健,提倡讲究个人卫生和仪表,从而保护青少年学生身心健康发展。同时也还需要注意保护儿童免于校内外的权利侵犯、财产损失、身体伤害等,否则,由于片面追求升学率,或是受到社会不良风气的侵蚀等,必然会因此致使学生体质下降,心理不健康现象有增无减,甚至遭遇种种不法侵害。

4. 调整价值

班级生活的构建是师生之间、学生之间共同作用的结果。师生双方在行为、认识以及需要方面一致性的达成,不仅有利于班级整体价值的发挥,而且还有利于教师角色的社会化。显然,处于班级群体关系之中的教师和处于班级群体关系之外的教师,其在认识和行为上都有很大的差异。另外,教师实践的对象——学生是具有主动性、独立性的人,学生也以特定的方式在行为上、思想上作用于教师,使教师的行为或认识尽可能满足自己的需要,这对教师的行为也具有调整作用。

(二)班级管理的目标

班级管理目标,是班级管理者从班级实际出发,对一定时期内班级活动的结果和所要达到的标准的预设。

1. 班级管理目标的制定依据

作为预期结果的目标设定，班级管理目标必然体现着学生发展的要求，以及班级发展的现实性和可评价性。

（1）社会发展背景

任何学校办学，都不能离开社会发展的总体要求和制约。学校不能背离社会对人才培养的总体要求，尤其是不能将社会环境中的非主流影响当作主流影响看待，否则会被学校周边、学校家长、社区舆论搅得分不清是非主次，偏离正确的方向。同样学校也必须按社会发展的要求为社会培养合格的人才，这就是学校教育的社会制约性。当然，对于班级管理者来说，也必须按照政府的教育方针政策办学，为实现政府提出的教育目的而努力。

（2）学校培养目标

班级是学校中的基层组织，所以班级管理目标当然也就是由学校培养目标规定的，体现着学校培养目标的要求。每一所学校都有自身的培养目标，需要以此来制定学校教育和管理的工作计划，而学校工作计划的落实是靠班级管理来实现的。因此，班级管理者在制定班级管理目标时，要紧扣学校的总体要求，注意学校的总体工作部署，深入体会学校的总体工作意图。从学校管理的角度讲，为实现学校的培养目标，也必须要求班级管理目标与学校培养目标相一致。

（3）班级实际情况

班级实际情况重点强调的是学生的组成情况，即学生来自什么样的家庭背景，学生的发展水平、学习状况、学习习惯如何等。每个班级的实际情况和活动特点往往都表现得比较复杂，所以在确定班级管理目标时，班级管理者需要对班级的实际情况进行多方面分析，必要时可以进行"反向"思考，善于发现本班学生共同的东西，制定的班级管理目标就有了群众基础。否则，就会使班级管理目标流于形式。另外，也要实事求是地分析和把握学校的实际情况，充分利用学校的各种资源，以确立最有利于学生发展的班级管理目标。

2. 班级管理目标的作用

（1）导向作用

班级管理目标不仅引导着班级的整体活动，也引导着每一个学生的发展。班级，主要是按照学校的要求认真贯彻体现社会要求的教育方针，所以班级管理目标，必然是体现着一定社会和学校对学生培养的基本方向和质量规格，并将其进一步具体化。据此，班级管理目标也就规范了班级活动的性质和范围，预期了班级发展的定位性要求，也为每一个学生的发展提出了预期性要求。

（2）驱动作用

班级管理目标是班级管理和教育工作进取的方向。从班主任和教师的角度看，是班级各项工作的依据和驱动力;从学生角度看,是每个学生成长的标尺,不仅预示了学生发展的未来面貌,而且也规定着学生当下的活动状态。当管理目标成为班主任、教师和全班学生的共识时,就会因此成为大家的努力方向和班级成长的驱动力。否则,班主任和学生都会感到茫然失措,失去前进的动力。

（3）激励作用

目标是行为结果的预期,确立的目标一旦被人们所认同,就会因此产生强烈的激励作用。在班级的各项活动中,学生不仅会将进取目标当作一种鼓舞,而且当有人不断接近目标时,对班级中的其他学生也会形成一种激励。另外,在目标实现过程中,各个班级之间的相互竞争同样也是班级激励的力量,调动着班级学生和班主任、教师实现目标的自觉性和主动性,激励他们为实现目标做出更大的努力。

（4）评价作用

实现班级管理目标的过程,是一个不断地用目标来衡量班级活动的过程,这就是目标的评价作用。首先是如何才能实现目标的计划,要做哪些工作,这个计划制定的依据就是确立的目标;在落实计划时,各项工作做得如何,是否需要调整,其依据还是目标。所以班级管理目标是评价班级活动和发展全过程的基本标准。不仅如此,学校对班级工作的考核、对班主任的评价,学生和班主任之间的相互评价也同样离不开班级管理目标。

（三）班级管理的内容

1. 班级组织管理

组织是管理的一项重要内容。从管理的角度讲,组织的着眼点在于对管理的要素确立起合理的关系,使整个教育活动有序化。所以组织内容实质上是实现管理计划,达到管理目标的手段。[①] 班级作为一个组织,其目标的实现就在于班级管理中组织职能的实现。班级形成之初,还没有建立起有序的"要素"关系,所以实现班级管理目标的一项基础性工作就是进行班级组织建设。班级规章制度的建立和班级纪律的形成,使班级中的各种"要素"有序,将一个学生群体转化为班级集体,称之为一个真正的组织,才因此具备管理的组织职能。这是班级管理的一个重要内容。

2. 班级活动管理

班级活动管理是指班主任指导或直接组织的晨会、班会、团队活动等各种课外校外活动,涉及运用各种手段设计、组织、安排、协调不同类型学生的活动。晨会是班主任对班级学生新的一天的学习及其他活动等方面提出要求,给以指导,让学生对一天的学习活动有清醒的认识和心理准备,提高学习和活动的效率。班会是班级行政管理的重要手段,以集中解决班级管理中的一些重点问题。团队活动等课外校外活动主要是实现

---

① 杨乃虹.现代教育管理原理[M].北京:中国人事出版社,2001:210.

对学生的政治组织管理和社会实践性活动管理,以增强学生的集体意识,培养学生的社会实践能力。这些由班主任组织的课堂教学以外的班级教育活动是实现班级管理目标的重要途径,是班级管理的重要工作。

3. 班级日常管理

班级日常管理是指班级管理者每一天所进行的与学生的学习、生活紧密联系的具体、常规性管理活动。班主任要做好学生学习的指导和协调工作,善于发现学生学习中存在的问题,协调学生之间、任课教师与学生之间的关系,为学生的学习创造条件。班主任要做好学生品德发展的指导工作,善于关注学生日常生活中、学习中的表现,思想品德方面的种种变化,及时加以引导。同时班主任还要组织好以班级为单位开展的体育活动和卫生保健工作,特别注意保证学生在校期间的安全,对学生进行自我安全和保护的教育。当然最重要的还是要时时引导和激励学生的发展,使学生的行为向着教育的要求发展。班主任正是通过大量的每天进行的具体管理工作,才得以保证班级活动的正常进行。

4. 班级教育力量管理

班级教育力量管理,是指班主任为了营造一个良好的教育环境以促进学生发展,而对班级有影响的各种教育力量进行协调和统合。作为班级管理负责人的班主任,要处理好校内的教育关系,强有力地贯彻学校领导的教育要求;团结所有科任教师,主动与他们沟通,在对学生教育的观念和意见上达成一致;关心、支持并在必要时可参与团队及学生社团的活动,帮助学生协调这些活动与班级活动之间的关系;充分利用校外教育力量,协调好校内外教育力量之间的关系,如加强与学生家长的联系,了解周边社区的各种教育资源,从而为学生发展创造一个良好的社会环境。但是在管理这些教育力量的同时,也要注意协调好这些资源在教育中的交互关系,以发挥这些资源的有效教育性。

三、班集体的功能及其发展阶段

班集体,作为班级的高级发展形态,一方面是班级发展的目标和理想状态,有明确的奋斗目标,健全的组织系统,严格的规章制度与纪律,强有力的领导核心,正确的舆论和优良的作风与传统。[①] 当然另一方面还是巨大的教育资源,具有极其重要的教育功能。但对于班级来说,要形成具有鲜明特点的坚强而自觉的班集体,还必须有一个发展过程。

(一) 班集体的功能

1. 社会化功能

社会化,就是把外在于个体的社会行为规范、准则内化为自己的行为标准,成为社

---

① 王道俊,王汉澜.教育学[M].北京:人民教育出版社,1989:525.

会认可的合格的社会成员。简言之，就是由自然人到社会人的转变过程。个体的社会化是在一定的社会环境中实现的，班集体就是个体实现社会化的一个重要环境。个体在班集体中将会获得以集体主义思想为指导去处理人际关系的基本态度和经验，学会礼貌待人与妥善行事，体验团结合作的重要性；学会协调个人利益和集体利益的关系；掌握在集体中正确处理自己的角色行为的能力；获得通过集体合作去合理地制定目标、计划以及规划活动的经验。

2. 个性化功能

班集体的个性化功能就在于按照学生身心发展的特点和规律，通过学生自身的内化机制，形成和发展学生的个性，使学生从社会化的对象——客体的我，转变为个性化的主体——主体的我。通过丰富多彩的集体生活和集体活动，培养学生不同的兴趣、特长等，发展不同学生不同方面的能力。另外，通过多种层次、内容的集体活动、交往关系，可以进一步形成学生的独特个性品质。尤其重要的是，同学之间的相互比较和评价，以及班主任、班干部的相关工作，能够通过促使学生的自我认识、自我评价进而促进学生自我意识的发展。

3. 发展功能

班级是青少年学生的重要成长和发展环境之一，其性质和发展水平在很大程度上影响甚至制约青少年学生的身心发展方向和水平。班集体作为班级的高级发展阶段，对青少年学生的身心发展诸如自我评价、自我调节以及与他人之间平等的相互沟通、竞争与合作等方面的作用也就显得更为显著。相关研究证明，越是平等的人际关系，对人的社会能力发展的促进作用越大。因为只有在这种平等的人际关系当中，个人才会获得模仿、展现、质疑、沟通、竞争、调解及合作的充分机会。因此，以相互平等关系为特征的班集体对于促进学生社会能力发展方面具有重要作用。

4. 保护功能

班集体能够通过对个人合理行动的支持，对个人进步的肯定与承认，对个人遭受失败或不幸的同情与抚慰，对个人严重错误的批评与帮助等等为青少年学生身心发展，尤其是情感、自尊等方面的健康发展提供一定的保护或支撑。同时，集体生活的欢乐，同学之间真挚的友情等也能使个人获得精神上的慰藉、心理上的安全感和抵御各种不良内外影响的免疫机制。当然，班集体的保护功能还表现为学生同辈群体为其成员提供一种相互支持的"社会基础"，成为学生向成人规则与权威进行反抗乃至挑战的力量源泉，但这也同样成了教师与学生交往时遇到困难或遭到失败的重要原因。①

（二）班集体的形成和发展阶段

班集体的形成和发展阶段，不同学者有着不同的看法。在苏联的教育科学体系中，

---

① 吴康宁.教育社会学[M].北京：人民教育出版社，1998：230.

班集体理论是一个独具特色而又影响深远的独特领域。马卡连柯认为,集体的形成首先是教师专断地要求集体,然后是集体要求集体,最后是集体自觉地提出要求,集体的要求变成了个人的要求,而个人按照集体的意志来要求自己,这样的集体就是坚强自觉的真正的集体。日本学者广田君美以班级组织的结构化程度(集体性),将班级组织的发展分为组建之初的孤立探索期、渐趋稳定的横向分化期、继续发展的纵向分化期、深入发展的群体形成期以及相互交流的群体统合期。

我国学者主要是按照结构化以及社会功能两种维度对班级的发展水平进行划分,相比之下,往往更为重视社会功能维度。鲁洁教授认为,班级发展水平的指标系统,可以从班级的社会功能、班级的群体发展和班级的教育、管理等方面来确定。一是班级履行基本社会职能的指标,包括入学率、合格率、优秀率、教学效果等;二是班级符合、维护社会规范的指标,包括班级组织的政治气氛、人际关系结构、多数人的共同行为方式、班级舆论以及班风、纪律性等项目;三是班级系统的稳定性以及与整个社会政治、经济、科技和文化发展的适应性水平;四是班级保证和促进每一个成员个性全面充分、自由发展的程度。[①] 可以全面标识班级的社会因素、结构、功能等诸方面的特征和状态,是班级发展趋势预测的工具,也是班集体建设的基础。

(1) 松散的群体阶段。班级组建初期,大多数学生实际上是孤立的个人,学生、师生之间互不了解,成员之间的交往活动都带有互相试探的性质。在这一阶段,班级共同的目标和规范尚未形成,学生自身缺乏自律性要求。班级组织、计划、活动等工作主要是由班主任或临时确定的学生干部来主持开展工作,表面上既无争论也无共同意见,但是全班同学都能意识到属于同一个群体,只是大家对班级的目标和活动都还没有明确且一致的认识和相应的主动行为。

(2) 联合的班级群体阶段。经过一段时间的人际交往后,班级成员的关系开始进入同化期。学生之间在自然因素和个性因素的基础上,不仅形成了较为密切的交往圈,而且也据此出现了种种活动的主导者与追随者,涌现出一批热心为大家服务,主动承担责任的积极分子。在班主任的领导和学生的支持下,这些积极分子转变成为学生中的骨干,并且通过一定的组织程序组建起班委会。同时,一些适合本班的规范要求和必要的规章制度也开始建立起来,班级工作逐步步入正轨。

(3) 初级的班集体阶段。在班主任、学生干部、学生等多方面的共同努力下,班级内部初步形成了班级的核心与骨干,一些学生干部和先进分子崭露头角,在各自的岗位上施展自己的才华,形成班级的核心层,并在班主任的引导下,独立地开展班级工作。班级的规范要求和制度也开始转化为学生自身的自觉要求,班级的是非观念增强,并在大多数情况下有正确的集体舆论。班级成员也形成了集体的归属感,并以自己的归属为荣。教师作为统率者与学生之间也直接建立起了纵向联系。

---

① 鲁洁.教育社会学[M].北京:人民教育出版社,1990:432.

（4）稳定的班集体阶段。此时的班级已经有了明确的奋斗目标，并且已经被全体成员所确认而内化为个人的目标，同时也有了坚强的核心和健全的组织结构。班干部各司其职，有组织、有计划地开展各项工作，绝大多数学生关心集体、互帮互学，并且主动参与班集体的工作，有强烈的集体荣誉感。团结、融洽的班级风气和正确的舆论导向构成了一种巨大的教育力量，对班级成员起着潜移默化的教育作用。班级也有了严格的组织性和纪律性，并成为促进全班学生自我教育、健康成长的教育主体。

（5）优秀的班集体阶段。班集体的核心、骨干力量在扩大，班级涌现出更多的积极分子，优良的班风和正确的舆论导向进一步得到巩固，班级组织结构既有民主、又有集中，体现了大多数人的愿望。组织纪律严明，有班级发展的明确目标和具体要求，对内保持一种友好、互助、稳定的学习环境，对外则以团结一致、朝气蓬勃的集体面貌出现，在学校各项工作与活动中表现为一个富有战斗力的集体，并成为同年级甚至全校其他班级的楷模。

第二节　班级管理的主体

"从涉及的范围看，班级管理主体不仅包括班主任，还包括任课教师、教育行政工作者、学生，甚至还可以发展到父母以及所有关心班级管理的一般公众。"[①]在这些主体中，班主任和学生是班级管理的最重要的主体。班主任是班级管理的主要责任人，是班级管理的主导性主体；学生不仅是班级管理的对象，而且是班级管理的参与性主体。班主任与学生皆为班级管理的主体，具有平等的主体间交往关系。

一、班主任

班主任作为班级管理的最主要力量，对于班级管理起到至关重要的作用。班主任不仅负责学生的学习管理，还需要关心学生的成长问题，从而为学生提供全面的指导和支持。

课 程 思 政

教师承载着传播知识、传播思想、传播真理，塑造灵魂、塑造生命、塑造新人的时代重任。思政课教师，要给学生心灵埋下真善美的种子，引导学生扣好人生第一粒扣子。

——2019 年 3 月 18 日，习近平总书记在学校思想政治理论课教师座谈会上的讲话

---

① 周金浪.教育学[M].上海：上海教育出版社，2006：316 - 317.

(一) 班主任角色的由来与内涵

"角色"一词源于戏剧,1934 年美国社会学家米德(G. H. Mead)首先运用角色概念说明个体在社会舞台上的身份及其行为等。自此之后,角色概念被广泛应用于社会学与心理学的研究中,重点强调个体在特定社会中的身份和与该身份相一致的行为期望。譬如,教师这一角色既是一种身份,也是一种与教师身份相一致的行为期望。

1. 班主任角色的产生和发展

班主任,作为学校教育中的一种角色,是随着班级组织的出现而产生的,指的是由学校任命或委派的负责组织、教育和管理班级学生的主任教师。

班级组织形成之后,学校对教师工作的安排先后出现过两种形式。一是级任制,也被称为"包班制",主要是由学校安排一位教师承担班级的全部或大部分教育教学工作。当前,这种制度形式仍在一定范围存在着,尤其是在小学低年级或生源严重不足的地区。二是科任制,班级教学工作分别由不同的教师承担,为了协调多位教师的工作,以及负责超出学科教学之外的班级学生的组织、管理和学习活动,有必要安排一位教师对班级的各项工作全面负责。如此,班主任这一角色也就产生了。

1951 年,国家颁布了《政务院关于改革学制的决定》,规定从 1952 年起在中小学设立班主任,其职责是负责全班学生的思想教育政治工作、道德行为、生活管理、课外活动等工作。至此,我国班主任制度正式确立。自从班主任制度确立以来,我国对于班主任工作的重视程度不断加强。1988 年,国家教育委员会颁布了《中学班主任工作暂行规定》,该文件不仅强调了班主任工作在学校教育中的重要作用,而且对班主任的地位和作用、任务和职责、工作原则和方法、条件和任免、待遇和奖励以及班主任工作的领导和管理等方面做出了明确规定。2006 年,教育部颁布的《关于进一步加强中小学班主任工作的意见》文件指出,要充分认识加强中小学班主任工作的重要意义,进一步明确中小学班主任的工作职责,认真做好中小学班主任的选聘和培训工作,切实为中小学班主任工作提供保障。该文件对我国班主任工作的专业化起到了重要的促进作用。

2. 班主任的具体角色

在社会生活中,每个人都兼具多种身份角色,每种身份角色都内含不同的行为期望。从行为期望的权威性角度说,班主任的具体角色包括民间的行为期望和官方的行为期望。但一般来说,班主任的具体角色以官方的行为期望为主。在此,班主任的具体角色指的就是外在的官方行为期望。那么,根据教育部《关于进一步加强中小学班主任工作的意见》对班主任职责的规定,班主任的具体角色主要有以下方面:

(1) 班主任是学生思想品德的教育引导者

育人为本,德育为先。虽然对学生思想品德的教育引导工作渗透于教育教学的各个环节,贯穿于学校教育、家庭教育和社会教育的各个方面,但班主任是对学生的思想品德进行教育引导的最主要力量。教育部颁布《关于进一步加强中小学班主任工作的意见》的直接政策背景,就是为了深入贯彻落实《中共中央 国务院关于进一步加强和改进未成年人思想道德建设的若干意见》。为此,班主任要认真落实学校德育工作的要求,积极主动地与其他科任教师一道,利用各种机会对学生进行思想道德教育,引导学生明辨是非、善恶、美丑,确立远大志向,增强爱国情感,明确学习目的,端正生活态度,养成良好的行为习惯。

(2)班主任是班级管理者

班级是学校开展教育教学工作的基本组织单位,也是学生学习和生活的集体。班主任是班级管理的第一责任人。一方面是班集体建设。组织和培养班集体是班主任的中心工作。班主任应该带领学生确立富有凝聚力的班级目标,制定具有强大指导力的班级规范,努力营造互助友爱、民主和谐的班级集体氛围。另一方面是班级日常管理。班主任应坚持正面教育为主,对学生的点滴进步及时给予表扬鼓励,对有缺点错误的学生要晓之以理、动之以情,进行耐心诚恳的批评教育。另外,还应该做好学生的综合素质评价、科学公正地评价学生的操行、制定班级工作计划和做好班级工作总结等工作。

(3)班主任是班集体活动的组织者

良好班集体建设必须通过各种活动来实现。班集体是在全班同学参加各种集体活动的过程中逐渐成长起来的,各种集体活动又可以使每个同学都有机会为集体贡献自己的力量,并在活动中展示和发展自己的才能。因此,有效组织班集体活动是班主任的重要职责。在组织班集体活动过程中,班主任要建立和健全高效的班级组织机构,善于指导班委会和团支部开展工作,组织开展丰富多彩的团队活动;要善于积极组织开展班集体的社会实践活动、课外兴趣小组、社团活动和各种文体活动,充分发挥学生的积极性和主动性,培养学生的组织纪律观念和集体荣誉感。

(4)班主任是每一位学生全面发展的关注者

首先,班主任要关注并公平地对待所有学生。获得公平的教育机会是学生的权利,也是现代教育大力倡导的先进理念。其次,班主任要关注本班学生的思想品德素质、知识能力素质、身体素质和心理素质诸方面的全面发展。最后,班主任还要科学理解全面发展与个性发展的关系。个性发展蕴含在全面发展之中,全面发展不同于均等发展。总而言之,班主任应该了解和熟悉每一位学生的特点和潜能,善于分析和把握每一位学生的思想、学习、心理等方面的发展状况,及时发现并妥善处理可能出现不良后果的问题,有针对性地进行教育和引导,为每一位学生的全面发展创造公平的发展机会。

(5)班主任是校内外各种教育力量的协调者

影响班级学生发展的教育力量是多方面的。充分协调影响学生发展的各种教育力量,可以起到整体大于部分之和的效果。从区域范围说,这些教育力量可分为校内教育力量和校外教育力量。校内教育力量主要来自班主任、科任教师、学校管理者、学校教学辅助人员和后勤服务人员等。校外教育力量主要包括家庭教育力量和社区及社会教育力量。班主任是校内外各种教育力量的主要协调者。为此,班主任不仅应该努力协调好科任教师,做好班级的管理和建设工作、学生的教育和引导工作,还应该成为沟通学校、家庭、社会的纽带,及时了解学生在家庭和社区的表现,引导家长和社区配合学校共同做好学生的教育工作。

(二) 班主任工作的内容和方法

社会发展对教育有着诸多要求,同时现代中小学生在生理发育、性格发展、知识与能力、道德品质等方面也有着许多新的特点。这些必然会导致对班主任工作内容和方法提出更多和更新的要求,保证班级管理工作目标的实现。一般而言,中小学班主任工作内容和方法主要涉及了解、教导、组织和评价学生等方面,本节只对班主任工作的内容稍加整理,以有助于建立较为完整的班主任工作内容体系框架,相关的具体内容以及相应的工作方法在本章其他部分以及后面各章中会不同程度地讨论与展开。

1. 了解和研究学生

学生是教育和管理的对象,同时也是自我教育的主体。要教育好学生,必须先了解学生,并注意不断地研究学生。通过观察、谈话、分析书面材料以及调查研究等方法了解学生,一方面是了解个体学生德智体美劳的发展,品质、性格等,另一方面是了解集体学生的年龄结构、爱好、家庭环境等。

2. 教导学生功课

班主任对学生的教育、督促与检查,是他们提高学业成绩的重要条件。一个班的学生平均成绩的高低与这个班的班主任是否注重抓学生的学习密切相关,越是低年级,相关程度越高,所以我们要做好一些工作:教师要注意教导学生的学习目的和态度、加强学习纪律教育、指导学生改进学习方法和习惯。

3. 组织班会活动

班会是班主任向学生进行思想品德教育的一种有效形式和重要阵地。班会的内容和形式应该多样化,组织班会还要有计划。教师对一个学期的班会活动要有总计划,对每一次班会又要有具体计划;班会的内容还要能够吸引学生,调动全班同学的兴趣。

4. 组织课内外活动

组织与指导课内外活动是班主任一项经常性的重要工作。课外活动、校外活动与课余生活对培养学生的志趣、才能,丰富学生的生活作用重大。班主任要负责动员和组织工作,进行必要的指导,但也要严格要求学生遵守学校制度和纪律,自觉抵制不良思想风气的侵蚀。

5. 协调各方教育要求

班级工作力量是由多方面教育力量构成的教育整体。班主任要对班级实施有效的教育和管理,必须争取校内外各种教育力量的配合,调动各种积极因素。这项工作主要包括两个内容:① 统一校内教育者对学生的要求;② 统一学校与家庭对学生的要求。只有班主任将来自各方面的要求进行统一,形成教育合力,才会对学生起到作用。

6. 评定学生操行

操行评定是学校对学生进行教育的重要方法。操行评定的内容包括学生的思想品德、学习、劳动、社会工作和文体活动、心理健康等方面的表现以及发展情况。操行评定一般采用评语加评定等级(如优、良、中、合格和不合格)的方式。班主任要注意积累每个学生的思想品德表现的材料,实事求是,抓主要问题,以反映学生思想品德发展的趋势和全面表现。

7. 做好工作的计划与总结

班主任工作面广、内容多、强度大,是极为复杂的工作。班主任工作计划可分为学期工作计划和具体执行计划,工作总结可以分为全面总结和专题总结。为了能更好地胜任工作,获取职业上更大的发展,制订班主任工作计划,必须依据上学期班主任工作的总结,而进行班主任工作总结,又必须研究本学期班主任工作计划的执行情况,做出正确的评价与分析。

8. 做好个别教育工作

班主任在进行集体教育时,实际上也就在教育学生个人;而他在教育个别学生时,也正是为了更好地培养集体。但两者又有区别,集体教育主要抓集体共性的问题,而个别教育是面向个别,根据学生的具体特点、需要和问题单独进行教育。实施个别教育工作就是促使各类学生向好的方向发展,使先进变得更先进。

> **例说3-2**
>
> ### 主题班会设计应系列化①
>
> 组织好每一节主题班会课,可以培养学生品质,解决班级问题,进而凝聚班级力量。实践中,班主任可以设计一个完整的主题班会课体系,达到为班级建设服务的效果。具体来说,班主任应该怎样做呢?
>
> 一是完善顶层设计。顶层设计就是运用系统论的方法,从全局的角度对主题班会课的各方面、各层次、各要素统筹规划,以集中有效资源,高效达成目标。
>
> 二是采用系列化设计。"系列化"是指主题班会课有整体构思,学生接受的是全面、系统的思想教育。
>
> 三是建立横纵向联系。一个主题可以分成几次班会课完成,比如常见的感恩主题班会课,可以有感恩亲人与朋友、感恩老师与同学、感恩祖国与社会等主题。

---

① 马艳新.主题班会设计应系列化[N].中国教师报,2024-01-17(第12版).

四是活用管事与理人。班主任应该利用顶层设计引导学生成长,而不是被学生和班级的各种问题牵着走。充分运用管事理人理念,全面促进学生成长,班级建设好了,学生问题也会随之减少。

系统设计主题班会课,需要班主任在自己擅长的领域寻找教育素材,比如电影、音乐、日记、诗歌等,这些都能成为系列班会课的载体。有效借助这些载体构建班级文化的内涵与外延,最终将促进师生共同成长。

(三) 班主任的专业发展

进入 21 世纪之后,教育部在《关于进一步加强中小学班主任工作的意见》中明确指出:"班主任岗位是具有较高素质和人格要求的重要专业性岗位,应由取得教师资格、思想道德素质好、业务水平高、身心健康、乐于奉献的教师担任。"该文件从制度层面赋予了班主任工作的专业性。

课程思政

教师要成为大先生,做学生为学、为事、为人的示范,促进学生成长为全面发展的人。要研究真问题着眼世界学术前沿和国家重大需求,致力于解决实际问题,善于学习新知识、新技术、新理论。

——2021 年 4 月 19 日,习近平总书记在清华大学考察时的讲话

1.班主任专业发展的内涵

与教师专业发展相比较,有关班主任专业发展的研究和实践要滞后得多。因为班主任属于教师范畴,是教师职业中的一种特殊岗位,所以,对班主任专业发展的研究可以参照有关教师专业发展的分析框架。

班主任专业发展的内涵有广义和狭义之分。广义地说,班主任专业发展等同于班主任专业化,是指班主任这一群体或职业从非专业或半专业逐渐发展成为一种专业的过程。从专业所具有的特征角度看,班主任专业化既需要班主任自身具有高水平的专业素质,更需要外界在社会地位、工作自主权等方面给予充分保障。狭义地说,班主任专业发展概念等同于班主任专业成长,是指班主任个体不断提升专业素质,逐渐从新手型班主任成长为专家型班主任的过程。据此可以说,班主任专业发展重点强调班主任须具有较高的专业素质。因此,此处的班主任专业发展指的就是其狭义内涵。

2.班主任专业发展的途径

班主任专业发展是一个多因素相互作用、长时间持续不断的过程。20 世纪 80 年

代以来,教师专业发展出现了三种不同取向的途径,即理智取向途径、实践反思取向途径和生态取向途径。[①] 这些途径对于班主任专业发展具有非常重要且适切的指导意义。

（1）专业引领

班主任专业发展的专业引领途径,指的是班主任(或未来的班主任)通过自觉加强有关班主任工作的理论学习或自觉接受有关班主任工作的理论指导,从而促进自身专业发展。该途径是对教师专业发展的"理智取向"途径的借鉴。持该取向的研究者认为,正是由于拥有专门知识和技能才使得医生与律师获得相当高的专业地位。因此,掌握高深的专门知识和技能并将其运用于实践是教师专业发展的关键。无论实践经验多么重要,它都代替不了理论的力量。

在专业引领途径中,理论的存在形式要么是蕴藏在研究者的头脑中,要么是发表于书本、杂志、报纸和网络等媒体上。因此,班主任接受专业引领的方式可以是通过面对面的互动,直接接受研究者的专业引领,包括参加课程学习、听讲座、接受现场指导等方式;也可以是通过阅读理论成果,养成尊重理论、勤于学习的习惯,"把读书当成一种职业生活方式",间接接受专业引领,这对于在职班主任来说,可能更加现实和重要。就专业引领的内容来说,以德育和班级管理理论为主,此外还包括教育学基础、普通心理学、教育心理学、教育社会学、教育管理学等理论。这些理论多是研究者的智慧结晶,在一定程度上揭示了有关班级管理工作的正确理念、本质规律和科学方法,具有宝贵的指导、启迪和借鉴意义。

但是在专业引领途径中,班主任要注意克服两种不良倾向。一是轻视理论的经验主义倾向;二是希望把理论"拿来就用"的操作主义倾向。后者的发展往往会强化前一种倾向,因为理论乃至技术常常是难以"拿来就用"的,所以它就容易被认为"无用"。因此,在接受专业引领过程中,班主任必须重视理论的"启蒙"性质,必须坚持普遍理论与具体实践相结合的原则,创造性地选择和运用理论。

（2）实践反思

班主任专业发展的实践反思途径,是指班主任以自己的班级管理实践活动为思考对象,对自己在班级管理工作中所做出的行为以及由此产生的结果进行审视和分析,从而促进自身专业发展。该途径是对教师专业发展的"实践反思取向"途径的借鉴。持该取向的研究者不仅强调实践,而且强调反思。美国心理学家波斯纳提出了一个著名的教师成长公式:教师成长＝经验＋反思,并认为没有反思的经验是狭隘的经验,至多只能成为肤浅的知识。如果教师仅仅满足于获得经验而不对经验进行深入的思考,那么他的教学水平的发展将大受限制,甚至会有所滑坡。因为实践者并不是被动和机械的"技术操作工",而是主动和富有创造性的"反思性实践者"。我国有学者指出,教师实践性知识直接支配着教师的日常教育教学行为,它在教师选择、解释和运用理论性知识时

① 教育部师范教育司组织编写.教师专业化的理论与实践[M].北京:人民教育出版社,2003:27-31.

起重要引导作用,支持教育教学理论和原则有效指导教学活动。[①] 因此,教师专业发展的知识基础不是理论性知识,而是实践性知识,而教师获得实践性知识的最主要的途径就是实践反思。

班主任进行实践反思的重要形式是撰写日志,开展经验研究、案例研究、叙事研究等。在实践反思基础上所获得的教训或经验就是班主任的实践性知识,这些知识在促进班主任提高班级管理质量的同时促进班主任专业发展。这些形式会使得班主任的实践反思更为自觉,所获得的实践性知识更容易积累。通过对自己的班级管理行为进行审视,班主任在发现存在的问题和不足的基础上,分析和解决问题,改进实践;在总结成功经验的基础上,对其加以继承和发扬光大。另外,班主任在实践反思时必须重视听取学生的意见和建议,因为学生是班主任工作的当事人和对象,他们不仅有重要的发言权利,而且有一定的评价能力。

（3）同伴互助

班主任专业发展的同伴互助途径,是指班主任通过与同事之间互相帮助,互相学习,分享经验,彼此支持,从而促进专业发展。该途径是对教师专业发展的"生态取向"途径的借鉴。持该取向的研究者认为,教师专业发展并不全然依靠自己,而会向他人学到许多;教师并非孤立地形成与改进其教学策略与教学风格,而是依赖于"教学文化"或"教师文化",正是教师生活于其中的这种文化为教师的工作提供了意义、支持和身份认同。[②] 社会建构主义则为教师专业发展的生态取向途径提供了心理学视角的合理性辩护。以维果茨基的思想为基础发展起来的社会建构主义主要关注学习和知识建构的社会文化机制。该理论认为,虽然知识是个人主动建构的,而且只是个人经验的合理化,但这种建构也不是个人的任意建构,而是需要与他人磋商并达成一致来不断地加以调整和修正,并且不可避免地要受到当时社会文化因素的影响。因此,班主任要实现专业发展就必须借助一定的文化支持来参与某一学习共同体的实践活动,内化有关的知识,重视同伴互助,从而获得发展。

班主任开展同伴互助的主要形式包括:① 信息交流,以扩大和丰富信息量和各种认识;② 经验分享,反思和提升自己的经验;③ 深度会谈,形成有价值的新见解;④ 专题讨论,丰富彼此对问题的认识;⑤ 结对帮扶,帮助适应班主任角色和工作环境。当然,这就需要学校从观念、制度和物质等方面创造有利条件,尤其是建立班主任合作文化,在班主任之间形成心理相容、互相体恤、互相尊重、互相支持的文化氛围的重要保障。

总而言之,班主任专业发展的各种途径,既具有相对独立性,又相辅相成、相互渗透、相互促进。其中,实践反思是班主任专业发展的核心途径,它不仅最能体现自主性、积极性和主动性,而且专业引领和同伴互助这两条途径的作用发挥必须以该途径为基

073

---

① 陈向明.实践性知识:教师专业发展的知识基础[J].北京大学教育评论,2003(1).
② 教育部师范教育司组织编写.教师专业化的理论与实践[M].北京:人民教育出版社,2003:30.

础和中介。班主任的实践反思也不能是自我封闭式的苦思冥想或玄观静览,因为"纯粹从自己眼中之我的角度出发,是不能观照并理解自我的外表的",更不能关注自己的心灵。[①] 为了突破自我视角的局限,班主任在实践反思时需要借助多种视角做观照。在某种程度上说,专业引领和同伴互助就是班主任有效进行实践反思的两个重要视角。

真题链接

决定一位教师能否成功地扮演教师角色的首要条件是( )。

A. 角色意志　　　B. 角色体验　　　C. 角色认知　　　　D. 角色期待

答案:C。

二、学生

在班级管理中,学生是重要的参与性主体。学生参与班级管理,意味着学生不仅是管理的对象,而且是管理的主人。换言之,也就是既包括管理、教育自己,也包括管理和教育其他同学。我国教育家陶行知在 1919 年撰写的《学生自治问题之研究》一文中指出,"要为学生预备种种机会,使学生能够大家组织起来,养成他们自己管理自己的能力"。这也就进一步回应了他所批判的"保育主义""干涉主义""严格主义"等学生管理问题。

(一) 学生参与管理的意义

1. 对于学生发展的意义

教育是有目的的培养人的社会活动,促进学生发展是包括班级管理在内的所有教育活动的本体性功能。因此,学生参与班级管理的意义,一方面,有助于提升学生的主体性。主体性是人之为人的根本属性,"集中体现了人的一切优秀品质和个性特征,是身心或德智体美诸方面都得到良好发展的综合表现"[②]。在参与班级管理的过程中,学生通过主动地自我管理,能够从班级管理的旁观者转而成为主人。另一方面,有助于发展学生的自我管理能力。学生能够在班级管理的参与过程中,通过自主制定班级规范、检查督促等活动,不断得到自我管理方面的培养和锻炼,积累自我管理的经验,从而促进其自我管理能力的提高。

2. 对于班主任工作的意义

引导学生参与班级管理,体现出班主任在班级管理中对学生积极主动性调动的高度重视。一方面,有助于班主任提高班级管理效率。在班级管理中,学生参与班级管理的重

---

① 巴赫金.文本、对话与人文[M].石家庄:河北教育出版社,1998:3.

② 王策三.教育主体哲学刍议[J].北京师范大学学报(社会科学版),1994(4).

要基础性工作就是学生在班主任的指导下自主建立班级规章制度。如此制定的班级规章制度更能符合学生的需要,深入人心,学生就能更加自觉地遵守和服从,使班主任提高班级管理效率。另一方面,有助于班主任减轻班级管理工作负荷。班主任的责任重大,可能与班主任工作本身的繁杂有关系,也可能与班主任的班级管理方式有关。特别是传统的"保姆式"或"警察式"管理方式必然加大班主任的工作重负。所以,学生参与班级管理,不仅进行学生个人管理,而且还管理着班级中的其他学生,极大地减轻班主任的工作负荷。

3. 对于社会发展的意义

社会是人发展的平台,它对于人的发展具有重要制约作用。与此相反,学生参与班级管理对于社会发展也具有重要意义。一方面,有助于民主政治建设。推进社会主义民主政治建设的重要前提是公民必须具有包括参与意识与能力在内的民主素质。而民主素质不能通过遗传获得,必须通过教育加以培养和训练。在学校教育中,学生参与班级管理过程,能够使学生逐渐形成民主政治所需要的参与意识、能力。另一方面,有助于社会稳定。稳定是社会发展的基础性条件。社会稳定的一个重要影响因素是作为社会成员的公民能够进行自我管理、自我约束。学生参与班级管理,就是通过自我管理的锻炼,培养出自我管理的能力和习惯,对于社会发展和稳定具有重要的现实意义。

(二) 学生自主管理的策略

学生参与班级管理,本质上是一种民主班级管理模式。即班级成员在服从班集体正确决定和承担责任的前提下,参与班级全程管理的一种管理方式。在教育改革不断深化的背景下,班主任要遵循教书育人和民主管理的规律,转变单纯的管理者的角色,健全班级管理制度,不断完善民主管理,调动学生自我管理和自我教育的力量,使人人都积极主动地参与班级事务,帮助学生在民主和谐的班级氛围中不断成长。

1. 转变教育观念,加强学生思想引导

学生自主管理必须具有源源不断的动力。一方面,班主任要转变教育观念,摆正自己的位置。从本质意义上说,班主任是为学生服务的,不能也不应当凌驾于学生之上。学生是学习、管理、发展的主体。所以教师必须切实保障学生的主体地位,培养学生自主、自立、自强的信心和对集体的主人翁责任感。另一方面,行为自律、自我服务正是学生自主管理的重要动力。教师要积极认真应对学生的新要求和新期待,鼓励学生体验社会生活,提升学生的自我管理意识。通过针对性的引导和教育使学生认识到自己是班级的主人,初步树立民主意识和参与意识,最大限度地调动学生管理班级事务的积极性、主动性和创造性,培养学生独立思考、处事的能力,民主思想和民主精神,以民主的管理造就富有主体性的一代新人。

2. 制定和落实班级民主管理制度

班级规章制度是民主管理和班级各项活动顺利开展的保证,所以为了能够更好地

实现学生的自主管理,必须将"自主"放在首要位置。全班师生要在共同讨论和充分协商的基础上制定班级的规章制度和发展规划,得到全班同学认可,这既顺应了学生的发展要求,又有利于发扬民主。当然,学生制定的班级制度还必须进行有效的补充,还可以采用细化班级管理制度的方式,对学生分组制定组规,彼此相互制衡,凸显学生自主管理。另外,规章制度建立以后,教师要引导学生深入地理解和领会,并坚定不移地落实和执行。坚持班规面前人人平等,使制度具备有效的约束力,逐步树立制度的权威,让每个学生依据共同制定的制度公平公正地参与管理,确保班级有序运转,使班级成为发展社会主义民主的摇篮。

3. 选拔并培养一支高素质的班干部队伍

在班主任的指导下,班级可以通过民主的方式选举产生班委会。显然,这样选出的班干部,在班级管理工作中更具有说服力,更有利于学生管理工作开展。为了更好地实施学生自主管理,需要对现有的班干部选举方式进行优化,采取定期轮换的模式,使每个同学都有参与班级管理和为同学服务的机会,并建立健全依法行使权力的制约机制和监督机制。班主任既要对班干部严格要求,也要对班干部积极热情指导,使他们在服务同学和锻炼自己中带领全班同学逐渐形成良好的班风,取得最佳的整体效果。当然,班级还可以通过班会的途径,让全体学生对班干部的管理思想、民主作风、管理能力和管理效果进行评议,班干部也可以开展自我批评,反思过去一段时间班级工作的成绩和存在的问题,及时调整班级工作计划和策略,激发他们工作的主动性,通过工作培养班干部的奉献精神和管理能力。

4. 加强学生自我管理能力训练

班级民主实践是实现班级管理目标的桥梁,提高学生民主意识和管理能力的重要途径。班主任必须根据班级管理目标,主导培养和建立有效的班级民主管理机制,引导学生积极参与班级事务,实行民主决策、集体表决。引导学生既要重视维护自己的合法权利,又要维护学生群体的整体利益。另外,班主任还要放手让学生创造性地设计、组织和实施丰富多彩的班级活动,参与班级各项事务的计划、组织、控制和监督,建立班级内部相互制约的管理机制,提高学生的自我教育能力,增强班级的凝聚力和向心力。通过实际的管理活动来培养他们的参与意识和责任意识,使每个学生都认识到自己是班级的主人,人人参与管理,人人接受管理,形成"事事有人干,人人有事干"的良好氛围。与此同时,综合能力的训练还能帮助学生形成正确的价值观,进而激发他们对内心深处自我的挖掘。

5. 营造良好的集体舆论

集体舆论是集体中多数人所赞同的言论和意见,代表了班级内处于主导地位的思想倾向。要想实施民主管理,就必须在班级内部营造良好的集体舆论。班主任需要通过民主的思想、作风来影响学生,使民主意识和民主精神逐渐深入人心。同时,也还要充分尊重学生的主体地位,采取各种途径和措施使学生的意见、建议得到充分的表达,教育全体学生要争取并维护集体荣誉。最终形成积极向上的班风,平等、信任、和谐融洽、亦师亦友的师生关系和相互关心、既竞争又合作的同学关系,既维护公正,又相互包容、相互理解、相互尊重的班级氛围。最后,教师还要用正确的价值观来引导和教育学生,使班级乃至校园成为传播人类文明的家园,增强班集体的凝聚力和影响力。

6. 开展丰富的学生班级活动,及时化解矛盾

开展丰富多彩的班级活动可以增强学生的团结意识和集体意识,同时对于学生自我管理能力的提升也有较大的帮助,尤其是在团队协作过程中能够进一步提高学生的责任感。班主任在活动开展过程中,要特别注意化解班级内的矛盾。一方面,要特别关注那些性格孤僻、经常违反班规的边缘学生,对他们进行个别辅导,帮助他们解决学习和生活中的困难和疑虑,把矛盾隐患消除在萌芽状态。另一方面,对于班内已经出现的突发事件如同学打架等及时予以公平公正地解决,消除不和谐隐患。同时,引导学生以包容、开明之心对待差异与碰撞,学会欣赏他人,互谅互让。另外,班主任也可以通过角色互换等方法让学生意识到"尊重别人就是尊重自己,善待别人就是善待自己",培养学生的自我调适和自我管理的能力。

第三节　班集体建设策略

一、班集体建设的目标管理策略

目标管理(Management by Objective,MBO),是让组织主管人员和员工亲自参加目标的制定,在工作中实行"自我控制"并努力完成工作目标的一种管理制度或方法。[①]作为一种程序或过程,目标管理是使组织中的上级和下级一起协商,逐级分解组织的总目标,并把这些目标作为组织经营、评估和奖励每个单位和个人贡献的标准。对于班集体的目标管理而言,也就是在班主任的引导下,通过师生全面深入的沟通、协商,共同制定班级、小组、个人的奋斗目标,引导班级和学生积极主动地为实现既定目标而努力,从而促进班集体建设和学生全面发展的一种方法或过程。

(一)班集体建设的目标体系设置

班集体建设的目标体系设置,要求把握全局、平衡内外,以实现整体目标的总体规划。

1. 班集体建设的目标体系设置原则

目标管理中目标设定的一个重要原则就是 SMART 原则,具体包含五个方面。一

---

① 潘旭华.管理学原理[M].上海:立信会计出版社,2011:101.

是 Specific：指标要具体化；二是 Measurable：指标要具备衡量性，即具有明确的衡量指标；三是 Attainable：指标的可达成性，即经过努力可以实现的；四是 Relevant：指标具备关联性，即与集体目标和任务相关；五是 Time-based：指标要具有明确的时间要求。除此之外，也还应该遵循：① 方向性原则。班集体目标的设计应符合国家、社会和学校的教育目的，不能有悖于学生的身心健康发展和学校教育目标的实现。② 包容性原则。在班集体目标的设计和管理中，既要充分体现国家和社会的方针政策指导，又要善于在组织目标中包含成员合理的个体目标，创造达到个人目标的机会和条件。③ 激励性原则。美国心理学家 V.H.弗鲁姆（V.H.Vroom）认为目标的激励效果取决于效价（value）和期望值（expectance）两个因素，即激励力＝效价×期望值。这一公式可以理解为，只有当个体认为经过个人的努力可以取得一定的成效，而且这一成效所换来的奖励能够满足自己的需要时，他才会产生努力工作的动机。

2. 班集体建设的目标体系设置内容

从目标主体的角度看，一个班级尤其是新建的班级大致存在着三大类目标。第一，既定的代表国家或社会意志的教育目的或培养目标。这一目标是国家与社会对受教育者身心发展的性质、方向的期望和要求，它规定着学校、班级培养人才的质量和规格，通常以各种政府或部门文件的形式加以表述，具有抽象性、概括性的特征。这是班集体建设中必须首先考虑的目标。第二，学生的发展目标。对学生发展目标系统的讨论应该从其需要系统开始。以马斯洛的需要层次理论为根据，可以将学生发展的需要分为三类：物质需要（生存乃至发展的各种物质支持）、人际需要（人际交往、他人认可、接纳与尊重的需要）和精神需要（求知的需要和自我实现的需要）。第三，教师的需要目标。主要是包括教师的职业自尊需要，即希望在工作方面能够得到同伴、领导及家长们的认可与尊重，在学校各种考评制度下能够获得认可的需要；教师的自我实现需要，即热爱教育事业、希望在教育工作中发挥自己的聪明才智、促进学生健康成长的需要。

但是，班集体建设的目标设置是一个动态的调整过程，教师与学生要进行充分的沟通，对目标体系不断调整、修改和补充，方能形成一个较为合理的目标体系。首先，教师根据教育目的、学校层面的教育目标以及对班级情况的考量提出一个暂时的、可以改变的目标预案。其次，根据暂定目标，教师与学生充分协商，按照班级现有组织架构进行初步分解，明确目标责任者和协调关系。再次，教师与每一个学生充分沟通后，根据班级暂定目标和组织架构目标制定每一个学生的目标。最后，教师与学生就实现各项目标所需的条件，以及实现目标后的奖惩事宜达成协议。

（二）班集体建设目标实现过程中的管理

目标管理重视结果，强调自主、自治和自觉，但并不等于教师可以放手不管。

首先，定期检查。检查既可以是正式的、阶段性的，也可以利用经常接触的机会和信息反馈渠道自然地进行。为了使班级规范逐步转化为学生的自觉行为,要加强经常性的检查和评比,可以采用自查和互查相结合的方法进行。自查,是指学生对照班集体的规范制度和班级公约等反省自己的言行,发现问题,找差距。互查,就是在自查的基础上,互相检查、监督。执行纪律和规章制度的目的是维护集体利益,为每个成员的发展创设良好的环境。实践证明,不失时机地对学生提出科学合理的行为要求,并通过正确的教育引导和训练,能够逐步将管理目标转化为集体的价值观和集体的习惯与传统,进而形成训练有素的班风。

其次,通报进度。班干部是班级团队行为的一种导向和核心,采取怎样的领导方式直接影响到班级团队凝聚力的高低。所以,班干部应严格要求自己,不断增强自身的影响力。同时,引导全员参与,吸引班级团队成员直接参与班级的各种管理活动。还要开发成员潜能。研究每一个学生的才能、潜力、志向等,班主任有责任帮助他们规划设计学习和生活,为不断提高学生的素质,开发其潜在能力做出积极努力。学生能在班集体中得到发展,就会对班集体产生归属感,从而愿意为班集体的目标尽心尽力,合力拼搏。

再次,帮助解决工作中出现的困难问题,当出现意外、不可测事件严重影响组织目标实现时,可以通过一定程序修改原定目标。班级自主管理过程一般分为计划、实施、检查、总结等四个阶段。计划阶段,班主任应激发学生自主管理的乐趣,让他们感到自己是管理的主人,从而增强管理意识。实施和检查阶段,应针对学生特点和班级实际,引导学生依法有序管理班级,并在具体实施中定期进行检查、评比。总结阶段,就是根据学生自主管理的实际,及时总结效果,并通过全班决策,民主表决确定自主管理班级的新目标和要求。

最后,当目标实现后,切记兑现相应的奖惩承诺。个人奖励虽然会在目标实现过程中形成压力、弱化协作,但也有可能增强班级成员间的竞争力。集体奖励则可使班级成员意识到个人的荣辱与所在团队密不可分,增强目标实现的凝聚力。所以班主任可以运用个人奖励与集体奖励相结合的方式强化学生的班集体意识,既承认班集体的成绩,也承认个人的贡献。

079

> **例说3-3**
>
> ### 从他律走向自律①
>
> 　　清华附小以成志教育为立德树人的抓手。作为班主任,我与学生围绕"成志"内涵,共同确立了"心中有梦,明确理想与抱负;敢于追梦,付诸实践与行动;勤于圆梦,磨炼意志与品质"的班级目标,我们给班级命名为"追梦5号",师生共建人人成志的价值追求。

①　连洁.从他律走向自律[M].中国教师报,2021-12-22(第10版).

　　"追梦5号",共议管理制度。共同制定班级管理、财务保管、值日分工、文明监督岗、图书借阅等管理制度,以及自上而下的"量化评比制度"、自下而上的评价制度,以外力激发学生的自主意识。

　　"追梦5号",共行涵育活动。班级每个学期均开展"百天坚持好习惯"挑战行动。例如,班级整体挑战"珍惜粮食,百天光盘"目标,建立光盘记录表,评选班级"光盘侠"。

　　"追梦5号",共同开好班会。在班会中进行价值观塑造,引导学生进行自我教育和相互教育,砥砺志趣,树立理想。每天微班会,每周总结班会,每月主题班会,每项关键事件班会,每学期进阶班会,不同类别,不同收获。

　　"追梦5号",共营支持系统。班级建立全学科教师支持团队,同时穿越边界,家校共育,构建相互支持的班级支持系统。

二、班集体的文化建设策略

　　"文化是包括知识、信仰、艺术、道德、法律、习俗和任何人作为一名社会成员而获得的能力和习惯在内的复杂整体。"[1]班级文化,可以将其进一步理解为班级的一种气氛、一种风尚、一种"班级的生活方式"。既包括显性的环境文化或物质文化,也包括隐性的制度文化或精神文化。作为一种潜在的教育力量,班级文化无时无刻不在潜移默化地影响着学生。既可以对学生发挥引导和规范作用,也可以激励学生的特定行为,还可以据此激发学生强烈的认同感与归属感。

(一) 物质文化建设

　　班级物质文化,作为班级文化建设的基础,指的是班级成员拥有与创造的一切物的因素的总和,包括各种设施与教室布置所形成的环境。这不仅是班级组织人格的外在标识,而且也体现着班级师生们的价值与追求,成为班集体发展水平的重要标志。教室,作为学生学习和生活的主要场所,是教师对学生进行思想品德教育的重要舞台和班集体建设的主要基地。

　　第一,备齐教室的基础设施。教室的基础设施是指班级正常学习生活的必备物品,除了必备的课桌椅之外,还包括脸盆、毛巾、肥皂等洗手用具,拖把、水桶、扫帚、废纸篓、簸箕、痰盂等卫生用具,花盆和鱼缸、桌套、椅套等美化班级的物品也可以视班级实际情况予以配备。在这些必备物品中,有些是要长期且经常使用的,必须以节省占地空间为原则将其固定化,并要求使用者放回原位,保持整洁。这样既能节省空间又能培养学生

---

① 　泰勒.原始文化[M].蔡江浓,译.杭州:浙江人民出版社,1988:1.

的责任心。

第二,合理安排教室空间。实践与研究均已证明,不同的空间组合形式直接影响班级文化活动中师生交往、生生交往的人际关系,影响文化活动的效果。教室的空间安排主要指课桌、讲台的安排。这里主要有两个方面的问题值得注意。一是课桌的编排方式。常有秧田式、圆形、马蹄形等排列方式。当然,任何座位编排方式都有其明显的优越性和应用的局限性,我们只能从实际需要出发来灵活运用不同的座位编排方式。二是班级课桌摆放的管理。当桌椅摆放位置确定之后,班主任和学生一定要注意对课桌椅摆放的管理,整齐的桌椅摆放能显示出班级的纪律、风貌,也能让学生和老师心情舒畅。

第三,美化教室墙壁。墙壁作为班级环境的重要组成部分,其形象、内容和安排既体现了班级的精神面貌和风格,也是师生之间、学生之间进行交流、沟通、宣传的重要阵地。班级公约、卫生制度、班级荣誉、励志名人和名言等都可以在除了前方黑板之外的墙壁上布置和安排,以重点凸显班级建设的主题或班级的精神风貌。当然对于教室的布置活动来说,应该把教室布置的过程变成一个潜移默化的教育过程,同时要充分发挥学生的积极性、主动性和创造性,也还要促进学生之间交流和沟通的过程。

(二)制度文化建设

制度是文化的精华,文化是制度的内核。班级管理中的制度文化,是指班级中以一系列规章制度为载体的,蕴含着班级成员价值追求的,班级成员共同遵守与维护的一套行为规则和价值观念。班级中的制度文化既表现在显性的、成文的制度文本(如《中学生日常行为规范》《班规》等)中,也表现在各种隐性的、不成文的习惯、规则上。因此,班级制度文化建设应该包括外显的规章制度的制定,与内隐的班级成员对规章制度的认同与内化。

1. 班级规章制度的建立

班级规章制度,是班集体形成和发展的准绳,指的是在学校规章制度的基础上,教师和全班同学根据班级实际情况,为实现共同的奋斗目标而协作制定的规则和章程。既是对全体成员的约束、引导,也是一种对个体正当权利和利益的保护;既能够维持正常的学习生活秩序,又能够锻炼学生的意志。从来源看,班级规章制度,既包括国家直接提出的行为规范或学校明文规定的各种守则,如国家教委颁发的《小学生日常行为规范》和《中学生日常行为规范》;也包括根据学校相关规定和班级的实际情况而拟定的各种班级规章制度,涵盖班级学习生活的方方面面,包括课堂学习制度、课余生活制度、清洁卫生制度、作息制度等。但无论是哪一方面的制度,都应该注意以下几个原则问题:

(1)班级规章制度的方向性。即必须同国家的教育方针、政策及中小学培养目标保持一致;同国家颁发的中小学生的行为规范、守则保持一致;同时还必须符合青少年身心发展的特点、规律。

(2)班级规章制度的群众性。班级规章制度既然是班级成员共同遵守的行为准则,那么就要经过全班学生的反复酝酿,充分发扬民主,让每个学生都有机会表达自己的观点和看法,尊重每个学生的意见和建议。

(3)班级规章制度的可操作性。班级规章制度,是在国家、学校颁发的中小学生行为规范、守则基础上的具体实施细则。因此,为了提高执行的可行性,它必须明确具体、易懂、易记、易行,为班级学生所接受,以利于执行。

(4)班级规章制度的严肃性。制定班级规章制度要严肃、慎重,有关规定也要保持相对稳定性,否则会丧失制度的权威性。同时,班级规章制度一经确立,就应该坚决贯彻执行,通过监督检查、评比表彰等措施,使其充分发挥规范学生行为、调节各种关系的作用。

例说3-4

班级规则之美[1]

"无规矩不成方圆",班规是班级制度文化的一种有形体现,是经过师生共同讨论、所有成员达成共识的班级行为规范和准则。其主要目的是引导学生行为习惯和优良品质的养成,呈现学生生命生长的秩序和力量。

在班规制定过程中,需要把握"有效性、必要性、引领性、前瞻性"四个原则。就班规而言,需要从"学生家庭背景、成长经历、年龄特点、班级氛围、班级愿景、发展目标"等整个班级的全面情况进行深入分析,在一段时间里及时对班规进行动态调整。

在制定班规前,班主任可以引导学生深入讨论和分析班级现状,共同描绘美好的班级愿景,从而达成共识,确定班规具体内容。除此之外,班规不仅需要硬性规定,也需要人文关怀。对于打破班规的学生,需要用正向的力量引导,以正向的方式弥补。错误是学生成长的资源,矛盾是班级发展的起点,要让错误成为成长的力量。

有人很疑惑,班级规则还可以很"美"? 是的。

班级规则之美,美在师生共同遵守和成长,班级任何成员不能凌驾于集体规则之上,这是师生平等的一种体现。

班级规则之美,美在保护而不是限制。班规绝不能成为班级管理过程中控制学生的工具,特别是在执行班规时,应该充满帮助和指导的温情,而不是充斥着惩罚和泄愤。

班级规则之美,美在共建秩序和拥有内在力量。当"人"和规则融为一体时,呈现出来的就是爱的力量,这种力量学生是可以感受到的,而且这种力量是可以传递的。

---

[1] 龚涛.班级规则之美[N].中国教师报,2019-05-22(第11版).

2. 班级规章制度的内化

班级规章制度的内化，是班级制度文化建设的核心。对学生而言，班级的制度文化的形成，要经过"确立—服从—同化—内化"的过程。显然，班级制度的制定是开端，较为容易，但学生对规章制度的内化是目的，也就是说如何使得这些规章制度内化为学生愿意遵从的规范才是最为困难、最为重要的环节。大体有以下几个方面的策略：

（1）消除学生对班级规章制度的距离感、对立感。鼓励、引导学生积极参与班级规章制度的制定，充分听取学生的意见和呼声，并且尽可能地把学生们的意见在规章制度中体现出来，把班级的规章制度变成每一个学生"我的"规章制度。当然，规章制度还需要符合实际情况和学生的心理特点，具有可操作性。另外，如果规章制度太过苛刻或者过于细致，可能适得其反，导致学生产生逆反心理，反而不愿意遵守规定。

（2）严格监督规章制度的执行，保证规章制度执行的公平、公正。规章制度的执行和监督是规章制度入心的重要保障。班主任和学校管理者应该重视规章制度的执行情况，及时发现问题并加以处理。可以建立专门的规章制度管理小组，定期检查规章制度的执行情况，对违反规定的学生进行批评教育和惩罚，绝不能因为偏爱某个学生，就从轻处理。同时，还可以通过班级评优、评先等方式激励遵守规定的学生。

（3）树立遵守规章制度的学生典型，发挥其模范带头作用。选择品学兼优、责任心强、身体健康的同学担任班干部，发挥模范带头作用，用规范、制度等约束学生行为，促使学生逐步形成良好行为习惯。再有就是通过开展"榜样分享"更好地发挥榜样的示范作用，在日常的学习、劳动、运动、交流等活动中及时将具有典型性的事件进行总结和分享，扩大榜样的辐射作用。从一个典型带动一个群体，塑造出一个积极向上、团结友爱的班集体。

（4）增强班级凝聚力，增强学生对班级的归属感。开展各种集体活动，调动学生的积极性，学生为班级奉献的越多，对班级的感情投入就越多，对班级的归属感就越强，就越容易内化班级的规章制度。首先，通过摆事实讲道理，让每个学生明确"班兴我荣，班衰我耻"，增强集体荣誉感。其次，要培养好班干部，发挥领头羊的作用。此外，还要特别强调培养班干部的整体配合能力。

总而言之，只有通过规章制度的全面管理和教育，才能使学生真正领会并内化规章制度，养成自觉遵守规则的好习惯，为班级和谐稳定的发展营造良好的氛围。

（三）精神文化建设

班级的精神文化是在一定的社会文化背景中，经过社会、学校、班主任和班级成员等诸方面的长期共同影响和作用，形成的为全体成员所共同认可的价值观、信念、态度等。它是班级文化建设的核心与灵魂，是一个班级的个性和精神面貌的集中反映，主要是通过班级舆论、口号、班训和人际关系等形式表现出来。

1. 制定班级的共同奋斗目标

目的是人们在心理层面对某一活动结果的预先筹划,作为一种观念而言,要区别于较为具体的"目标"(Objective),指的是主体在阶段性实践活动中所欲追求的某一结果的部分映射。班级奋斗目标是教师和学生对班级未来发展的预期和设想,推动全班同学朝着既定目标努力的内在精神动力,是维系全班同学的精神纽带。据此成为班集体形成和发展的前提。

班级奋斗目标的确立,一般来说,有两种形式:一是由班主任直接定夺。最大缺陷就是不利于调动学生的积极性和主动性。二是经由民主协商确立。最大优势就是使得提出的目标更符合班级和学生的实际情况,更容易被学生所内化,具有较强的可行性。但无论班级目标的确立是经由上述哪一种方式,都应遵循以下几个方面要求:

(1)全面性与针对性统一。班级奋斗目标应该统摄班级学习生活的方方面面,体现出学生的全面发展。既要包括学习方面的目标,又不能舍弃思想品德方面的目标和身心健康方面的目标,也不能舍弃国家教育方针所规定的其他方面的内容。

(2)长远性和渐进性统一。班级既要有长远发展的目标,为班级的发展提供稳定的发展指向,又要把这一长远目标分解,形成详尽的中期和近期目标系统,使得每个学生和班级在每个时间段内都有自己的任务和目标,前后衔接、循序渐进,逐步实现长远目标。

(3)先进性和可行性统一。一方面,班级的目标要有一定的难度,要超越目前班级的发展水平才能激发全班同学的上进心和动力;另一方面,目标又不能过度地超出学生现有的能力范围,否则班级目标就只能是贴在墙上的摆设了。

2. 培养正确的集体舆论,形成优良的班风

班风,又被称为"组织人格",是班级中大多数学生的思想觉悟、道德品质、学习态度和精神风貌的集中反映,看不见、摸不着,却又无处不在的精神环境,是一个班级稳定的、具有自身特色的集体作风。优良的班风对于一个班集体来说,至关重要。第一,引导作用,即对集体的行为进行引导、加强或减弱;第二,评价作用,对集体及集体中个人的行为进行评价,调节其行为;第三,调节作用,即抑制或鼓励班集体成员的活动;第四,指标作用,舆论水平常常是班集体水平的重要指标。因此,培养优良班风应该做好以下方面的工作:

(1)确立班风建设的目标。班风建设的目标要充分发扬学生的主动性和参与性,听取学生们的意见和建议,以使得班风建设的目标被全班成员充分理解和接受,才能真正起到引导和约束的作用。另外,班风建设的目标通常是用几个字或词简要概括。如,"勤奋,团结,求实,创新""静、竞、敬、净"等。

(2)严格要求,坚持不懈。班主任应从班级实际情况出发,引导学生把班风建设目标细化为日常行为规范,从易到难,循序渐进,制定严格而细致的班级规章制度。同时,在日常学习生活中,应该认真贯彻执行,经常检查,及时总结和评比。力争每个同学都

能够把班风建设目标内化为自己的行动指南,形成行为的动力定型。

(3) 扶正祛邪,树立榜样。"扶正",是要在班级里树立起积极向上的、符合学校和社会主流价值观念的风气,通过榜样示范、品德评价等方式,让这种风气居于班级舆论的主导地位;"祛邪",是要去除掉那些阻碍班集体进步的歪风邪气。对于那些不利于班级团结、班集体进步的风气,要立场鲜明地加以反对和批评,否则,就会极大地破坏良好班风的形成。

3. 优化班级人际关系

班集体人际关系,是学生通过在班内共同的学习、生活、游戏中的交往而建立的人与人之间的关系。班级人际关系不仅会影响班集体的形成与发展,还会对班级中每个人的社会化发展和个人发展产生作用。

第一,搭建平台,扩展交往范围。班主任应充分运用组织手段建设多层次的人际关系网络,为学生的交往架设平台,营造融洽和谐的人际环境。例如,在班委会、团支部、行政小组以外,建立班级的自我管理机制(值日班长制、干部轮换制、助理班主任制),多种多样的小组(劳动、学习、游戏、兴趣小组)等。另外,班主任也应善于接纳积极的非正式群体,既要承认,也要积极引导,逐步使它与班集体的关系正常化。这种情谊性关系的建立,将大大丰富和发展了人际关系。第二,引导学生处理好同学关系。在实践过程中,不断提高学生的交往能力。有计划、有目的地创设紧密联系学生生活实践的情境,激起学生的情感冲突,对于锻炼培养学生的交往能力是十分有益的。比如,提倡助人为乐、心中有他人;培养学生的幽默感。再有是学生的交往品德。班集体人际关系的和谐,关键是交往双方都需要有良好的思想品德,真正做到礼貌、真诚、信用、宽厚等,只有这样,才能在交往行为上逐步达到学会"听话""说话",注重仪表、掌握分寸等要求。第三,处理好师生关系。师生关系在班级诸多关系中居于主要矛盾的地位,而教师又居于矛盾的主要方面。所以,教师要树立正确的学生观,深刻认识教育是师生共度的生命历程,是师生交往、互动、共同发展的历程;要树立教育民主的思想,提高法制意识,切实维护学生的合法权益;要通过提高自身素养和人格魅力树立威信,也要培养民主作风,对学生不抱成见和偏见,公平对待全体学生;更要了解学生,热爱学生,善于理解学生,用发展的眼光看待学生。

例说3-5

乘"风"而起 结"伴"远行①

在进行班级文化环境创设过程中,有两个很有价值的部分:班风对孩子成长的推动、学伴之间的相互促进。若能合理运用,便能让孩子们乘"风"而起、结"伴"远行。

---

① 贺华义.乘"风"而起 结"伴"远行[N].中国教师报,2019-04-10(第10版).

优良班风:一笔宝贵的教育资源

优良的班风是一笔财富,它让我们看到的多是关系的融洽,每个人脸上都洋溢着喜色与锃亮。优良班风的形成需要建立起一个高认同的价值体系:班级成为因共同目的而聚集的共同体,是一个行动接着一个梦想、再一个梦想接着一个行动组成的有机体。尼采说,如果你明确人生的目标,几乎就能忍受任何工作方式。不需要我们太多的催促,班级也能蒸蒸日上,孩子个体也能乘"风"而起。

同伴影响:一股不可小觑的力量

班级里存在着一股不可小觑的力量——学伴。毕竟,他们有着几近相同的生长期、相近的价值观、相似的境遇,他们之间往往会有更好的沟通,会有较强的认同。比如大多数学生热爱劳动,极少数起初做得不太好的学生会受到感染,进而也参与劳动,且能乐在其中。再如,有学生能够很专注地学习,对学习乐此不疲,并取得好成绩,就会有同学看在眼里、记在心里,慢慢也会做出对方的样子,找寻优秀的自己。

作为班主任,要发现并重视这股力量,并将它适度放大。对于认真学习、朝气蓬勃、教养良好的学生,我们予以赞赏、表扬;对于寻求进步的学生(哪怕做得还不够好),我们予以肯定、支持。

三、班集体的组织建设策略

(一)班干部的选拔与任用

建设一支素质良好的班干部队伍,是班集体建设的重要内容和途径,也是顺利开展班级工作的前提条件。因此,班干部队伍作为班级中的核心力量,对于班集体建设来说发挥着至关重要的作用。首先,桥梁作用。班干部既是干部又是学生,这种特殊身份使他们既能及时准确地感受、觉察班级学生的愿望要求,又能可靠有针对性地传达班主任及教师的教育要求。其次,模范作用。一般来说,班干部是从班级学生中物色、选拔出来的先锋和模范,能够调动那些中间的、落后的学生的积极性。最后,助手作用。一个有威信、有能力的班干部队伍能够起到"代理班主任"的作用,在班主任不在的情况下使班级各项工作正常进行。

1.班干部的选拔

班干部的任用,一般是从积极分子这一群体中选拔。积极分子,是班集体建设的重要力量,指的是在班集体中某一方面或是各方面表现突出,能够在班级中起到带头作用的学生。因此,班主任要不断增强积极分子的数量和质量,有意识地发现和培养积极分子,不断增强班集体的群众基础和核心力量。

(1) 班干部选拔标准①。班干部的选拔标准,当然是多方面的,包括学习成绩、品德表现、组织能力、沟通能力、团队意识、服务意识、自我管理能力等。但一个优秀的班干部必须品德作风好;对其他学生要有合群能力;对工作要有相应的责任心。

第一,品德作风好。办事公正是对班干部的基本的要求,特别是主要干部,如班长、学习委员等。只有正直公正的班干部,才能办事公正、不偏不袒,得到班级同学的信任。即便是工作能力不怎么强也会得到同学的拥护。否则,只能是离心了班集体,导致班集体的涣散。第二,有合群能力。具有合群能力的学生是班干部集体形成、班级建设良好的"粘合剂"。他们一般胸襟较为开阔,性格开朗,对别人的意见,不会心存芥蒂,是天然的学生领袖。对别人的优点、长处不嫉妒;对别人的缺点持宽容态度,不会背后嘲笑议论。第三,拥有责任心。责任心是班干部必须具备的基本素养,指的是对事情能敢于负责、勇于主动负责的态度。具有责任心的班干部,会认识到自己的工作在组织中的重要性,把实现班集体的目标当成是自己的目标。否则在其位不谋其事的"挂名干部",比没有还要糟糕。

(2) 班干部的选拔方法。选拔班干部的方法主要有两种:一是班主任任命法。班级刚刚组建或者整体情况不太好的情况下,班主任可以根据自己的观察和判断,选择自己认为优秀的学生担任班级主要干部。只是这种任命一定要慎重,防止出现频繁撤换的现象,否则可能会严重伤害这些班干部的自尊心,也会影响班主任的威信。二是民主选举法。当全班同学相互之间已经比较熟悉,或者班级整体情况发展良好的时候,班主任可以采用不记名投票、差额选举方法选举产生班干部。也可以为了让更多的同学得到锻炼,实行"轮流执政制",尽可能让每个同学都有当班干部锻炼的机会。

2. 班干部的任用原则

(1) 精心选拔,大胆任用。班干部是班主任做好班集体工作的助手,是全班学生学习的榜样,也是沟通班主任和学生之间的桥梁。古人云:"将帅无用,累死三军。"如果不能挑选到恰当的人选担任班干部,会给班主任的工作以及班集体建设带来巨大的负面影响。因此,在选拔班干部的问题上,班主任一定要仔细斟酌,宁缺毋滥也不要随意挑选。而一旦确定人选之后,班主任则要大胆任用,给予班干部以充分的信任,充分相信他们的能力和责任感。否则极有可能既伤害了该同学的自尊心和荣誉感,也影响了班级工作。

(2) 信任与严格要求相结合。班主任一方面要给予班干部以充分的信任,充分信任他们的能力、责任心和自律精神,以此激发班干部做好班级工作的活力;大胆放权,尽量满足他们的归属感和自我价值实现的需要。另一方面,也要更加严格地要求他

---

① 胡光玉,贾锡钧.中小学班集体建设概论[M].上海:上海科学普及出版社,1998:73-75.

们。班干部虽然是学生的表率,但他们毕竟也是正在成长中的学生,表现为各种能力方面的欠缺,所以对他们严格要求,不仅有利于他们尽快地成长,也更加有利于班集体的建设。

(3)具体指导与放手工作相结合。班干部上任之初,认识水平、工作能力都处于学习、积累阶段,工作中往往干劲有余却经验不足。所以班主任应该给予适时具体的指导,如和班干部一起分析班级的实际情况,教给他们一些处理问题的方法。与此同时,也应该鼓励学生干部放手工作。受限于自身能力和经验,初任学生干部出现各种问题是不可避免的。但对于这些问题来说,既是班干部一笔笔宝贵的经验教训,也是他们未来工作的法宝。所以班主任要认识到班干部的成长不是一蹴而就的,不能因为怕出问题,就什么事情都事必躬亲。

(4)维护班干部威信与加强群众监督相结合。威信是班干部做好班级工作的重要基础,所以班主任应该尽可能地维护班干部的威信,想方设法增强他们的威信。如,坚定支持班干部的工作,充分肯定他们的工作成绩等等。同时,也应该通过制度化的措施来加强全班同学对班干部的监督。比如定期召开对班干部和班级工作的评议会,让每一个同学畅所欲言,听取学生对班干部的意见和建议。既有利于班干部自己时刻注意严于律己,不断增强班干部的工作水平和能力,也有益于班级民主和谐氛围的养成,有益于每一个学生的成长。

例说3-6

双轨并行:低年级班干部培养路径①

低年级学生可塑性较强,培养学生的自主管理能力对学生的成长有积极意义,同时还能提高班主任工作效率。然而,低年级学生还未养成良好的学习习惯,缺乏集体观念,怎样培养他们成为管理班级的班干部呢?通过学习和实践,我探寻了双轨并行的班干部培养路径。

三型岗位选拔制

三型岗位选拔制根据学生不同气质,考虑到一年级学生好动、喜欢表扬等特点,在班级设置自荐型班干部、指定型班干部、心愿型班干部三种类型的班干部选拔制。自荐型班干部为活泼好动、善于表达、较为热心的学生而设置;指定型班干部则是针对部分沉稳、内敛、安静的学生设置的;心愿型班干部是为一些不够果断、不擅长表达的学生设置的。

---

① 黎廷秀.双轨并行:低年级班干部培养路径[N].中国教师报,2023-06-14(第12版).

男女生 AB 岗位负责制

低年级学生的两性差异明显,女生自制力较强、善于表达,有极强的表现欲,在班级中容易受到教师的关注和同学的认可。男生相对淘气、爱玩,自我约束和规则意识较弱。因此,在班级管理中,班主任要充分认识男女生的优缺点,完善班干部岗位设置制度。

男女生 AB 岗位负责制是针对同一个岗位,按照男女性别差异,对同一个岗位确定 A 角和 B 角两个负责人,互为补充、相互督促。A 角负责人由男生担任,主要负责日常班级管理等相关职责,承担主要管理责任。B 角负责人由有一定班干部经验的女生担任,B 角监督 A 角,指导 A 角如何管理,提醒 A 角的工作职责并进行适时协助。这样就形成了一岗两人相互协助的局面。

(二) 发挥学生群体的作用

非正式群体与正式群体对学生的身心发展具有同样重要的价值。正式群体是由正式文件明文规定,其成员固定,有规定的权利和义务,有明确的职责分工的活动联合体;非正式群体则是人们在交往过程中由于共同的兴趣、观点、目标等自发组织在一起而形成的团体。

1. 班级组织的正式与非正式结构[①]

如果把班级比作一个社会组织,那么班级就会同其他社会组织一样,同时存在着正式结构和非正式结构两种结构系统。

班级正式结构分为三个层次,第一层次是对全班工作负责的角色,即班干部;第二层次是对小组工作负责的角色,即小组长;第三层次是对自身任务负责的角色,即一般成员。许多学者认为,这种金字塔式的结构,对于学生体验地位差异以及形成权威—服从观念是有一定的作用的。班级非正式结构通常指组织中的非正式群体。这种非正式群体具有五个主要特征:第一,自愿组合。人数较少但充满友谊和欢乐,交往与活动频繁。第二,吸引力强。非正式群体内部为全员互相选择,但活动成员不太稳定,易受外部环境和人际关系的影响。第三,"集体性"强,群体成员多半自觉维护本群体的利益。第四,沟通效率高。群体内任何一个成员得到的信息,都能在短时间内迅速传达到其他所有成员。第五,满足共同需要。以满足成员的兴趣、志向、一致利益或是共同遭遇而形成的学生群体。

"非正式结构"不仅是"正式结构"的必要补充,而且也给"正式结构"带来了一定压力。班集体建设过程中固然要重视正式结构,但也要考虑如何协调好"非正式结构"与

---

① 吴康宁.教育社会学[M].北京:人民教育出版社,1998:281-288.

"正式结构"间的关系,及时化解"非正式结构"的负面效应。

2. 巩固和发展正式群体

正式群体是在学校、班主任或社会团体的领导下,按一定的章程组织起来的学生群体,包括班级、班级共青团、少先队等,除此之外,还有为了配合开展集体活动,完成某一方面任务而组织起来的学生小组,如学科小组、文体小组、学习小组等。

首先,选好班级正式群体中的领导。以班长为首的班干部,是联系正式群体与班主任之间的桥梁纽带,是关系班主任管理思想能否深入渗透、发挥影响的决定性因素。班干部应该在学习上要起到榜样作用,在日常生活方面拥有良好的生活自理能力,是班级良好舆论氛围的创设者、维护者、引导者和实践者。其次,注意引导和支持。强化班主任对正式群体的引导作用。班主任利用自身的干预行为和个性影响,使班级正式群体焕发生命力,增强正式群体的凝聚力。注意加强和学生的互动,并适时给予肯定与反馈,增加学生个体对成功的体验,提升"自我效能感"。另外还需要班主任加大对正式群体的支持力度。不仅关心学生的学习和生活,还关注学生的情感需求;不仅发掘每个学生的闪光点,鼓励他们在班级中找到自己的价值,还增强学生对于统一目标的认同度,培养他们的群体意识和责任感。最后,适当授权,鼓励学生自主管理。充分重视个体能动性的发挥,适当授权,鼓励学生个体自主管理,以个体成长推动整体完善,进而促进正式群体的有效管理。同时还要尊重学生个性,引导学生自我约束。

3. 尊重和引导非正式群体

非正式群体对班级组织的作用既可能是积极的,满足学生的交往与表现自我的需要,促进班级组织内部意见沟通;也可能是消极的,影响其成员对班级组织活动的参与,导致群体发展成为班级组织内的"独立王国"。

对于班主任来说,绝不可非难、歧视和打击非正式群体。班主任要尊重、理解信任那些积极的非正式群体,恰当利用其对青少年学生的潜移默化的影响作用;对于那些较为消极的非正式群体,要善于引导,尽可能地使他们与班集体建设目标相一致。同时,还要把那些在非正式群体中涌现出来的有威信、有能力的学生选拔出来,进入班级的核心层,使得正式群体与非正式群体之间保持融洽关系,为了集体的目标和利益而积极地发挥各自的作用。但是,对于那些在非正式群体中存在的某些不良倾向,或是过于消极的群体,要有意识有目的地引导、教育,让他们逐渐淡化以至松散开去。

总而言之,在班集体建设过程中,班主任和教师不可偏爱正式群体,而要关怀和尊重非正式群体,对其加以科学、巧妙地引导,努力发挥非正式群体在青少年身心发展以及班集体建设中的积极作用,减少其消极作用。

思考题

1. 简述班级管理应遵循哪些原则。

2. 结合实际比较说明各种选拔班干部的方法的优劣。

3. 简述班集体的内涵和形成过程。

4. 联系实际,谈谈如何建设良好的班集体。

5. 为了使班规能让全班学生接受并遵循,在班规制定和实施时应注意哪些问题?

6. 简述班主任工作的基本环节。

7. 简述如何实现班主任的专业发展

8. 简述制定班级工作计划应注意哪些问题。

9. 联系实际,谈谈当前班级管理中存在的问题及如何解决这些问题。

第 **4** 章　　　　　　　　　　　　　　　　　**班级活动管理**

　　　　　　／内容提要／

　　班级活动是创造性地建设班集体的重要组成部分和重要内容,是班主任开展班级管理的重要任务。开展班级活动有利于培养学生良好的品德,发展个性特长,锻炼意志品质,养成良好的行为习惯。本章主要讨论班级实务管理中的班级活动管理。通过本章的学习,可以了解班级活动的内涵及班级活动对于班集体建设的意义与价值,理解班级活动的基本原则,掌握班级活动的组织和实施方法;并且通过了解班级活动的主要类型和丰富案例,能够在实际的班级管理过程中,有效地组织开展班级活动。

第一节　班级活动概述

　　班级活动是学生学校活动的基本形式,也是班级文化建设的重要途径。班级活动管理强调以学生为主体,以能力培养为核心,以素质整体发展为价值取向,为学生搭建一个展示自我、发展自我的平台。班主任应能根据教育目标,创造性地开展丰富多彩的班级活动。这要求班主任对班级活动有较深入的理性认识,了解和掌握开展班级活动的原则和方法。

一、班级活动的内涵

　　活动是人类特殊的存在方式,教育活动是实现个体社会化和个性化的根本途径。而班级是学校教育活动的基本单位,整个学校教育功能的发挥主要是在班级活动中实现的,一个班级的集体意识主要是在班级活动中形成的,同时每位学生自身的潜能也可以借助各种各样的班级活动得到挖掘与施展。因此,班级中开展的各种活动是班集体建设和学生个性化发展的重要载体。作为教育活动的重要组成部分,班级活动内容丰富多彩,要想实现班级活动效益最大化,班主任需要对班级活动精心设计和组织实施。

　　班级活动,顾名思义是指在班级内有组织、有计划地开展的各种活动。班级活动的概念有广义和狭义之分。从广义的角度来讲,班级里大量的活动是各科的教学活动,教学活动中蕴含着思想品德教育、政治教育、个性心理品质培养的内容,教学活动是最主要的班级活动。因此,班级活动是指在教育者的组织和领导下,为实现教育目的、完成学校教育计划、组织班级成员参加的一切教育活动。狭义的角度来讲,班级活动则指在班主任的组织领导下,由学生自己组织的、为实现班级教育目标而开展的各种教育活动,包括综合实践活动、课外活动、"第二课堂"等。本书中所探讨的是这种狭义的班级活动。

二、开展班级活动的意义

开展班级活动的根本目的是更好地育人,更好地实现学生德、智、体、美、劳全面和谐的发展。通过班级活动教育学生,培养学生的各种能力,是班主任工作的基本特点。班主任要尽可能地组织一些课余教育活动,对学生进行生动、具体、形象的教育。班级活动的意义和价值体现在以下几个方面。

(一) 有利于组织、建设班集体

班集体是在实现班级教育目标的实践活动中发展、巩固起来的。班级活动是班集体朝着既定目标奋斗发展的重要形式,它有助于实现班集体的目标。班干部和积极分子的选拔与培养,班级规章制度的制定和执行,班风、学风建设等,都离不开班级活动这个载体。班级活动形式多样,内容丰富,对青少年学生具有很大的吸引力,可以调动班级成员的积极性。在班级活动中,引导学生明确自己在集体中的地位和作用,促进同学之间相互了解,加强感情交流,密切同学之间的关系,有利于形成和谐的人际关系,培养集体主义精神,而这又是班集体形成的重要条件和标志。

(二) 有利于学生开阔视野、了解社会、增长才干

丰富多彩的班级活动可以使学生的课余生活更加充实,更加生动活泼。通过调查、参观、访问、表演、制作、竞赛、社区服务等活动,把学生从书本引向实际,从学校引到社会,让他们广泛接触自然和社会,增加社会交往,可以促使学生独立思考,独立实践,进一步理解和掌握书本理论知识,并将所学知识转化为技能技巧。富有知识性的班级活动,不仅可以从数量上扩充学生的知识领域,增加新的信息,而且在质量上深化学生对知识的理解,丰富学生的认知体验,把所学的理论应用于实践,从而弥补学生掌握知识的不完整性。从能力锻炼的角度讲,班级活动有利于全面锻炼学生的能力,尤其是组织能力、分析问题和解决问题的能力、动手操作能力等。成功的班级活动往往会激发学生的成才动机,改变那种被动、呆板、单调的学习状态,增强学习兴趣,使他们立志为改造自然、改革社会而发奋学习。

(三) 有利于因材施教,发展学生的个性特长

班级活动可以为各种类型的学生提供施展才能的广阔舞台,使他们的爱好和特

长得以充分发挥。班级活动比较灵活，一般不受教学计划或课程标准的限制，自由度大。内容丰富、形式多样的活动，能够适应各种类型、各种层次的学生需要。在班级活动中，学生可以运用自己的知识、经验、智慧和才干比较出色地完成集体交给的任务。通过活动，学生也可以看到自己的能力和特长，有助于他们发现、挖掘自身的潜力，更好地发展自己的爱好和特长。实践证明，许多专门人才在中小学阶段就是班级活动的积极分子。学生未来的职业理想和专业选择往往是与其在中小学所参加的课余活动密切相关的。

▶ 例说4-1

"人人争做环保小能手"班级活动

一、活动主题与目标

活动主题：绿色环保，共建美好家园

活动目标：

1. 增强学生环保意识，引导学生关注环境保护；

2. 提高学生团队合作能力，锻炼学生组织协调能力；

3. 丰富学生课余生活，营造积极向上的班级氛围。

二、策划与分工

活动筹备阶段，首先召开了班委会，共同商讨活动方案。经过讨论，确定了活动主题、时间、地点及具体活动内容。班委成员负责活动的策划与分工，明确各成员的职责与任务，确保活动的顺利进行。

三、宣传与准备

1. 宣传方面，通过班级微信群、校园广播、海报等多种渠道进行宣传，吸引更多学生积极参与；

2. 准备方面，提前购买了活动所需的环保材料、工具等，并安排专人负责活动场地的布置与整理。

四、活动流程安排

1. 开场致辞：班主任发表致辞，阐述活动意义与目的；

2. 环保知识讲座：邀请环保专家为学生讲解环保知识，引导学生关注环境保护；

3. 绿色环保创意大赛：学生分组进行创意设计，用环保材料制作环保作品；

4. 环保主题游戏：组织学生进行环保主题游戏，让学生在游戏中感受环保的重要性；

5. 总结表彰：对活动进行总结，表彰优秀团队与个人，颁发奖品。

五、学生参与情况

本次活动得到了全班同学的积极响应与参与。在环保创意大赛环节，同学们充分发挥想象力，利用废旧物品创作出独具特色的环保作品；在游戏环节，同学们积极参与，互相帮助，展现了良好的团队合作精神。

六、活动亮点与收获

1. 活动亮点：环保创意大赛环节，同学们的作品充满创意，既体现了环保意识，又展示了学生的艺术才华；

2. 活动收获：通过本次活动，同学们深刻认识到环保的重要性，增强了环保意识；同时，也锻炼了同学们的团队合作能力，提高了组织协调能力。

七、反思与改进建议

1. 反思：本次活动虽然取得了圆满成功，但也存在一些不足之处。如活动宣传不够充分，导致部分同学对活动内容不够了解；此外，活动流程安排还需进一步优化，以提高活动效率。

2. 改进建议：在今后的班级活动中，我们应提前制定详细的宣传计划，确保信息传达到位；同时，对活动流程进行梳理与优化，确保活动顺利进行。此外，我们还可以邀请更多专业人士参与活动指导，提高活动质量。

总结

本次中小学班级活动通过围绕"绿色环保，共建美好家园"的主题，成功地实现了预期目标。学生们在活动中增强了环保意识，锻炼了团队合作能力，也收获了知识与快乐。通过反思与改进，我们相信今后的班级活动会更加丰富多彩，更加具有教育意义。

三、开展班级活动的原则

在班集体教育系统中，班级活动与学科课程教学互为补充、相辅相成，共同促进学生的发展。由于内涵与目的上的差异，与学科课程教学相比，班级活动在内容、特征、形式等方面都具有自己的特点，对设计与组织工作提出了独特的原则性要求。为了确保班级活动的顺利进行并达到预期效果，在开展班级活动时，要注意以下几个原则：

（一）教育性原则

组织班级活动要有一定的教育意义，班级活动应能够提高学生思想道德水平、开发智力、提高实际操作能力、增强审美情趣、强身健体等。好的班级活动应发挥教育的综合功能，要使活动具有教育性。

（1）在制定班级活动目标时，要最大限度地发挥班级活动的教育作用。如为了激发学生的集体荣誉感,可召开"我们小队能人多"的主题班会,活动目标可以设置为"通过展示各组制作的一期专题墙报,使大家体验集体创作的愉快""夸奖对班级献计献策的能人,促进大家为班级发展贡献才华"。这样的目标定位展示的是各小组的集体劳动成果,受夸奖的面广,利于调动全班每一个人的积极性。

(2) 活动内容应丰富多彩,使学生受到不同侧面的教育。如以"我为环保出份力"为主题,组织学生在社区宣传环保知识,会增强学生包括社区居民的绿色环保意识。开展评选班级"爱心大使"活动,对学生给他人送温暖、热心帮助他人的行为给予表扬,能够培养学生的爱心。开展一些娱乐性的比赛、增强体力的体育活动等,都能从不同侧面使学生受到教育。

(3) 活动过程是教育性的具体体现。首先活动的名称要有感染力,其次活动准备的场地要有教育氛围,会场布置要体现教育情境、活动气氛,标题的书写、展板的摆放、桌椅的形式都要做整体设计。在活动进行中,要最大限度地调动学生动口、动手、动脑参与,使他们在亲身实践中受到教育,同时要注意电脑课件、实物投影等物品的教育作用。活动总结还应发动学生自己总结收获和体会,通过反思和总结,达到自我教育的目的。

(二) 时代性原则

要让学生跟上社会发展的步伐、触摸时代的脉搏,这就要求班级活动关注时代发展的热点,选择具有时代感的主题。

(1) 从时事中抓题材。班级活动的内容选择上要讲究"新",这要求班级活动要善于从时事中抓住有教育意义的题材,要根据新的发展形势、新的时代任务,聚焦"最新信息"和热门话题设计班级活动主题,尽可能地激发学生的兴趣,增强活动的吸引力。如中小学生都适宜开展的"周末新闻发布会",可以让学生利用周末时间,对从身边、网络、电视中看到和听到的社会新闻、国际新闻、身边热门事件进行述评,锻炼学生的分析问题、综合处理及表达的能力。

(2) 从生产、科技发展中抓题材。当今社会,科技的迅猛发展无不在影响着学生的生活。班级活动可以充分地挖掘生产和科技发展中的素材,如在班级开展"AI 与我们的生活"主题班会,学生们发言中有调查、有访问、有畅想、有决心,既可以激发学生的学习热情,也可以让学生了解当前社会发展的情况。

(3) 从身边的新鲜事中抓题材。班级活动的内容也要贴近学生生活,即从学生的眼中看自我内心生活、校园生活、社区生活、时代生活。就是要因时制宜,因地制宜,结合学生思想实际,针对学生年龄特点开展活动。如可以设计"义卖献爱心活动",让学生进行图书、生活小百货、玩具的交易活动,由学生自己充当工作人员,亲自品尝参加经济实践活动的滋味等。这样做能让学生感到实在、实用、实惠,从而调动学生参加活动的积极性,又可以激发学生的爱心。[1]

(三)多样性原则

班级活动要达到理想的教育目的,就必须注意活动内容、形式和组织方式的多样性。

(1)活动内容多样性。开展班级活动要兼顾发展学生德、智、体、美、劳各方面的素质,使活动既有教育性,又有趣味性。如一个班级在制定活动计划时,主线是"通过活动促进学生全面发展"。具体安排上既有思想教育方面的"一日常规我知道""集体在我心中"活动,又有学习方面的"智力竞赛"活动;既有发展体能的"体育比赛"活动,又有图文并茂的"手抄报汇展";还有"科技小制作"班会。活动内容多样化,使不同程度的学生都有施展的机会,心理上有成功的体验,进而提升学生的自信心。

(2)活动形式多样化。活动有趣是吸引学生参与班级活动的关键因素之一。班级活动的形式是为班级活动的内容服务的,受到活动内容的制约。但是,同样的活动内容,却可以选择不同的活动形式,不同的形式所产生的效果也会大相径庭。中小学生喜欢求知、求新、求实、求乐。因此,班级活动形式要丰富多彩,变化新奇。如开展"心中有他人"的班级活动:可以开故事会,宣讲英雄模范的事迹;可以用文艺演出的形式,把本班同学的好事编成小节目演出来。在一个活动中也可运用多种富于变化的形式,如各种传统节日,可以通过歌舞表演、民间传说介绍、即兴演讲、谜语竞猜、点蜡烛、吃月饼等多种形式开展,让所有参加活动的学生都感受团圆,体验快乐。

(3)活动的组织方式多样化。除了集体活动,还可以是小组活动、社团活动,甚至是三五个人自由结合活动。多样化的组织形式可以兼顾不同学生的兴趣、爱好和发展需要,让活动更有实效性,能够更好地促进学生的全面发展。

(四)操作性原则

班级活动在设计时要注意活动的可操作性,要能保证活动在后续实施过程中顺利进行。

(1)活动目标要明确具体。在班级活动的策划和实施过程中,明确具体的活动目标是首要原则。活动目标应当具备针对性、可衡量性和可实现性,确保活动的方向性和有效性。目标应当围绕提升学生的综合素质、促进班级凝聚力和增强学生的社会实践能力等方面来设定,确保每个参与者都能明确知道活动的意义和目的,从而有针对性地参与到活动中来。

(2)活动的规模和频次要适当。从规模上看,班级活动既有日常的活动,也有围绕主题而开展的活动。日常活动主要指每天要进行的各种活动,基于方便开展的原则,此

---

[1] 《班级活动的设计与实施》编写组.班级活动的设计与实施[M].北京:世界图书出版公司,2011:8.

类活动要短、小、实。短，即时间短，如可以利用课间时间等；小，即解决小问题，针对班里的情况一事一议，或者对一种行为展开评价，如表扬或者批评某个学生；实，即解决实际问题，一次集中解决一个问题，保证活动的效果。

同时，班级主题活动的次数要适中，切记过多或者过少。活动过多，学生必然会花费很大精力在活动上，一定程度上会影响学习；活动过少，学生会感到枯燥、乏味。因此，要依据班级发展需求，适宜地开展活动。

（3）流程设计应合理清晰，日常活动形成自动化操作。活动的流程设计是保证活动顺利进行的关键。流程应当包括活动的准备、实施、总结等各个环节，并且每个环节之间要有明确的衔接和过渡。流程的设计也要具有灵活性和可调整性，以便在实际情况发生变化时能够及时调整。例如，每一次大的班级活动，事前要制定详细的方案，谁主持、谁发言、谁表演、谁负责录音投影、谁总结等都要事先安排，这样操作起来才能有条不紊，顺利进行。

（五）针对性原则

为了加强班级活动的效果，班级活动的开展要有针对性，每项活动都应根据实际需求有目的地开展，可以是针对学生学习的，可以是促进学生思想发展的，也可以是围绕某个主题的等。班级活动只有具备针对性，才能够保证活动能够真正符合学生的需求和兴趣，达到预期的教育效果。

（1）要针对学生的年龄特点和身心发展需要。班级活动的设计应充分考虑学生的年龄特点和心理发展阶段。不同年龄段的学生有着不同的兴趣爱好、认知能力和心理需求。同一内容的教育，在各个年龄段都可以进行，但具体的内容层次和方法应有所区别，没有区别就没有了针对性。因此，需要根据学生的实际情况，设计符合其年龄特点和心理特征的活动，以激发他们的参与热情，提高活动的吸引力。

（2）要针对班级里实际存在的问题。班级活动是为班级发展服务的，班级活动总要解决点问题，越是能针对班级现实存在的问题开展活动，效果会越好。因此，班级活动应针对班级内存在的实际问题进行设计和实施。这些问题可能包括学生的学习困难、人际交往问题、心理健康问题等。通过针对性的活动，可以帮助学生解决这些问题，促进班级内部的和谐与稳定。

（3）要针对社会上各种热点和发展趋势开展班级活动。随着社会的发展和时代的进步，新的教育理念和方法不断涌现。各种社会现象和问题时刻影响着学生的成长和发展。因此，班级活动应紧跟时代发展潮流，结合当前社会的热点问题和趋势，设计具有时代特色的活动。这样不仅可以拓宽学生的视野，帮助学生分辨是非，还可以培养他们的社会责任感和使命感。

（六）整体性原则

整体性是指班级活动的内容、活动的全过程、活动的教育力量都要成为一个系统，用整体的教育思想指导整体的教育活动，达到教育目标实现的整体性和学生身心发展整体性的最高境界。

（1）从活动内容看，要有整体教育的考虑，要包含德、智、体、美、劳诸方面的活动，形成全面的信息网络，使学生得到多方面的教育和发展。

（2）从活动的全过程看，整体活动和个别活动是辩证统一的。就一次活动来说，只有从酝酿、设计、准备阶段发动学生全身心地投入进来，活动实施时才会有激情，教育性也就蕴含其中了。从整体活动看，活动之间也应有一个系统性和连贯性的安排。如有的班级在环保活动中，分别组织了"我爱家乡好风光""我爱运动""我是环保小卫士"等活动，学生们分别从家乡的建设、经济、科技、交通、环保及人们的精神面貌上交流环保的益处。在这个系列活动中，每一个活动的结束成为后一个活动的起点，后一个活动巩固、强化了前一个活动的教育。这样，一环套一环，循序渐进地进行活动，整体教育效果就显露出来了。

（3）从教育力量看，班级活动要尽可能地发挥学校、家庭、社会的整体教育功能。班级活动需要充分利用学校、家庭、社区等多方面的资源，包括人力、物力、财力等。例如，要争取班级中其他任课教师的支持，向他们咨询，请他们协作。还可以经常请家长参加班级活动，如开讲座、出竞赛题、给学生写信、班会中发言等。针对校外实践活动，也可以请家长委员会来参与准备、管理，创设开展活动的条件。在争取社会力量配合时，可采取"请进来""走出去"的方法，如邀请劳动模范、英雄人物、先进人物等到班里开展座谈；或者走访革命老前辈、科技园区的创业人士，参观博物馆，进行实践小调查等。

教育力量的整体性，使班级活动由封闭转为开放，家庭、社会等教育力量的介入，能有效地提高班级活动的教育效果。

第二节 班级活动的组织与实施

一、班级活动的组织

（一）选择活动主题

任何班级活动都必须有一个明确的主题，设计班级活动主题应遵循以下三个主要原则：其一，凸显时代特征。学校教育是动态的、开放的、发展的，它始终与时代发展保持着密切的联系，因此反映班级活动灵魂的活动主题也不可能是固定的或绝对预期的。

其二，立足学生需要。班主任在设计活动主题时，考虑的不是我能够做些什么，或者学生应该做些什么，而是应该考虑学生关心什么，学生需要什么，要更多地考虑到学生的年龄特点、经验兴趣和他们的现实生活。不同年龄阶段的学生有着不同的生理、心理特征，活动主题的设计需要与之吻合。其三，面向生活。活动主题还应与学生的生活相关联，并能对学生生活产生积极的影响。如果主题脱离了学生的生活实际，那么活动也就失去了存在的意义。

(二) 选择活动内容

在班级活动内容的选择过程中，应把握三个准则：其一，角度要小。小题大做，才能对主题进行深度发掘，使主题更加突出。其二，内容要新。活动内容要新颖有创意，这样容易激发学生兴趣，从而调动学生的参与积极性。其三，材料要精。班级活动内容所涉及的材料要典型、精致、翔实，能够引发学生的思考。

(三) 选择活动形式

班级活动的形式在一定程度上影响着班级活动的最终效果。在选择班级活动形式的时候，一是要考虑到学生的心理特点、年龄特点以及学生的个性倾向，尽可能使活动形式贴近学生的需要。二是要使活动形式与活动主题相匹配，内容决定形式，脱离主题的活动形式，必将背离教育的主旨。三是要具有操作性。在选择活动形式的时候一定要考虑时间、场所等各种现实条件，一厢情愿的理想，最终只能是美丽却不可及的海市蜃楼。

(四) 拟定活动方案

班级活动主题、内容、形式确定以后，班主任要将这些要素具体化、细节化，最终形成活动方案。活动方案有简案和详案两种，简案的特点是规划性较强，而详案的特点是操作性较强，具体选择哪种方案要视主题和内容而定。无论哪种方案，都应该包括以下一些要素：活动名称、活动目的、活动时间、活动地点、主持人、参与人、活动内容与形式、活动步骤与过程。

二、班级活动的实施

开展班级活动是将班级活动设计的蓝图变为现实的过程，在这一过程中，班主任要统筹兼顾，安排好各项具体工作。

(一) 布置活动场地

一个适切的活动场地能够给活动的开展提供一个良好的平台。班主任在开展活动的过程中首先要组织学生布置和美化活动场地，在活动场地的布置与美化过程中，要坚持教育性、新颖性、审美性原则,使得场地与活动内容和形式协调统一,在场地布置过程中尤其要尊重学生的积极性和创造性,放手让学生自己去设计布置教室的方案,切不可由教师一手包办。学生自己选择布置的场地可能没有我们考虑得那么理想,但那是学生内心世界对生活的真实理解。教师应把场地布置过程变为培养学生自治、自强能力的过程,要发挥集体的智慧。通过这样的机会使学生更加热爱自己的班集体,不仅使教室得到了美化,而且使学生从中增长知识,陶冶情操,实践能力得到锻炼,学到许多在课本上学不到的知识,提高学生的组织能力和集体意识,大大丰富教育的内涵。

(二) 分配活动人员

开展班级活动,应最大限度地发挥学生的作用,使学生觉得自己有所作为,特别是要使那些不太为人注意的学生发挥特长,施展其才华。开展活动时,若只是少数学生在"动",大多数学生处于观看、陪同的地位,那就无法取得满意的活动效果,达不到活动的目标。在活动中,要使每一个学生都能在活动中找到自己的位置,使每一个学生的能力都得到锻炼。这就需要班主任在开展活动过程中统筹规划,根据学生的能力倾向和个性特点,合理分配任务,使学生各司其职、各负其责。

(三) 调控活动进程

在开展活动过程中,虽然要充分发挥学生的主动性,但这并不意味着班主任可以放手不管,班主任应该针对活动中出现的偏差,及时指导,提供帮助,这样方能使活动顺畅进行。

(四) 提供保障服务

活动的开展涉及一系列的环境与技术问题,单单依靠学生自身的能力解决比较困难,因此在活动开展过程中,班主任应该尽可能地考虑周全,做好活动需要的保障工作,提供活动需要的条件和技术。

三、班级活动的总结

班级活动不仅需要重视设计与过程,同时也需要重视结果,对于一项班级活动而言,无论最后的成效如何,都应该进行总结,分析成败得失,这样有利于巩固和提升活动效果,为今后的活动积累经验。总结应当以肯定成绩和鼓励为主,这是激发学生信心的良好契机,但是在总结的过程中对于活动中出现的问题也应该实事求是地剖析,找到原因、分析症结所在,总结经验教训,这样才能使得学生认清不足,为下次活动的开展做好铺垫。

例说4-2

多彩主题月

三月份

活动主题:今年春更美。

活动内容与形式:① 举办"闪烁的新星"展览会(展出寒假优秀作业、科技作品、书法美术摄影佳作);② 举行"雷锋叔叔在我身边"演讲会;③ 组织"与小树一起成长"植树活动,记下植树时间,量出小树的高低,然后承包管理。

四月份

活动主题:学海无涯苦作舟。

活动内容与形式:① 春游:观春、咏春、惜春;② 学习诀窍大联唱:交流学习经验;③ 烈士墓前话理想;④ "祖国之最"知识竞赛。

五月份

活动主题:让青春闪光。

活动内容与形式:① 举行"鲜红的团旗指引我们父子两代人前进"座谈会;② 举行"我有一双勤劳的手"竞赛活动;③ 举办"红五月艺术节"。

六月份

活动主题:职业理想教育。

活动内容与形式:① 社会调查——"我理想中的职业";② 红领巾为民服务日——"为邻居们做件好事";③ "美的花、美的心灵"盆花展览活动;④ 举行"党啊,我向您说"报告会。

七月份

活动主题:热爱家乡专题教育。

活动内容与形式:① 家乡新面貌考察;② 家乡名优知多少;③ 家乡新貌展览;④ 热爱家乡诗歌朗诵会;⑤ "我们的奉献"活动。

例说4-3

班 会

班会是班主任对学生进行思想教育、开展班级管理的重要组织形式,也是学生民主管理班级和自我教育的重要途径。班会包括班级例会和主题班会。班级例会是指以班级为单位定期召开的、对学生进行常规教育为主的学生大会,旨在了解与解决本班学生思想、学习、生活等方面的问题,包括民主生活会和班务会两种形式。前者以引导学生开展批评与自我批评、进行自我教育为主要内容;后者以讨论处理班级较为重要的事务性问题为主要内容。班级例会的主要内容有贯彻落实学校工作计划,研究部署班级工作;对学生进行日常行为规范教育;学习动机教育;选举或调整班级干部;表彰好人好事,评选三好学生和优秀学生干部;处理班级偶发事件,听取犯错误学生的自我批评,讨论对犯错误学生的处理意见;总结班级工作;等等。主题班会是根据教育目的任务要求,针对班级大多数学生的思想状况,紧紧围绕一定主题召开的班会。它是学生自我教育的一种集体活动,也是班主任通过学生集体教育、影响学生的重要形式。对于主题班会来说,确定明确的主题尤为重要,它是主题班会的灵魂。

第三节 班级活动的主要类型

一、主题班会

主题班会是在班主任指导下,由班委会组织领导,针对班级中某一倾向性问题,全班同学围绕一个主题开展活动而召开的对学生进行集体教育和影响的班级会议。它既是班主任运用班集体对学生进行教育的一种重要形式,又是中小学生进行自我教育的一种有效途径。在主题班会活动中,每个学生既是受教育者,也是教育者,一次生动感人的主题班会,将给学生留下美好的回忆,对他们产生长久的深刻影响。[1]

主题班会可以多种形式开展,班主任应该根据主题班会的类型选择不同的开展形式。一般来说,主题班会有如下形式[2]:

(1)讲演。在全体同学充分准备的基础上,经小组预赛,选出优秀者参加班级讲演比赛。如"我喜欢的格言""生命的意义""金色的年华"等。

(2)座谈、讨论、辩论。班主任选择一些学生普遍关注或较为敏感的话题,让大家各抒己见,以统一认识。如"是早恋还是友情"等。

(3)报告会。请先进人物介绍模范事迹或请有关人士进行专题报告,对学生进行某种思想教育。

(4)竞赛。包括智力竞赛、书法竞赛、绘画比赛、语文和英语朗读比赛等。竞赛大多属于知识或技能比赛,要求班主任做好物质和思想上的准备,以确保科学性和公正性。

(5)参观、访问、瞻仰。如参观工厂、机关、学校、展览,访问先进人物,瞻仰烈士陵

① 《班级活动的设计与实施》编写组.班级活动的设计与实施[M].北京:世界图书出版公司,2011:19.
② 《班级活动的设计与实施》编写组.班级活动的设计与实施[M].北京:世界图书出版公司,2011:22-23.

园等。通过此种形式的主题班会,对学生进行爱国主义和革命英雄主义教育。

主题班会的种类多种多样:既可以紧密配合当前形势和任务拟定主题,又可以根据学校统一的教育要求和班级实际情况拟定主题,还可以针对班级学生中有倾向性的思想问题拟定主题。具体来说,主要有以下几种类型[①]:

(1)教育类主题班会。班主任可以根据班级学生中普遍存在的某一倾向性问题,如不关心集体、人际关系淡漠、不愿意学习某一学科、不会抓紧时间学习等,召开主题班会。在重大节日、纪念日或重大事件发生时,对学生进行宣传教育,如"五一"劳动节对学生进行以热爱劳动为主题的劳动教育;"七一"建党节进行以热爱中国共产党为主题的革命传统教育;教师节到来时,进行以尊师重教为主题的思想教育;等等。教育类主题班会针对性强,教育性强,对主题班会要求较高。一般说来安排不宜过多,一学期以一至二次为宜。

(2)生活指导类主题班会。针对学生中普遍存在的"过生日"风、青少年的"早恋"、追求名牌、追星等问题,召开主题班会。通过主题班会,帮助学生树立正确的观念,把学生的思想引入健康的轨道。

(3)审美娱乐类主题班会。为了培养学生正确的审美观念,也为了丰富学生的文化生活,班主任可以结合学校开设的美术课、劳动课和音乐课,召开以展示自己的作品(如小制作、绘画、歌曲、诗歌等)为内容的主题班会,教育学生热爱生活、创造生活,更好地感受生活。

(4)综合类主题班会。综合类主题班会,是集知识、教育、审美、娱乐于一体的综合性的主题班会。这类主题班会内容丰富,题材广泛,形式多样,学生可以根据自己的特有才能、兴趣和爱好,以自己喜欢的方式参与活动。

例说4-4

青苹果不要摘
——远离早恋

班会目的:
帮助学生理解早恋的危害。
培养学生健康的情感观念和人际交往能力。

班会流程:
一、开场(5分钟)
活动:简短介绍早恋现象,提出问题:"你们认为早恋对我们的成长有哪些影响?"

① 《班级活动的设计与实施》编写组.班级活动的设计与实施[M].北京:世界图书出版公司,2011:29-40.

二、早恋危害探讨(15分钟)

小组讨论:分组讨论早恋可能带来的危害,如学业、情绪、家庭、社交方面的影响。

分享与总结:各组派代表分享讨论结果,教师汇总并强调早恋的危害。

三、应对策略(5分钟)

快速问答:提出几个关于如何应对早恋诱惑的问题,如"如果遇到喜欢的人,你会怎么做?"鼓励学生快速回答,教师总结积极策略。

建议分享:教师分享一些实用的应对策略,如专注学业、建立健康友谊、寻求帮助等。

四、班会总结(5分钟)

教师总结:重申早恋的危害,鼓励学生珍惜青春,培养健康的情感观念和人际交往能力。

班级誓言:全班共同默念一段关于珍惜青春、拒绝早恋的简短誓言。

后续行动:

设立匿名意见箱,鼓励学生分享困惑或观察到的早恋现象。

定期开展心理健康活动,持续关注学生健康成长。

二、学习类班级活动

学习类班级活动要求学生在教师指导下,从自己的学习生活和社会生活中选择研究专题,采取类似于科学研究的方式,主动地获取并应用知识,以解决问题。学习类班级活动强调开放性和探究性,它的课程内容不再是预先规划设定的特定的知识体系,而是一个师生共同探索新知识的过程。通过活动课和学科教学,组织、指导开展探究性学习,激发学生发现问题、提出问题、研究问题、解决问题的动机,让学生掌握学习策略,懂得学什么、何时学、何处学、为什么学和怎样学。

开展研究性、创造性学习活动,关键是保护和发展学生思考能力,要求学生敢于除旧布新,敢于用多种思维方式探讨,同时提高自身的素质,实现自己的专业化成长。对学生研究性学习的评价要重方法与过程,重体验与应用,重全员参与。[①]

学习类活动致力于改变学生被动的学习方式,着力于培养发展学生的创新意识和实践能力。因此,学习的实施方式也必然会在学生与老师们的实践中不断被完善和创新,呈现发展变化的态势。一般来说,其实施类型可以做如下划分[②]:

---

① 《班级活动的设计与实施》编写组.班级活动的设计与实施[M].北京:世界图书出版公司,2011:42-43.

② 《班级活动的设计与实施》编写组.班级活动的设计与实施[M].北京:世界图书出版公司,2011:45-47.

（1）依据研究对象和内容的不同，学习类活动的实施可以分为两类，即课题研究类和项目（活动）设计类。

课题研究类是以认识客观世界和人自身为主要目的。如巴以关系的历史、现状与前景，墨子的思想，市民文化消费现状，植物浇水、施肥与生长速度的关系，锻炼与体重等。以上问题都是围绕客观事物是什么样的或事物之间的关系、事物发展变化的规律是什么提出的。项目（活动）设计类是以研究操作问题，提出实际解决办法为目的。如市售食盐中碘的检验、学校草坪病虫害的防治、最佳学习时段的选择等，在这些题目中，研究者最终要拿出检测、防治和选择的办法等等。这类研究性活动还包括对一项活动的策划或对环境建设改造的设计等。

（2）依据组织形式划分，可以分为三种类型：小组合作研究，个人独立研究，学校、班级、小组联合研究。

个人独立完成研究任务是一种比较灵活的方式，它可以充分照顾到个人的兴趣爱好、独特的研究视角，行动便利快捷。但缺点是力量单一，孤军作战，缺乏研究的支持力量和互补性。

学校、班级、小组联合活动是指在学校统一设立的主题下，班级承担下一层次的子课题；在班级子课题的主题下，小组再分解出下一层次子课题，实施大联合式的专题研究。这种方式的优点是联合攻关，对主题的研究广阔而全面。经过不断的轮回研究，其成果会形成系统，提高研究成果的质量水平。这种方式的缺陷是对同学的个体有一定的限制性，很难照顾到个别需要。

小组合作式介于前两种研究组织形式之间，兼顾了上述两种组织形式的优点，是经常被学校和同学们选用的一种组织类型。在实践中，有的学校进一步将小组合作式发展成开放式和变式。

此外，依据活动开展的形式不同，学习类班级活动主要分为竞赛类学习活动、交流类学习活动、研究性学习活动，等等。

例说4-5

××中学××班级数学竞赛策划

一、目的

激发数学兴趣

检验学习成果

培养竞争与合作精神

二、内容与形式

个人赛：测试解题能力

团队赛：强调协作与策略

题目覆盖数学各知识点,难度适中

三、流程

报名:学生自愿,组3—4人团队

初赛:个人赛,选拔决赛选手

决赛:团队赛,排名

颁奖:表彰个人与团队

四、时间安排

准备:提前1个月

报名:提前1周

初赛:报名后1周

决赛:初赛后1周

颁奖:决赛后

五、实施

成立策划小组

宣传:班级群、广播

题目:数学老师设计

场地与设备:提前布置与检查

安全:维护秩序

公示:及时公布结果

六、预期效果

数学兴趣与能力提升

竞争与合作意识增强

数学素养与综合素质提高

班级凝聚力加强

三、科技类班级活动

科技的迅猛发展带来了社会的日新月异,信息时代、知识经济时代已悄然到来。今天,我们无时无刻不生活在科技的海洋里,因此培养学生从小爱科学、学科学、用科学的能力刻不容缓。科技活动是提高学生科学文化素质的重要途径,它可以培养学生的动手能力,发展学生的观察能力和思维能力,培养学生对科学的兴趣,提高学生的科学素养。一般来讲,班级科技活动内容包括开展阅读科技书画,讲科学家的故事,看科技录像和电影,参观博物馆、科技作品展以及科技游艺等等。班主任组织学生开展科技活动的形式与方法是多种多样的,常用的活动形式有探究型活动、实践型活动、专题型活动、展示型活动等。常用的方法包括观察法、实践法、操作法、发现法、交流法、创造法、解疑法、辅导法、展示法等。

班主任组织学生开展科技活动,首先要注意激发学生的科学兴趣。兴趣是参与活动的动力,只有充分激发学生的兴趣,才可能使活动的开展得到学生的认可与欢迎,这样,活动的开展才能取得比较好的效果。其次,科技活动内容应该符合学生的知识水平和年龄特征,使之成为课堂教学活动的延伸和补充。再次,活动的操作性、实践性要强。班主任要尽可能给学生提供一个动手操作的场所,一个参与科技活动的机会。通过科技活动,学生不仅学到了知识,更重要的是培养了他们的操作技能技巧。最后,要因材施教。在活动中要尊重学生的个性和爱好,不能要求全班统一,要针对学生的特点,选择合适的活动内容。

例说4-6

一次山地植物采集活动[①]

一、活动目的

1. 认识山地常见植物种类

2. 了解森林群落中各种植物间的适应关系

3. 掌握山地植物采集的方法步骤

二、活动准备

1. 选择和确定采集地点

2. 做好采集地点的预查工作

3. 准备图书资料

如该地区的植物志、采集地点的植物检索表、有关采集地点的地形图和地质、地貌、气候、土壤等资料。

4. 进行安全教育

野外采集中存在着许多不安全的因素,诸如蛇咬、摔伤、迷路、溺水等。为了防止出现这些事故,出发前应对学生进行安全教育,并宣布一些必要的纪律。

5. 准备采集用品用具

(1)采集袋:由人造革、帆布或尼龙绸制成,用于盛取标本和小型采集用品用具

(2)小标本夹和吸水纸

(3)掘铲:用于挖掘一般草本植物

(4)小镐:用来挖掘深根的或具有变态茎、变态根的草本植物

---

① 《班级活动的设计与实施》编写组.班级活动的设计与实施[M].北京:世界图书出版公司,2011:75-76.

（5）树枝剪：分为枝剪和高枝剪两种，用来剪取木本植物的枝条

（6）树皮刀：可以折叠，用于割取树皮

（7）望远镜：用来瞭望远处的地形和植物种类

（8）高度计（即海拔仪）：用于了解采集地点的海拔高度

（9）指北针：用来指示采集路途的方向

（10）纸袋：用牛皮纸制成，长约 10 厘米，宽约 7 厘米，用于盛取种子以及标本上脱落下来的花、果和叶

（11）小塑料袋

（12）采集记录册和铅笔

（13）标本号牌

（14）钢卷尺

三、活动步骤

1. 采集标本

2. 将标本编号和记录

3. 标本的临时装压

4. 交流汇报，总结提升

四、体育类班级活动

体育活动是班级活动中比较常见的，也是深受学生欢迎的一项活动内容。新一轮课程改革在体育课程内容标准方面提出了五项学习领域，即运动参与、运动技能、身体健康、心理健康、社会适应，并对这五项学习领域的意义做了明晰的说明，清楚地表达了体育课程的价值与作用。运动参与是学生发展体能、获得运动技能、提高健康水平、形成乐观开朗的生活态度的重要途径。促使学生主动参与体育活动的关键是通过形式多样的教学手段、丰富多彩的活动内容，培养他们参与体育活动的兴趣和爱好，形成坚持锻炼的习惯和终身体育的意识。在促使学生积极参与体育活动的基础上，还应使学生懂得科学锻炼身体的方法。运动技能学习领域体现了体育与健康课程以身体锻炼为主的基本特征，学习运动技能也是实现其他领域学习目标的手段之一。通过运动技能的学习，绝大多数学生将学会多种基本运动技能，在此基础上形成自己的兴趣爱好，并有所专长，提高终身体育锻炼的意识和能力。

少年儿童正处在生长发育最旺盛的时期，这一时期学生的身体状况对他们身体的健康成长具有重要影响。体育活动是促进学生身体发展和健康的重要手段，因此，在引导学生积极参与体育活动、发展体能的同时，注意使他们了解营养、环境和不良行为对身体健康的影响，并形成健康的生活方式，这样才能有效地提高学生的身体健康水平。

体育活动不仅有助于身体健康,也能增进心理健康。在组织体育活动的过程中,要防止出现只重视运动技能的传授,而忽视心理健康目标达成的现象;要努力使学生在体育活动过程中既掌握基本的运动技能,又发展心理品质;要注意创设一些专门的情境,采取一些特别的手段,促进学生心理健康水平的提高。体育活动对于发展学生的社会适应能力也具有独特的作用,经常参与体育活动的学生,合作和竞争意识、交往能力、对集体和社会的关心程度都会得到提高,而且,学生在体育活动中所获得的合作与交往等能力能迁移到日常的学习和生活中去。

一般而言,班级体育活动的形式可以分为以下几种[①]:

1. 竞技性班级体育活动

参赛学生有性别、年龄、人数的要求,按照统一的活动方法与活动规则进行比赛与计分,最后决出名次。

2. 娱乐性班级体育活动

参赛人数没有严格规定,也没有严格的活动规则,只要参与的学生玩得高兴就可以了。

3. 健身性班级体育活动

以田径运动中的走、跑、跳、投四种运动形式为主,加上体操、球类等基本运动形式,或加上学生生活技能、劳动技能的运动方式进行活动,能有效地提高学生健康水平,增强体质。

班主任在组织班级体育活动的过程中要遵循以下一些规律:首先,活动的形式要多样化,要让学生保持新奇感。其次,遵循生理变化规律,量力而行。最后,具有教育意义,通过体育活动不仅要增强学生的体质,而且要增强班级凝聚力,形成积极向上、团结友爱的班级文化,促进学生全面发展。

例说4-7

××中学××班级系列体育赛事活动方案

一、活动背景

为了丰富中学生的课余生活,提高学生的身体素质,培养团队协作和竞技精神,本班计划举办一系列体育类活动。

二、活动目标

增强体质:通过体育活动,提高学生的身体素质,培养健康的生活方式。

团队协作:通过团队项目,培养学生的团队协作能力和集体荣誉感。

---

① 《班级活动的设计与实施》编写组.班级活动的设计与实施[M].北京:世界图书出版公司,2011:100.

竞技精神：激发学生的竞技热情，培养勇于挑战、不断进取的精神。

三、活动内容

1. 篮球比赛

形式：班级内部组织，分为男女两队，进行循环赛或淘汰赛。

时间：每周六下午，持续两个月。

规则：采用国际篮球比赛规则，每场比赛时间为 40 分钟，分上下半场。

准备：提前准备篮球、球衣、哨子等器材，并安排裁判和记录员。

2. 足球友谊赛

形式：邀请其他班级或学校进行友谊赛，增强班级间或校际的交流。

时间：每月举办一次，具体日期根据双方协商确定。

规则：采用国际足球比赛规则，每场比赛时间为 90 分钟，分上下半场。

准备：提前联系对方，确定比赛时间、地点和规则，并准备足球、球衣等器材。

3. 趣味运动会

项目：包括接力跑、拔河、跳绳、踢毽子等趣味项目。

时间：每学期举办一次，时间根据学校安排确定。

规则：每个项目设置具体的比赛规则，确保比赛的公平性和趣味性。

准备：提前准备比赛器材，如绳子、跳绳、毽子等，并安排工作人员负责计时和计分。

四、活动实施

1. 宣传动员：通过班会、微信群等方式宣传活动，鼓励学生积极参与。

2. 组织报名：设置报名时间和地点，统计参赛人员名单。

3. 训练准备：对参赛人员进行必要的训练和指导，确保比赛顺利进行。

4. 比赛执行：按照比赛规则和时间安排进行比赛，确保比赛的公平性和秩序。

5. 总结表彰：对比赛进行总结和表彰，颁发奖品和证书，激励学生的参与热情。

五、预期效果

1. 学生的身体素质得到明显提高，形成健康的生活方式。

2. 学生的团队协作能力和集体荣誉感得到增强。

3. 学生的竞技精神和挑战精神得到培养，形成积极向上的班级氛围。

六、总结

通过体育类活动的举办，不仅能够提高学生的身体素质和团队协作能力，还能够培养学生的竞技精神和挑战精神。同时，活动还能够丰富学生的课余生活，增强班级凝聚力，为构建和谐校园做出贡献。

五、文艺类班级活动

班级文艺活动对于陶冶学生情操、净化学生心灵、养成学生审美素质、形成班级合力等方面具有重要的作用,因此有效地开展班级文艺活动是建设班级文化的重要措施。班主任是活动组织者,在组织文艺活动过程中,要善于发现学生特长,激发学生兴趣,培养学生爱好,组织学生从实际出发,确定活动,帮助学生选择活动项目,为学生参加活动提供条件。在这一过程中,班主任要坚持下面几条原则:

首先,要坚持思想性和文艺性的统一。对文艺活动的选择,首先应注意内容的思想性,要选择健康、先进、鼓舞青少年积极向上的文艺作品,要有利于年轻人树立正确的人生观、世界观、价值观。同时,应注意内容的艺术性,表现内容的审美形象应具备生动、鲜明的特质,富有感染力与说服力,能够引发年轻人的情感共鸣,使其在欣赏文艺作品的过程中,于潜移默化中获得美的熏陶与心灵的滋养。

其次,要坚持情感体验和道德判断相结合。艺术的特点是以情动人,以美感人,是情感与思维交织的过程。班主任要引导学生不仅有情感投入,还要有逻辑思维,特别是要有正确的道德标准来衡量是非和善恶。

最后,要坚持知识传授与技能训练相协调。艺术不仅是一种知识,更是一种技巧、能力,文艺活动中更多的技能是要通过反反复复的训练才能学好。班主任要根据不同艺术形式的特点,根据活动者的特点,把传授知识、训练、欣赏安排好、协调好,争取获得最佳效果。

例说4-8

青春旋律——班级才艺大比拼

活动目的:发掘才艺,促进交流,增强凝聚力,丰富校园文化。

时间与地点:周末下午,学校多功能厅。

内容与流程:

1. 开场:主持人介绍活动,班主任致辞鼓励。

2. 才艺展示:

歌唱:独唱、合唱,展现歌唱实力。

舞蹈:街舞、民族舞等,展现青春活力。

乐器:独奏、合奏,带来音乐享受。

戏剧小品:自编自演,展现创意与演技。

其他:魔术、书法、朗诵等,鼓励多样化。

3. 互动环节:

观众投票选"最受欢迎才艺奖"。

才艺挑战,增加趣味性。

4. 颁奖与闭幕:

颁发"最佳才艺奖""最具创意奖"等奖项。

主持人总结,感谢参与。

集体合影留念。

准备与注意事项:

宣传报名,明确截止日期。

布置场地,准备物资。

排练彩排,确保顺利。

关注安全,维护秩序,文明观演。

六、综合实践活动

20世纪90年代以来,世界各国、各地区都推出了旨在适应新世纪挑战的课程改革举措,呈现出的共同趋势是倡导课程向儿童经验和生活回归,追求课程的综合化。欧美诸国纷纷倡导"主题探究"活动与"设计学习"活动;日本在新课程体系中专设"综合学习实践"。在这种背景下,我国顺应世界课程改革潮流,开设了综合实践活动课程。综合实践活动作为我国近年基础教育课程改革中涌现出来的一种新型的综合课程形态,它包括研究性学习活动、社区服务与社会实践、信息技术教育、劳动与技术教育等内容,从性质上看属活动类综合课程,强调在特定的时间段通过学生的主体能动性的发挥,"增强探究与创新意识,学习科学研究的方法、发展综合运用知识的能力。增进学校与社会的密切联系,培养学生的社会责任感。加强信息技术教育,培养学生具有利用信息技术的意识和能力。了解必要的通用技术和职业分工,形成初步的技术意识和技术实践能力",实现学生综合发展的目的。

综合实践活动课面向学生、注重体验,扎根生活世界的特点,符合世界课改的潮流,跨越了学科框架的樊篱,使综合课程改革从单纯的内容综合走向课程—教学—学习领域整体综合的新视域。因此综合实践活动课作为一种独立的、崭新的综合课程形态,其价值与功用必须得到重视。

对于班主任而言,在管理、指导综合实践活动的过程中,要在明确综合实践活动的性质与目的的前提下,了解综合实践活动的组织结构与实施过程。一般来讲,综合实践活动的教学结构包括五个步骤,即情境创设、主题协商、实践探究、经验分享、成果分享。在具体的实施过程中主要包括三个阶段:活动导入—活动开展—活动总结。在综合实践活动实施的不同阶段,班主任的职责、学生的任务以及具体的活动内容是有所不同的。

例说4-9

　　江苏省常州市高级中学班主任开×老师为了引导学生接触社会,了解社会,锻炼社会实践能力,决定利用寒假组织一次社会调查活动,其做法对于我们认识班级活动的价值和意义是颇有启发意义的。

　　首先,确定组织形式。规定以学习小组为单位,全班分成四个调查小组,由组长和指定的一位班干部共同负责调查活动。其次,选好调查单位。根据自荐和举荐,选出四位比较关心支持班级工作的学生家长,请他们帮助学生组织好本次社会实践,并确定以他们的工作单位作为社会调查点。再次,明确调查内容。规定每个小组必须在集体讨论的基础上由两位同学执笔,从不同角度撰写两篇调查报告。

　　寒假里,同学们分别走访四个单位,开展调查研究:① 常州市检察院,调查常州市青少年犯罪情况;② 常州电子产品质量检验所,调查常州电子工业发展概况;③ 常州市第一人民医院,调查白衣战士救死扶伤的情况;④ 苏南煤炭勘探公司,调查市场能源状况。

　　开学了,八篇调查报告如期交上来了。班主任专门组织了一次社会实践活动专题报告会,让四个组的同学大会交流,互相学习,分享成果。

　　通过这次社会调查活动,班主任发现收获是出乎意料的,每位同学都经历了一个实实在在地接触社会、了解社会的过程,经受了一次生动真实的思想教育。

　　班主任还意外地发现,原来男女同学不说话的状况改变了,他们一起参加社会调查,一起进行学雷锋活动,一起在调查单位门前合影留念,相互增进了解,加强了团结,增进了友谊。

　　班上有位张××同学,原来对集体活动不大感兴趣,甘居中游。在电子产品质量检验所工作的父亲热情接待了他所在小组的同学,顺利完成了调查任务,他也积极配合组长组织好活动。从那次班级活动之后,他对集体活动热情高涨,积极参与,由此还带动了学习进步,最后考取了某地医学院。①

思考题

　　1. 假设你是班主任,如何动员班级同学积极参与即将举行的校园清洁活动?请设计一个简短的动员讲话。

　　2. 某班级在举办校园文化节时出现了预算超支的问题,请分析可能的原因,并提出解决方案。

---

① 段作章,刘月芳.德育与班级管理[M].南京:南京大学出版社,2014:188-189.

第5章 学生发展指导

学生发展指导

内容提要

本章主要论述学生发展指导的内涵、意义、要求以及内容和方法,通过本章的学习,应达成如下学习目标:理解学生发展指导的内涵与意义;掌握学生发展指导的要求,并能将其运用于学生发展指导实践中;领会与掌握学生发展指导的内容及方法,分析与解决学生发展指导实践中的问题。

第一节 学生发展指导概述

一、学生发展指导的内涵

指导是一种古老的教育方式,如孔孟等智者的传道解惑;"指导"英文是"guidance",指引、导向、帮助或者建议之意。从世界范围看,"学生发展指导"起源于19世纪末20世纪初的美国,首先出现在高中。随着社会的发展和教育理念的转变,学生发展指导的内涵也在不断丰富和拓展。从指导内容来看,从最初的职业指导、学业指导、个性指导、心理健康指导发展为覆盖理想、学业、心理、生涯、生活等多个领域;从学生发展指导的功能来看,从原来的矫正性指导、预防式指导到现在的发展性指导,关注学生成长中的认知、心理、行为等方面,强调指导的积极引导功能;从学生发展指导的模式来看,其发展呈现出从咨询—临床—服务—综合模式的变迁,重点不再是诊断评估,而是系统性机构整合等工作。学生发展指导的参与人员,从兼职德育心理工作者,拓展到现在家校社联合的学生发展指导团队。学生发展指导,是指学校依据学生身心发展需要,运用专业知识和经验,在理想、心理、学业、生活、生涯等方面对全体学生进行的一系列指导服务,旨在促进学生全面而个性地发展。

2010年7月,《国家中长期教育改革与发展规划纲要(2010—2020年)》首次提出"建立学生发展指导制度,加强对学生的理想、心理、学业等多方面指导"。学生的健康成长是学校一切教育教学工作的出发点和落脚点,因此学生发展指导已成为与教学、管理同等重要的一项基本职能。我国的学生发展指导工作,起初是从中学阶段做起。中学阶段是人生发展的关键期,在这一阶段,学生的智力水平接近成人高峰状态,思维活跃、精力旺盛、情绪体验强烈、意志品质增强、独立生活和社会适应能力均有提高,还表现为兴趣广泛并具有一定的稳定性、性格特征趋于成熟、对异性的关注上升、对职业和未来有了理性的思考。同时,学生开始产生困惑,开始面临诸多的人生发展问题,他们需要指导,需要有人帮助他们解决各种成长的烦恼。因此,学校有必要立足于学生的成长需求,为学生提供系统、专业的指导,帮助学生顺利度过人生的关键期,为今后的发展打下坚实的基础。现今,学生发展指导工作已下移至小学阶段。小学六年,学生的心理、生理、智力水平发展变化很大,根据其特点,小学阶段应该更侧重于学生的健康、品德、社会性等方面的指导职能。

例说5-1

广东华侨中学"三个三"学生发展指导实践①

广东华侨中学根据学生发展规律和成长需求,结合学校实际情况,构建了"三个三"的学生发展指导立体体系。横轴从三个维度(生活指导、学业指导和生涯指导)对学生进行指导,纵轴通过三个层次(课程建设、活动开发、课题引领)推进生涯规划的课程化,竖轴利用三大资源(校内师生资源、校外专家资源、家长资源),帮助学生实现全面发展,为幸福人生奠基。指导的维度主要分为三大块,分别是生活指导、学业指导和生涯指导。生活指导包括个性和社会性发展指导,涉及自我概念、兴趣与特长、心理调适、人际沟通、团队合作、领导组织等多个方面的内容。学业指导主要包括学习目的和态度、学习计划和时间管理、学习方法和考试技巧、选择分科等几个方面。生涯指导主要包括升学定向与升学准备、职业定向与就业准备等多个方面的生涯规划内容。学校开展大量的生涯规划指导实践,帮助学生根据自己的性格特点、兴趣爱好、能力特长和价值倾向,对自己适合的、喜欢的、能胜任的职业方向进行探索了解,找到能够实现自己人生理想和价值的途径与行动方法,为更广阔的人生发展做好准备。

二、学生发展指导的意义

做好学生发展指导工作,其意义体现在三个方面:

其一,对学生而言,有助于促进学生全面认识自我、明确未来发展方向,实现全面而有个性的发展。学生发展指导从学生的成长需求和学生的实际困难出发开展工作,一切指导工作的目的都指向学生发展。学生发展指导有别于传统的学生管理,传统的学生管理重

---

① 李子良,陈磊.构筑"三个三"发展指导体系,助力学生健康成长——广东华侨中学学生发展指导实践之路[J].广东教育(高中版),2022(1):71-72.

管理轻指导,学生发展指导不是一种"教导"或"训导",而是侧重于为学生指明方向,告诉学生应该怎么做,从"管理学生"的观念,转变为"为学生发展服务"的理念,体现育人价值。

例说5-2

江苏省天一中学学生发展指导工作三阶段[①]

第一阶段,学校通过认真研究和反思目前学生发展中的相关问题,制定学校工作思路和行动计划,整合、修订、开发指导内容,分阶段、分年级实施,逐步形成相应的工作体系。采取点面结合的方式,建立起立体的、满足多层次学生个性化需求的学生发展指导内容体系。第二阶段,依托江苏省首批基础教育前瞻性教学改革实验项目"培养积极的生活者———普通高中学生发展指导探索",形成学生发展指导工作流程:全校各职能部门全力配合学生发展指导工作,做好各项辅导工作,提高执行力;建立教师全员指导制度(包括首遇责任制、全员值勤制、导师指导制、课堂责任制等),学生发展指导导师(包括班主任,学科教师,心理教师,竞赛、选修、社团指导教师等)切实做好学生发展指导工作;学校、家庭、社会合作指导,提供各类学习实践体验平台和资源,设立家长讲坛,让学校、家庭、社会三方共同参与,指导学生活动,促使学生全面发展。第三阶段,为了解决第一、第二阶段中出现的一些问题,比如学生发展指导还没有成为教育工作的指引、学校对学生成长需求的把握尚不全面、指导工作和学校的"管理""教学"职能交织等。这一阶段的研究,依托江苏省教育科学"十三五"重点资助课题"学术性高中发展指导模式构建研究",探索学术性高中在"学业发展及升学、生活习惯、理想信念、学生心理调适与性格完善"等方面的指导途径,将学生发展指导的重要节点、实施载体以及资源有机整合在一起,优化学业发展、生涯发展、生活技能指导等学生发展指导活动,建立和完善以"培养积极的生活者"为指向、以"节点、载体、资源"为重点的学生发展指导模式。

其二,对学校而言,有利于发展高质量教育,提高学校育人水平,实现多样化特色化发展。学生发展指导是学校教育教学不可缺失的一环,是一种具有发展性、开放性的教育方式,其育人目标与高质量教育具有内在一致性,其内容要求引导学生发挥自主性和合作性。学生发展指导工作属于学校的全局性工作,一般而言,学校成立学生发展指导委员会,对每学年的学生发展指导工作进行统筹规划,学校教务处、团委、年级组等职能部门负责具体实施,合理利用学校资源,建立各部门联动机制。学生发展指导的教师队伍,以班主任、心理健康教师为主体,学科教师共同参与的格局。这种学生发展指导体

---

① 任思瑜,张永辉.创新学生发展指导的"指导"模式——以"培养积极的生活者"为指向[J].教育研究与评论,2023(1):27-28.

系的建设,使学校的发展转向"学生本位",扩展和完善学校教育的功能,推动学校提高育人水平,实现多样化特色化发展。

其三,对教育本身而言,有益于落实立德树人的根本任务,是促进学生终身发展的重要举措。学生发展指导对人的全面发展和终身发展有着不言而喻的重要作用。对学生进行必要的发展指导,能够帮助学生提前了解社会现状和发展前景,帮助他们进行人生规划,形成一定的升学观和择业观,有益于落实立德树人的根本任务,也有利于社会发展与稳定。

三、学生发展指导的要求

学生发展指导是一项系统工作,只有指导要求明确,才能够有效引导学生的成长和发展,而不至于把指导变为误导。学生发展指导工作应注意以下四点要求:

(一)科学指导

包含两方面:一是要正面引导,即引导学生树立正确的世界观、人生观、价值观,使学生的个人理想与社会理想相结合,促进学生的身心和谐发展;二是要有科学性,即依据学生的身心发展特点和个人成长需求以及社会发展的要求,运用心理学、教育学、社会学等学科的原理与方法,既进行面向全体学生的个性化的发展指导,又建立科学的学生发展指导工作评价体系。

(二)全面指导

开展面向全体学生的发展指导服务,从学习、生活、升学、发展等方面开展成长指导和咨询工作。学生发展指导是以发展性为着眼点,全员参与、全体教师相互合作,面向全体学生的综合性指导。指导不再只关注有问题的学生,而是要关注全体学生,注重预防和发展的作用。

例说5-3

江西省赣州三中实施的"四层三级"学生发展指导[①]

"四层",一是以核心素养为中心,实现学生身心自助力、调适力、发展力、践行力四种能力提升为目标引领即目标层;二是建立专业引领、部门协同、家校联动、资源共享的工作机制即动力层;三是通过课堂渗透、发展指导课程、校园文化活动、主题班会活动、社会实践活动、发展咨询相结合的工作途径即过程层;四是围绕生涯发展、学业发展、心理健康、生活技能发展及理想信念树立等五大指导

---

① 李储希,廖福玲."四层三级"护航成长[N].赣南日报,2021-04-14(第7版).

模块即内容层。四层共同驱动学生发展指导工作。"三级",一级发展性指导面向全体学生,结合学生的特点开设发展指导课程,安排相关的校园文化活动、主题班会活动以及社会实践活动,以促进全体学生的健康发展;二级发展与预防性指导面向部分学生,结合部分学生的特点安排选修课、主题讲座、社团活动、团体辅导等活动,以满足部分学生的发展需求或者预防和解决学生发展中的问题和困惑;三级发展与矫正性指导面向个别有特殊发展需要和问题的学生。

(三)针对指导

包含两方面:一是关注学生个体差异,从个人的兴趣、爱好、能力特长等方面出发,开展个性化指导;二是根据学生发展规律,对处于特定年级的学生开展符合学生需要的特定内容的指导。比如,对初一年级学生开展生活适应性及规范自我的指导,包括入学教育、文明礼仪、悦纳自我、融入集体、沟通合作、安全法制等;初二年级开展健康促进及完善自我的指导,包括生命健康、成长感恩、责任担当、诚信友善、面对挫折、自信自强等。

(四)保密指导

在学校开展学生发展指导工作过程中,教师有责任对学生的个人情况以及任何成长指导内容予以保密,学生和学校的名誉与隐私权应受到道义上的维护和法律上的保护。因此,做好学生发展指导工作务必要有对学生高度的责任感与强烈的保密意识。

第二节 学生发展指导的内容

一、理想指导

理想,是对未来事物的美好想象和希望,是人们在实践过程中形成的、有实现可能性的、对未来社会和自身发展的向往和追求,是人们世界观、人生观和价值观在奋斗目标上的集中体现。对未来不懈追求,是理想形成的动力和源泉。因此,理想和梦想、幻想有很大的不同,它是立足于现实的基础对未来的一种更加理性的思考,从而具有实践性和操作性。理想应是一个人在成长过程中不断摸索形成的,并不会轻易地改变,它是一个人成长的动力和支柱。《中小学德育工作指南》中指出:德育内容的首要方面就是理想信念教育。理想育人是育人的一种重要途径。理想育人,是通过激发或者引导个体寻找切合自身实际的理想,挖掘他们身上潜藏的动力,为了实现理想而不懈奋斗,从而达到育人的目的。在理想育人的过程中,班主任扮演着十分重要的角色。那么,班主任该如何对学生进行理想指导呢?

(一)有坚定的理想信念和高尚的道德情操

作为学生成长的引导者、学生的精神关怀者以及学生的重要他人,班主任在理想指导的过程中首先自己要有坚定的理想信念和高尚的道德情操,然后才能切实影响学生,学生在耳濡目染和班主任的专业指导下才能更好地建构自己的未来。理想指导要让学生认识到理想不应只是为了实现自己个人的利益,而是作为社会的一分子,要在国家和社会发展的基础上确立自己的理想。

> **课 程 思 政**
>
> 　　教师是教育工作的中坚力量。有高质量的教师,才会有高质量的教育。做好老师,就要执着于教书育人,有热爱教育的定力、淡泊名利的坚守,就要有理想信念、有道德情操、有扎实学识、有仁爱之心。
>
> 　　——习近平总书记2021年3月6日在看望参加全国政协十三届四次会议的医药卫生界、教育界委员时的讲话

(二)发掘多方面的丰富资源

1. 学校理想育人的多元主题资源

同伴教育是提高教育效能的有效路径,随着年龄的增长,同伴已经逐渐取代家长和老师成为学生的重要他人。可以利用这一特点开展丰富多彩的理想教育活动,如"火红十月"爱国主义专题辩论赛、"我和我的祖国"国旗下讲话、国家公祭日主题晨会等,让学生通过观察、总结和理性的思考,切实明白我们为什么要爱国、我们的理想为什么要和祖国的发展挂钩。

2. 家校理想共育的亲子活动资源

孩子的成长离不开家长的陪伴,家庭教育是理想育人指导不可或缺的重要载体。可以策划一系列以理想育人指导为主题的家庭活动,引导家庭参与,在参与的过程中渗透理想育人指导的理念。

3. 社会参与理想育人的课程资源

协同育人的一个重要方面就是社会的参与和帮助,利用社会有利资源让学生融入并了解社会。

要坚持不懈用新时代中国特色社会主义思想铸魂育人,着力加强社会主义核心价值观教育,引导学生树立坚定的理想信念,永远听党话、跟党走,矢志奉献国家和人民。

——习近平总书记 2023 年 5 月 29 日在中共中央政治局第五次集体学习时的讲话

(三)自觉践履理想育人实践

1. 确立理想育人的观念

教育本身具有反复性,面对学生的理想指导,我们要有充分的耐心,并且要有效果反复的心理准备。青少年有困惑、有迷茫,可能会对自身的理想产生动摇。当看到自己在追求理想的过程中老师不懈的鼓励与关怀,学生自然会在遇到困难的时候重拾起信心,在憧憬未来的时候有一定的勇气,提醒自己坚持下去,"不忘初心、牢记使命",将践行理想进行到底。

2. 从学生的自身需求出发

一切的教育都是为了学生的终身发展,因此我们的理想育人指导是不是学生需要的,是我们首先要考虑的因素。班主任老师应研究不同阶段的学生的身心特点,换位思考,懂得他们要的是什么,只有满足学生生理和心理需要的指导才能落到实处。

3. 落实"五育"融合的班级育人体系

德智体美劳"五育"融合是班级育人体系的基本构成,缺一不可,在这样的体系下,学生才能成为更高层次的人才,杜绝唯分数论的现象。

4. "家校社"联合,深化理想育人指导

光靠学校的指导教育是不全面的。家庭教育和社会教育有着学校教育不可替代的作用,学校作为联系家庭和社会的桥梁,将三者的力量结合起来共同实施理想育人指导。比如,通过班级活动、社团活动强化学生的自我发展能力,在自主、自助中提升自我;通过外出考察、研学游历等形式,促使学生坚定信念,拓宽视野,追求更高志向;通过引导学生组织参与公益活动,培育社会情怀,让学生走进社区,关注社会。

广大青年要继承和发扬五四精神,坚定不移听党话、跟党走,争做有理想、敢担当、能吃苦、肯奋斗的新时代好青年,在推进强国建设、民族复兴伟业中展现青春作为、彰显青春风采、贡献青春力量,奋力书写为中国式现代化挺膺担当的青春篇章。

——习近平总书记 2024 年面向全国广大青年的五四寄语

理想指导是学校和教师应尽的责任和义务,这是一个要不断探索和完善的过程,对于不同的学生有不一样的方法和策略;理想指导是学生追求未来人生理想的动力和源泉,让学生对自己的未来产生新的认知,对国家、对社会更加具有责任感。

二、学习指导

学习指导是中小学生发展指导的核心内容。学生的主要任务是学习,学生的学习过程是在教师引导下,主动地、积极地掌握知识、提升能力以获得全面发展的过程。随着年龄的增长,小学生升入初中,初中生升入高中,学习内容、学习要求和学习方法随之发生变化,但并不是所有学生都能适应这种变化,因此,班主任应重视班级学生的学习指导。学习指导主要包括学习兴趣指导、学习目的与态度指导、学习习惯指导、学习方法指导等。

(一) 激发学习兴趣

兴趣是学习入门和获得成功之间的"牵引力"与"粘合剂",是构成学习动机的最现实最活跃的成分,在其结构上,兴趣不是一种单维度的心理倾向,而是由三个层次所构成的梯度兴趣结构,它包括兴趣生成、兴趣发展和兴趣内化。这三个层级环环相扣、层层相衔,前一层级的兴趣孕育着后一层级的兴趣雏形,后一层级的兴趣又包含着前一层级兴趣的特征,它们有机地结合在一起贯穿于教学过程的始终,保证了教学活动的顺利进行,促进了学习者认知能力和个性的发展。针对兴趣结构的三个维度,班主任可以从以下几方面来激发学生学习的兴趣。

1. 赋予学生选择权

在兴趣生成过程中,我们的目的是发现每个学习者独特的兴趣倾向,找到一把开启其思维盲点的钥匙。但在目前具体的教学实践中,由于教学模式的僵化,封闭性的教学时空的限制,以及学习者个体的性格类型差异未得到区别对待,因而导致学习者参与教学活动的积极性不高,内在的心理潜能没有被充分释放,从而使得我们对兴趣生成点的认识和把握非常局限。针对这种情况,班主任在日常班级管理活动中,要注意通过设计情景,唤醒学生的学习兴趣。在这一过程中,我们要赋予学生选择权,以期提高学生的参与热情,调动主动性,抓住兴趣点。这里的选择权有两层含义:第一,在特定的教学过程中,学习者有权选择适合自己的学习内容、学习方法、学习环境,有权表达自己不同于教师的见解和观点;第二,教师应根据学习者的特点,从他们的立场、智力水平、兴趣倾向出发,运用巧妙的教育艺术,使必需的学习任务变为学习者内在的自觉要求,实现"要我学"到"我要学"的转变。

2. 体现教师民主

对于班级而言,民主不仅体现为师生之间的双向交流,它更应是多种思想观点碰撞、信息的多向交流过程。对于个人而言,民主则体现为由于个人的发展条件、水平和可能不同,应该允许他们选择不同的学习方式和方法、不同长短的学习时间,甚至对他们应达成的结果的期望也各不相同,也就是说应该承认每个个体存在与发展的独一无二性。强制的一统,超过实际发展可能的高期望目标只能压抑个性,抹杀创造精神,更无从奢谈兴趣的生成与发展。民主强调尊重学习者的个性差异与发展模式的独特性。

3. 巧设挑战性任务

苏霍姆林斯基说过:"如果你指望靠表面看得见的刺激来激发学生对学习、对课的兴趣,那就永远也培养不出学生对脑力劳动的真正热爱。"这就告诉我们,兴趣不应该仅仅停留在由现象表征所引起的感官刺激上,只有当兴趣指向事物本质属性、因果关系的探讨,方能转化为一种求知欲,维持认知活动持久而恒定地进行,这恰恰是兴趣发展的内涵。兴趣发展是兴趣生成和兴趣内化的中介环节,它是一个动态发展的过程。因此在促进兴趣发展的过程中教师要设计具有一定挑战性的学习任务。"挑战性"是指运用维果茨基的"最近发展区"理论制造认知冲突,推进兴趣深化。

4. 创造适宜机会

在兴趣内化阶段,兴趣已经内化为个性的一部分,它类似于休金娜所说的认知兴趣的高级层次,它已不单单属于非智力因素范畴,它是以人的智力、情绪、意志过程的统一整体为基础的特殊"合金"。处在这种状态下的学习个体对待学习—认知过程的视野,已不仅仅停留在狭义的知识认知层次,他们的视角透过书本、透过校园的生活,开始关注更宏观的世界,探究的激情、创造的冲动在积蓄中待势而发。因此,在兴趣内化阶段,我们应该遵循"创造性原则"。我们想做和能做的事情就是如何"搭桥造船",把这种内化的认知兴趣迁移、转化,让它在信息的碰撞、串联中,让它在发散思维与收敛思维的交替转换中,产生创意的火花。

(二) 树立学习信心

美国作家爱默生曾说,"自信是成功的第一秘诀"。对于班主任来说,在指导学生学习的过程中,树立学习信心是引导学生成才的重要途径。指导学生树立学习信心的方法体现在以下几个方面。

1. 寻找学生的闪光点

自信心,是一个人自己相信自己的愿望或预想一定能够实现的一种心理状态,是一个人的自我意识的重要组成部分,具有自信心是一个自我意识成熟的一种表现。自信心是勤奋进取的力量和源泉,是走向成功的保证。在日常的教育活动中,由于教师把注意的焦点更多地集中在学习成绩优异的学生身上,而对于那些学习困难的学生缺乏耐心和信心,从而导致这些学生在老师的漠然与放任中,自暴自弃,一蹶不振。事实上现代心理学的研究表明,人们在能力倾向甚至是智力类型上是存在差异的,一个在学业上成绩并不突出的学生,并不能证明以后他在社会发展中的成就会低于当时在学校中成绩优异的学生。每一个人都有自己成长的模式,关键是老师在教育过程中,能否及时地发现学生的优势智能,发现学生的闪光点,并以此为契机,激发学生的学习信心。

2. 多做肯定性评价

学习的信心来自哪里? 这其实是一个不是问题的问题,无数实践中的案例告诉我们,学习的信心和教师的肯定性评价是密不可分的。信念可能是一切奇迹的萌发点,教师的责任就是要在学生的心理播下信念的种子。事实上,心理学的研究早就为这种现象提供了理论依据,罗森塔尔效应告诉我们,对于教师这一职业而言,学生"向师性"的特点决定了教师的言行对于学生的成长具有重要的影响,教师的一句无心的鼓励可能改变一个学生的人生命运,同样教师的一个无意的伤害也可能毁掉一个学生的前程。因此在树立学生学习信心的过程中,教师一定不要吝啬自己的鼓励和表扬,及时地给那些需要精神支持的孩子以肯定性的评价。

3. 信任学生

伊默逊曾有过一个精彩的论断,"教育的秘密在于尊重学生,选择他要知道什么、要做什么的不是你。它已经选择好了,预定了,唯有他才知道自己的秘密的钥匙。由于你的瞎胡来和阻挠以及过分的管理,他可能受阻不能得到他的目的并置身于他的目的之外"。这就要求我们的教育活动要给学习者提供自由选择、自由探索的空间,其中包括试误的自由。学习者在解决问题的过程中,由于个人思维类型及认知水平的制约,可能会出现许多的错误,可这恰恰反映了他现有的理解水平还不完全适宜外在的问题情境。这时,如果我们用统一的知识、方法去强行灌输,不但不能实现发展的目的,反而可能导致思维的懒惰、自信心的下降和学习兴趣的消减,当前教学实践中"双差生"的产生恐怕与此不无关系。反之,如果教师鼓励学生大胆"冒险"、勇敢尝试并在适当的时机提供支持性的材料,让他们在自我探索的过程中不断获得成功的体验,教师将会惊诧地发现,学习者不但学习热情高涨、参与意识与日俱增,而且认知能力也将得到显著提高。

4. 选择合适的教育方式

苏霍姆林斯基在《给教师的建议》一书中的第一条建议就是"请记住:没有也不可能有抽象的学生",并在这一标题下第一段旗帜鲜明地表达了自己的观点,"为什么早在一年级就会出现一些落伍的、考不及格的学生,而到二、三年级有时候还会遇到落伍的无可救药的,因而教师干脆对他放弃不管的学生呢? 这是因为在学校生活的最主要的领域——脑力劳动的领域里,对儿童缺乏个别对待的态度的缘故"。苏霍姆林斯基的观点明确地告诉我们一个浅显的道理,不能选择适合教育的学生,只能选择适合学生的教育。学生是一个不成熟的群体,他们是教育的对象,他们需要教育来实现转变。但转变的前提是必须承认学生这个群体性名词的概念里面,包含的是一个个充满情感、富有个性的生命,他们有自己的认知方式,他们有自己独特的人格特征,他们的学习不是被动的、消极的,他们有选择的权力,也有选择的能力,他们在自己的生活世界里能动地设计着自己的未来。他们要求参与课堂、参与教学;他们渴望学习、也重视学习,他们所缺乏的是一个能充分发挥积极性和主动性的学习空间;缺乏的是一种对其内在潜能客观的、肯定性的评价。信心是成功之源。学生学习成绩差,除先天智力影响外,还受许多非智力因素的影响。如果班主任的教育方式得当,在教育活动中能够针对学生的个别差异,选择合适的教育方法,因材施教,让学生不断获得成功的体验,我们相信在这一过程中,伴随学生成绩提高的同时,学生的学习自信也在悄然确立。

5. 榜样激励

榜样在学生发展过程中能够发挥巨大的影响作用,有其心理学理论的支持。促使榜样发挥示范作用的心理机制是模仿,模仿是一种重要的社会学习方式,它通过观察他人在特定情境中的行为,审视他人所接受的强化,然后在自己的行为方式中加以运用和体现。通过模仿个体不仅能够巩固和改变已有行为,而且能够学到新的行为。班主任在日常的教育过程中,要时常给学生讲张海迪、华罗庚、爱迪生等名人的学习事迹,激发学生的学习自信,也可以把身边一些同龄群体作为示范的榜样。学生榜样的选择,不仅需要那些具有永恒价值的历史人物,而且需要那些能体现时代价值的当代榜样;不仅需要各行各业的精英人物,而且需要那些生活在身边的普通公民,在现实生活中后者比前者更具有教育意义,更能体现教育对儿童的"成长关怀"。此外我们要注重榜样教育的实践性。榜样教育为学生的成长提供一种行为示范,其实效性的发挥在儿童的学习信心养成中有着重要作用。但是长期以来,我们的榜样教育更多地注重说教、注重形式和口号,从而使得榜样教育形同虚设。榜样教育的实践性正是为了弥补这种缺陷,它要求在榜样教育中引导学生,把对榜样的认识和理解转化为具体的日常的学习和生活行为。

(三) 养成良好学习习惯

大哲学家柏拉图有一次就一件小事毫不留情地训斥了一个小男孩,因为这个孩子总在玩一个很愚蠢的游戏。小男孩不服气:"您就为这一点小事而谴责我?"柏拉图回答说:"你经常这样做就不是小事了,你会养成一个终生受害的坏习惯。"我国教育家陈鹤琴先生也曾说过,习惯养得好,终生受其益;习惯养不好,终生受其累。在班级管理工作中,班主任要重视学生良好学习习惯的养成。学生良好的学习习惯包括专心致志、勤学好问、学思结合、温故知新等,那么,如何养成这些良好的学习习惯呢?

1. 赏罚分明

学生良好学习习惯的养成是一个不断反复的过程。在这个过程中我们可以跟学生摆事实、讲道理,让学生明白养成良好学习习惯的重要性,但是,知易行难,有时候,千言万语抵不上一个行动。缺乏必要赏罚措施的保障,我们很难纠正学生的一些不良习惯。但是在运用这种方法的时候,我们还需要遵循这样一个准则,赏罚只是外部的力量,教师更要关注学生的内在动机。赏罚是激发、调动学生内在动机的一种有效手段,但是毕竟只是一种外在手段。要使学生的行为长久,教师的要求必须内化为学生的内部动机。否则,一旦外部的赏罚没有了,一切可能照旧。教师要善于通过各种不同的方法使学生意识到做一件事不仅仅是因为有赏罚,而是自己必须这么做。这样教育效果便长久了。

2. 家校联动

只有各方面的力量协调一致,才能形成一种合力,形成强大的教育力量,取得良好的教育效果。学习习惯的养成,需要老师和家长消除隔阂,增加信任,密切配合,一体同心,形成合力,共同督促,这样才能产生比较好的教育效果。

3. 有的放矢

学习习惯不是一般的行为,而是一种定型性行为。学习习惯是经过反复练习而养成的语言、思维、行为等生活方式。它是人们头脑中建立起来的一系列条件反射。这种条件反射是在重复出现而有规律的刺激下形成的,只要接触相同的刺激,就会自然出现相同的反应,所以说它是条件反射,长期积累,反复强化的产物。学习习惯的养成也是一个有意识、有计划的过程,因此班主任在班级管理活动中,要把它作为一项常规性工作来抓,有的放矢,常抓不懈。

4. 注重细节

学习习惯是经过重复或练习而形成的自动化了的行为动作,它不是一朝一夕就能形成的,而必须有一个过程,要养成良好的学习习惯,需要不断强化,需要持之以恒地渗透,同时不能忽视对细节的强调。细节决定成败,"天下难事,必作于易;天下大事,必作于细",教育无小事。任何一名有责任感的班主任,都应该做到"勿以恶小而为之,勿以善小而不为",把养成学习习惯的每一个细节做精做细,落到实处。大处着眼,小处着手,在一举一动、一言一行中逐渐养成学生良好的学习习惯。

(四) 学会学习方法

学习方法在学习过程中具有重要的作用,方法得当,学习起来可以事半功倍,反之,则可能事倍功半,因此班主任有责任让学生学会学习方法。先秦时期的《礼记·中庸》提出的学习方法:博学之,审问之,慎思之,明辨之,笃行之,为宋朝著名的教育家朱熹高度赞赏,因为它体现了学习的内在规律,至今依然闪耀着智慧的光辉。

1. 博学

博学意谓学习者首先要广泛地猎取,只有广泛涉猎科学文化知识,形成比较宽广的文化知识面,才有利于在学习过程中眼界开阔,举一反三。当今随着素质教育理念的深入人心,社会对人才的素养提出了更高的要求,仅仅局限于课本知识的识记与掌握,已经不能适应时代的需求,没有广博的知识和宽广的视野,为学就如无本之木、无源之水,很难有持续发展的动力。

2.审问

审问意为详细追问、询问,主要指在学习过程中,要学有所疑,刨根究底。审问主要强调在学习过程中,学生要发挥主观能动性,主动获取知识,明白道理,不等待,不依靠。对教师所讲的知识要多问几个为什么,要善于从不同的角度、不同的侧面去分析和理解,将问题进行加深和拓宽。只有这样,才能将知识真正把握,从而做到举一反三,触类旁通。不愿意问问题,老师讲什么,就学什么,不越"雷池"半步,很少主动与老师、同学交流,是很难取得学习进步的。

3.慎思

慎思意为慎重而缜密地思考,在学习过程中,追问是一种向外部求助的方法,知识毕竟只有经过学生自己内化以后,才能真正成为自己的精神财富。因此问过以后还要通过学生自己的思维活动来仔细考察、分析,探寻是否能够学为己用。在学习中,知识掌握固然重要,但更重要的是驾驭知识的头脑。如果一个人不会思考,他只能做知识的奴隶,知识再多也无用,而且也不可能真正学到好知识。知识的学习重在理解,而理解只能通过思考才能实现,苏霍姆林斯基概括得非常精辟:"你首先要把自己培养成思考者,你才能体会和认识到学习是一种幸福,是一种智力活动。"

4.明辨

明辨意味着对所学知识要明确辨别,去伪存真。为学是需要明辨的,不辨,则所谓博学就会鱼龙混杂,真伪难辨,良莠不分。杜威在这一点上的认识,可谓一针见血:"只有理智的自由才是唯一的永远具有重要性的自由,这就是说,理智的自由就是对于有真正内在价值的目的,能够做出观察和判断的自由。……而没有这种自由,就没有真正的和继续的正常的发展。"①因此在学习的过程中,我们要教导学生不唯师、不唯书、不唯上,独立思考,明辨是非,这是培养学生良好学习品质的重要方法。

5.笃行

笃行强调学有所用,即努力践履所学,使所学最终有所落实,做到知行合一。这和当代的教育理念是吻合的,学生是学习的真正主体,在学习过程中学生以自己的生活经验为基点,通过自我的实践活动积极践行所学知识,才能实现知识、经验的整合,形成一种综合认知、综合思维能力,进而形成学生深层次的价值观念的整合,促进学生和谐、自由地发展。

---

① 杜威.我们怎样思维·经验与教育[M].姜文闵,译.北京:人民教育出版社,1991:281.

例说5-4

北京师范大学附属实验中学分年段学习指导策略①

北京师范大学附属实验中学依据对学生群体学情数据的分析,结合具体课程和阶段,对学生的学习技能进行了有针对性的指导,如将开学第一个月设定为学法指导月,结合课堂教学对学生进行如何听课、记笔记、写作业、改错等基本学习环节和技能的指导。在初一第一学期期中、期末,还会开展关于"学习态度"和"学习技术"的学生自评问卷调查。从结果来看,进行两个月的系列学法指导后,学生自评优秀比例普遍较高。学生对系列学法指导工作总体满意度高。学生进入初二年级后,青春期带来的生理变化和家庭沟通等因素都严重影响着学情变化,所以教师不仅要提供学生学习技术方面的指导,更要教会其必要的心理调整和沟通技能。进入初三年级,学生普遍面临中考升学的压力,往往更关注应试方法和结果,而忽略了如何保持最好的应试状态,所以此时教师会在自我评估、自我激励、时间管理等方面给予学生深层次的指导,让他们在循序渐进中养成终身受益的良好习惯。

三、生活指导

教育教学的基本目的之一是为学生未来发展奠定基础,合理的生活指导对学生未来的发展至关重要。生活指导主要是指在学生的整个生活领域,结合生活实际给他们的生活给予具体引导和帮助,从而帮助学生得到尽可能充分全面的发展,并通过生活实践的锻炼,提升他们自我发展的能力。在班级管理中,班主任应重视并做好学生的生活指导工作,主要包括以下方面:

(一) 做好时间管理

时间管理旨在帮助学生养成合理规划和利用时间的习惯,更有效地分配时间,提高学习和生活效率。在班级中,班主任可以针对学生个人的时间管理做好指导工作,帮助学生正确认识时间的价值和意义。具体需关注以下几个方面:

1. 做好时间规划

班主任可以指导学生制定日程表,学会使用日历或规划工具如备忘录,列出每日、每周的详细任务和计划,合理安排时间,完成相应的任务。

---

① 苏海燕,陈国才.在日常数据挖掘中读懂学情——北京师范大学附属实验中学学情分析及学业指导模式探索[J].中小学管理,2020(11):48-51.

2. 有效支配时间

班主任要指导学生做好时间统筹管理,学会优先级排序,学会区分任务的轻重缓急,优先完成重要和紧急的任务,有效地利用时间。

3. 定期反思与调整

班主任要指导学生定期检查自己的时间安排,反思并调整不合理的部分,不断进行改进。

(二)养成健康的生活方式

随着互联网的发展,青少年学生群体接触电子设备的时间愈来愈长。过度使用电子设备,不仅会影响学生的大脑发展,还可能导致学生一系列的身体健康问题。指导学生保持健康的生活方式有助于学生保持良好的身体和心理状态,提高学习和生活的质量。具体需关注以下几个方面:

1. 合理饮食

对于青少年儿童,身体素质正处于黄金发展的阶段,班主任应指导学生重视个人身体素质发展,注意营养均衡,多吃蔬菜水果,少吃垃圾食品,保持良好的饮食习惯。

2. 定期运动

青少年进入中学时期,学业压力比较重,如果释放压力方式不正确,往往不利于青少年自身的发展。定期的体育运动可以帮助青少年学生缓解压力,班主任可以指导学生每周至少进行几次锻炼,如跑步、游泳、健身等。

3. 充足睡眠

青少年时期是脑力发育的重要时期,每天最好能够保证 7—9 小时的睡眠,才能让学生的大脑和各个脏器有充分的休息时间,保证身体精力充沛以及各脏器的功能正常。班主任可指导学生保证充足的睡眠时间,养成规律的生活作息习惯。

(三)提高人际交往能力

人际交往是传递信息,增加相互了解必不可少的方式之一。通过人际交往,人们可以更好地适应社会。人际交往指导的主要目的是帮助学生形成健康的人格,培养学生健康交往的品质。良好的人际关系可以提供情感支持,帮助学生在学习和生活中更顺利地应对挑战。具体需关注以下几个方面:

1. 有效沟通

沟通是人与人之间,人与群体之间思想和感情的传递和反馈。掌握良好的沟通技巧有助于个人更好地融入集体,融入社会。班主任应指导学生学习并实践有效的沟通技巧,如倾听、表达和反馈。

2. 解决冲突

在当遇到人际关系问题和冲突时，不要逃避，而应该积极面对并寻求解决办法。班主任需要指导学生学会处理和解决人际冲突的方法，如冷静面对、寻求共识等。

3. 建立支持网络

一方面，学生可以积极参加学校各种社团和活动，扩大社交圈，加强面对面的人际交流；另一方面，在数字化时代背景下，通过各种社交平台，可以帮助学生建立有力的人际关系网络。例如通过在线课程结识志同道合的伙伴，帮助学生拓展人脉，提升人际交往能力。

（四）提升家务和生活技能

劳动是重要的教育手段，是促进个体全面发展，培养创造性能力的条件，也是学生全面发展的重要组成部分。青少年学生掌握基本的家务劳动和生活技能是非常必要的，有助于帮助学生提高自理能力，培养独立生活的能力。具体需关注以下几个方面：

1. 清洁与整理

班主任应指导学生养成定期打扫和整理的习惯，参与基本的家务劳动，例如扫地、拖地、擦窗户、整理衣物等，能够保持日常生活环境整洁有序。

2. 烹饪技能

班主任应指导学生掌握基本的生存技能，在家可以学习一些基本的烹饪技能，能够做一些简单的饭菜，如煮面条等，保证自己能做简单的营养餐。同时学习管理食材，如去市场买菜、规划饮食等。

3. 维修与应急

在班主任以及家长的共同指导下，学生们可以尝试一些简单的维修工作，学习一些基本的家庭维修技能和应急处理方法，如简单的电器维修和急救知识。

四、生涯指导

生涯指导的主要目的是面向全体学生，帮助每个学生树立生涯发展的理念，培养生涯规划的能力，促进每个学生的生涯发展，以实现个人发展和社会发展的统一。在班级中，班主任应该帮助学生在了解自我能力、兴趣、价值倾向的基础上，协助他们提升自我认知，不断探索和开发潜能，明确理想的职业方向，最终实现人生价值。

（一）树立生涯发展的理念

有研究表明，高三学生对高考志愿中所选专业的了解程度较低，很多学生不太了解，甚至完全说不清楚。造成这一现象的主要原因，是当今大多数中学生缺少职业生涯规划教育。当今,大部分中学生忙于应对学习生活,只懂得学业规划,缺乏生涯发展规划意识。班主任应该引导学生树立长远规划的理念,以发展的眼光指导学生生涯规划,帮助学生尽早树立生涯发展的理念,让学生认识自我,认识不同的职业。

在班级里,班主任可以结合素质教育组织开展形式多样、内容丰富的学生职业生涯规划教育活动。班主任可以在中学生中组织开展职业兴趣与职业性格测评活动,通过测评让学生清晰地了解自己,认识自我,了解自己的兴趣、技能、价值观和个性,从而明确自己的努力方向。例如通过问卷和讨论,帮助学生识别核心技能和需要提升的方面,以及进行价值观分析,帮助学生了解他们在工作中重视的因素,如工作环境、薪酬、职业发展等。

此外,通过主题班会,帮助学生了解学习我国的职业分类情况,当今阶段的就业形势和政策,个人职业形象塑造等内容,以帮助学生树立职业生涯发展理念,增强学生的职业生涯规划意识。同时,可以充分利用现阶段的新媒体技术,如利用微信、微博等宣传职业生涯规划教育理念,帮助学生了解职业生涯规划教育的现实意义,让中学生关注职业生涯发展。

(二) 培养生涯规划能力

在具备生涯发展意识的基础上,班主任应指导并培养学生生涯规划和职业决策的能力,锻炼未来的职业竞争力。明确的职业规划和目标设定能帮助学生有条不紊地朝着理想职业方向努力。班主任应指导学生学会制定职业规划,如帮助学生制定短期、中期和长期职业目标,并明确实现这些目标的具体步骤。同时,还应学会定期评估与调整,定期回顾和评估职业规划的进展,必要时对制定的职业目标及步骤进行调整。

班主任可以鼓励并指导学生创办与职业生涯规划相关的学生社团,通过社团开展形式多样的职业活动比赛,让社团组织成为学生交流职业生涯规划知识的平台,一方面,可以锻炼培养学生的生涯规划能力和职业决策能力,不断提高个人的综合素质,另一方面,也培养了学生的人际交往能力。

例说5-5

构建生涯指导体系,为学生成长赋能
——广东广雅中学生涯教育典型案[①]

立德树人是中国特色社会主义教育事业的根本任务,实现全员育人、全程育人、全方位育人是中小学校的工作格局。秉持以上原则,广东广雅中学制定了符合本校办学特色和学生心理特点的工作体系,该体系以增强学生国家意识和社

---

① 韦英哲.广东广雅中学构建生涯指导体系,为学生成长赋能[J].广东教育(综合版),2022(1):23-24.

会责任意识,引导学生形成正确的世界观、人生观和价值观,形成积极健康的人格和良好心理品质,促进学生核心素养提升和全面发展为总目标,为学生一生成长奠定坚实的思想基础。

其中,生涯规划指导是广雅中学生涯教育的特色及典范,我校以新高考改革为背景,建立了完善和系统的生涯规划指导体系,力求将生涯指导工作落实到每一位学生身上,为学生的成长赋能。我校生涯指导体系包括生涯课程、生涯活动和生涯管理三大方面,其中生涯课程进课表,生涯活动和生涯管理全校学生齐参与,充分体现了课程育人、活动育人、实践育人和协同育人。

一、广雅中学生涯指导系列课程

生涯课程是我校生涯指导的主阵地,我们着力开发进阶式的生涯校本课程,开展系统化的生涯指导,以课程为载体,发挥课堂教学在育人中的作用。

二、广雅中学生涯指导主题活动

我校的生涯指导主题活动形式丰富且实效性强,通过校内活动和校外实践的方式,与知名企业构建校企共育,与优秀家长构建家校共育,引导学生发现更好的自己、深入了解与自己息息相关的升学择业信息,指导学生合理科学地规划未来方向。这些都体现出了我校生涯指导中以活动育人、实践育人、协同育人为途径的育人特色。

三、广雅中学生涯指导管理

学生在探索自我和了解外部专业及职业的基础上,不断调整和适配自己的目标及规划,并积极行动,在生涯管理课程和活动中提升生涯管理能力,充分发挥我校德育课程和活动的重要作用。

通过生涯管理,学生在尝试绘制"我的生涯跑线图",清晰大学升学路径、继续深造和就业的途径;通过"我的选科决策平衡单""我的生涯决策平衡单",引导学生综合考虑学科兴趣、学科优势、个性特质、个人理想与父母期望之间的关系,激发学生深刻的生涯领悟。同时,开展"我最喜爱的大学专业、职业"设计大赛,鼓励学生自主发现和挖掘喜爱的大学专业及职业,更为全面深入地了解自己所喜爱的专业及职业,将中学的学业、大学的专业以及未来的就业衔接起来,深度了解学职体系。

五、心理指导

(一)中学生常见的心理问题

1.青春期性心理问题

山东省济南市妇幼保健院孔美荣等对 413 例接受电话或门诊心理咨询的案例(其

中青少年在校学生占 91.92%)进行的常见心理问题分析显示,性心理问题占青少年心理咨询的首位,为 26.88%。有研究表明,性生理成熟的年龄比 20 世纪 60 年代有所提前。身体发育提前而性心理的成熟有相对后延的趋势,这二者之间的冲突,带来了许多青少年性心理问题。成熟过程及性道德观念形成的不同步,出现了与性有关的心理体验及性行为活动等,且有相当一部分青少年对性生理成熟有不正确的认识,容易产生害怕、恐惧、紧张等不良心理反应。因此,加强学校的性科普教育是一个不可忽视且有待加强的问题,应及早进行性生理心理方面教育,端正青少年对性生理发育的认识,以消除不正常心理反应,保护他们的身心健康。同时,家长也可采取适当方式传授性知识,消除谈性色变的局面,性教育内容要从最基本的入手,既能避免孩子在分不清科学与淫秽的情况下受害,又能学到科学合理的性生理知识,有利于他们的身心健康及性道德培养。

2. 情绪障碍

目前通常把青少年神经症称为青少年情绪障碍,包括考试焦虑症、离别焦虑症、社交敏感障碍、恐怖障碍、抑郁障碍等。青少年情绪障碍问题发生比例较高,仅次于性心理问题,位于第二位。咨询中发现,父母望子成龙心切、学校学习负担过重、教育方式不当或过分保护或苛刻要求或奖罚失度等都是造成青少年心理发展受挫,诱发恐惧、焦虑等情绪障碍的重要原因。兴趣与快乐是人的最主要的正性情绪状态,对青少年认知行为发展具有重要意义,快乐情绪有利于青少年在心理发展时期自信而稳定地面对各种复杂的外界环境。因此,对于家长来说,在日常生活和学习中要想方设法地培养孩子广泛的兴趣爱好,以使孩子保持积极健康稳定的情绪状态。

3. 人际交往问题

友谊在青少年的发展中起着积极而重要的作用。青少年时期归属的需要、交往的需要、友谊和爱的需要特别强烈,他们乐于与同龄人交往,希望得到他们的尊重、理解和接纳。友谊能提供心理安全感,自我支持和自我认同,满足归属感和发展青少年的社会能力,而缺乏交往会使人无法满足依恋感,内心苦闷无法宣泄,对人的心理健康是有害的。在相关调查的心理咨询案例中,有 18.4% 的青少年因人际关系紧张求助。他们在人际交往中有以下特点:与人交往时没有情感卷入,至少情感是肤浅的,自卑感、不安全感、内疚感等使一些青少年尽量避免与人交往,即使交往也不敢或不愿袒露自己的内心世界,他们经常提心吊胆或心存戒备,怕上当受骗,好猜忌,不能与人建立和谐共处的情感关系,心灵孤独和易受伤害,甚至会感到随时处于威胁和危险之中。在咨询指导中,应注意培养青少年的交往技巧,如与人交往时热情、诚实,主动与人打招呼;记住对方特别的事与名字,真诚赞美别人;了解别人的爱好,不无端指责他人等。一切人际关系,无不打上亲子关系的烙印,青少年可以在与父母的交往中学会沟通,善于理解别人,也善于让别人理解自己,这样有助于青少年与朋友、老师、同学的关系得到良好的发展。

4. 逆反心理

学生的逆反心理是指在一定的外界因素作用下,对某类事物产生厌恶、反感并导致与该事物发展的常理背道而驰举动的一种心理状态。学生的逆反心理有两种表现:一种是凡事都要反着来的心态,别人说东,他偏说西,别人反感,他偏要实行,持有逆反心理的人对内容并不在意,在意的是"反其道而行之"的表现。另一种是在接受教育过程中产生和表现出来的对教学内容或教育者的抵制和对立。

逆反心理作为学生群体中存在的一种违背常规的心理活动,通常表现的特点有:

(1) 对立性。产生逆反心理的学生,必然在一定程度上表现出与众人和常规相对立的言论或行为。

(2) 可塑性。逆反心理是学生的生理、心理诸要素经过一系列多层次的变化改组而形成的暂时的神经联系,不是一成不变的。

(3) 主观性。逆反心理的产生不依赖于客观事物的性质,不受客观情境的影响,主要取决学生的主观意愿。

(4) 双重性。逆反心理有良性和劣性之分,其影响可能导致好的结果,也可能导致不良结局。青少年的逆反心理属于正常现象,但逆反心理与行为不利于青少年的健康成长,需要教育、引导。

产生逆反心理的主要原因:

(1) 好奇心理。受好奇心驱使,越是神秘的境地,学生越是心驰神往;教师不愿让学生知道的事,学生偏想知道;教师禁止学生看的东西,一些学生偏想方设法一睹为快。

(2) 好胜心理。由于学生的心理不成熟,思考问题的片面性和局限性,常常把自己的认识当作衡量客观事物的标准,对教师倡导与肯定的东西看不顺眼,久而久之,心理便会发生逆变。

(3) 固化心理。所谓"固化",就是学生在接受某一思想观点之前,就已抱有某种固定的想法,即通常所说的"先入为主"。

(4) 对立心理。由于教师与学生所处地位不同,学生往往会认为教师盛气凌人,以权威自居。同时,一些教师教育方法陈旧,不注重建立一种宽松和谐的学习环境,工作缺乏人情味,也是引起学生对立情绪的原因之一。

(二) 心理指导的策略

中学时期是人的行为、性格和智力迅速发展的关键时期。在这一阶段,由于身心发展迅速,以及文化知识和社会经验的不足,中学生很容易产生不健康的心理,导致心理问题或心理疾病。在中学教育教学中,班主任应尤其关注学生的心理健康,帮助学生锻炼良好的意志品质,进行正确的心理健康指导,使学生形成良好的品格和健康心理。主要包括以下方面:

1. 学习心理健康知识

心理健康主要是指心理的各个方面及活动过程处于一种良好或正常的状态。班主任应该指导学生学习掌握基本的心理健康知识,包括了解心理健康的概念和评估方法,增强心理健康的自我意识和自我认知,提高心理健康素养和自我保护能力。在班级中,班主任可以通过组织开展心理主题班会,举办心理健康讲座、心理健康展览等形式多样的活动,帮助学生认识了解心理健康,提高心理保健意识,提高整体心理健康水平。

2. 学习情绪管理技巧

做好情绪管理,可以有效帮助学生减少焦虑、抑郁等负面情绪,有助于提高生活满意度,提高学习效率。帮助学生寻找合适的情绪表达方式有利于情绪释放,引导学生有效地管理情绪,具体包括以下几个方面:

(1)倾诉与倾听。班主任可以指导学生学会向他人倾诉自己的情感需求,学会倾听他人的想法和感受,提高情绪释放能力和人际交往能力。

(2)写作与绘画等。班主任指导学生通过写作、绘画等方式学会表达自己的情绪和想法,有利于情绪宣泄和心理调适,并且提高学生的创造力和表达能力。

(3)运动与冥想等。在中学阶段,学生往往伴随有一定的学习压力,通过运动和冥想等方式可以帮助学生减轻压力,提高情绪调节能力和身心健康水平,增强学生的心理韧性和抗压能力。

3. 学会寻求专业帮助

班主任应该指导学生学会主动寻求帮助。如果学生遇到心理困扰,经自我调适未得到缓解,导致正常生活受到影响时,应学会及时寻求专业的心理咨询和支持,尽早到心理健康服务机构寻求帮助,由受过专业训练的人员针对问题给予诊断和及时的治疗。同时,学生群体也可以建立良好的人际关系和社会支持网络,保持心理健康的稳定性和积极性。

4. 做好心理健康教育的预防、发展

心理健康教育应走在学生产生心理障碍之前,即学校心理健康教育的重点是培养学生具备良好的心理素质,维护学生的心理健康,而不是只放在有心理问题学生的矫正与治疗上。

心理健康教育的功能分三个层次:预防、矫治和发展。这三种功能,就整体而言,预防、发展应重于矫治。因为心理健康教育的对象是全体学生,预防是面向全体学生的,其功能首先是让学生通过接受心理健康教育,掌握心理健康的有关知识和技能,学会自主地应对由挫折、冲突、压力、紧张带来的种种心理困扰,减轻痛苦,做到防患于未然,并为他们的个性发展奠定健康的基础。其次是帮助学生了解自己与他人的差距,主动调节自己,使自己逐渐成长,帮助学生提高对各种环境的适应能力,培养学生充满自信、乐

观向上的健康情绪,并以良好的心理状况去面对学习与生活。再次才是针对一些有心理问题或疾病的学生,帮助他们改善和调节异常行为,消除或缓解不良的情绪等。青少年时期是人心理素质形成和发展的关键时期,可塑性较大,此时如能得到及时的心理辅导或训练,将有利于形成完善的人格。即使出现心理问题,若处在轻微或早期阶段就及时发现并处理,这些问题也会得到一定的改善或延缓病情的发展。积极设定目标,健康地组织自己的生活,主动调整自己的心态,更好地适应环境,这样能有助于克服心理困扰,能经受困难与挫折,尽量避免心理问题的发生。由此可见,预防、发展比矫治更有积极意义。

例说5-6

考试焦虑①

【案例】 "我现在一拿到试卷,脑子里就一片空白。"小莉同学从小成绩优异,可进入初三后,成绩一降再降,由于一心想考重点高中,因此她一直都在自我加压的情绪下紧张学习。总复习开始后,她每次拿到试卷,脑子里就一片空白,数理化公式忘得精光,以前会做的题现在也不会做了。她说:"我觉得自己无颜面对父母,还不如死了算了。"

【应对】 每个学生都有考试焦虑,只是程度因人而异,显然小莉是得了典型的考试焦虑症。这时,父母和家长的耐心鼓励很重要。家长应该先接纳孩子的紧张焦虑,听孩子说说她的担心与不安,让她慢慢放弃那些不利的想法,进而改善考试焦虑的情形。孩子也可以找一个亲密朋友,把种种委屈都发泄出来。

【心理小贴士】 所谓"考试焦虑",是指由考试所引起,在生理或心理上的紧张。生理上的紧张,诸如:心跳加速、呼吸急促、头脑一片混乱或空白等;心理上的紧张则大多以担心的形态呈现,例如:担心考试时自己有一大堆题目不会写、担心考不好被父母责骂等。

课程思政

教育的根本任务是立德树人,培养德智体美劳全面发展的社会主义建设者和接班人。学生的理想信念、道德品质、知识智力、身体和心理素质等各方面的培养缺一不可。

——习近平总书记2023年5月31日在北京育英学校考察时的讲话

---

① 青少年心理健康问题有哪些? [EB/OL].https://m.baidu.com/bh/m/detail/ar_9898065185218201791.

第三节 学生发展指导的方法

一、故事启迪法

故事启迪法是采用紧扣教育目的和适合学生特点的故事,使学生从故事中悟出道理、受到启迪的方法。孙敬修先生说:"一个好的故事,在儿童幼小的心灵中留下深刻印象,往往一生都不会忘记,并能成为他往后做人的准绳。"

故事启迪法的关键在于选择适宜的故事,运用时需注意:一要尽量采用真实的事例;二要尽量选择贴近学生生活的故事;三要尽量选择新颖有趣的故事;四要灵活地选择故事,随机应变。

新颖有趣并有意义的故事有的来自教育实践,更多的是通过电影、电视、广播、网络、报纸杂志等得来的。教师要注意随时随地吸收、分析、筛选、获取故事信息。中小学生很喜爱听这些真、近、新、活的故事,并易于从中悟出道理。有时,教育者讲的故事可以没有结尾,是开放性的,可以让学生们尽量发挥想象力自己去编结尾,不同的结尾说明学生不同的思路、价值观、心理发育水平以及个性。并且教育者还可以利用图片、多媒体等辅助手段,请学生自己讲故事,或就某个主题请学生自行编故事。如"龟兔赛跑""乌鸦喝水""坐井观天"等。教育者可以根据不同的结尾或学生编的不同故事进行引导,鼓励学生展开思考和讨论,从而促进学生身心的健康发展。

二、主题讨论法

主题讨论法是在教师的指导下,学生就某一主题各抒己见,教师循循善诱,经过讨论或争辩得出结论,达到自我教育促进学生发展的一种方法。

主题讨论法的运用要求:第一,精心设计主题。应选择学生最关心、最困惑、最迫切想解决的相关问题,设计得新颖有趣。如围绕学会关心的主题设置:学会打招呼、学会微笑、学会称赞、学会拒绝、学会竞争与合作、学会宽容、学会助人等小分题。只有这样,学生才有充分参与的欲望,才会感到是自己思想和行动的主宰者,他们的自主性和选择性才能得到增强。每个小组首先要确定一名记录员和一名小组发言代表。分组讨论后,由各组代表相继发言,其他人补充和修正,还可以提出不同意见。学生讨论气氛活跃、融洽,才能收到好效果。第二,选择合适的地点与场所。主题讨论法可以在教室中进行,如果条件许可,也可以在校园内其他合适场所进行。第三,正确发挥教育者的引导作用。教育者主要在最后做点评或在旁边适时指点,应尽可能不干扰学生的活动。如果学生讨论发言出现某些原则性错误或明显不理解、不正确的现象时,应帮助学生澄清。有时,学生在讨论中可能出现激烈的争论,教育者能运用高超的管理艺术调节控制;教师注意评价的全面科学,应尽量避免用"两极化"方式对问题进行评判。

主题讨论中,教育者还要善于引导学生耐心地倾听,设身处地地理解,积极主动地补充与修正。讨论中小组成员共同分享的不仅仅是思想,还有彼此的关怀与支持。学生的每一个观点都应受到同学们真诚的关注。小组中这种新型的人际交往模式,不仅能增进同学间的亲密感、信任感,还能促进同学间的接纳与关怀,增强学生的自信。

三、设境讲解法

设境讲解法是一种通过创设教学情境,再辅以语言讲解点拨,使隐性教育和外显教育达到协调一致的方法。运用设境讲解法的基本要求:

第一,巧妙地创设教学情境。例如培养学生的生涯规划能力时,教师可以巧妙地创设新颖活泼的教学情境,运用情景剧的方式引导学生深入思考职业选择时需要考虑的因素,完成学生的理想职业初探索,也可以运用研学游的形式让学生选出自己的霍兰德职业兴趣代码,通过发掘兴趣开启规划,让学生们在积极的互动中启发智慧。

第二,教师要配合情境辅以生动的语言讲解。创设合理的环境,会收到陶冶性情的效果。若能结合生动形象的语言讲解,将会相得益彰。既有直观的情境,也有抽象的思考。在讲解时需要教师熟练地掌握讲解的要点,能给学生提供新信息、新知识、新思想,教师的语言要新颖、活泼,富有幽默感,使学生听起来兴趣盎然。教师讲解时间最好不要过长,否则听讲效果不佳。在讲解中,教师还可以随机插入提问、演示、练习、幽默等。随着时代的发展,在运用设境讲解法时还可以采用多媒体、课件等辅助手段,增强效果。总之,设境讲解法发挥作用的关键在教师。

四、实践活动法

实践活动法是一种通过学生参加实践活动,然后大家体会反思,教师点评,侧重锻炼学生意志品质和实际行为的方法。

在教育教学中,教师可以广泛组织开展形式多样、内容丰富的社团活动与实践活动,以增强学生参与实践、自主探索的能力。例如积极拓宽校外教育资源,适时借助专家教师讲座、课程等协同育人资源,并加强与党政机关、企事业单位、社会组织的协作,组织开展丰富多样的职业体验活动,增强学生的职业认知,唤醒学生自我规划意识。教育者要鼓励学生在社会实践中注意观察、学会提问、善于交往、动手动脑、常做记录,这样收获会更大。

　　社会是个大课堂。青年要成长为国家栋梁之材,既要读万卷书,又要行万里路。社会实践、社会活动以及校内各类学生社团活动是学生的第二课堂,对拓展学生眼界和能力、充实学生社会体验和丰富学生生活十分有益。高校学生支教、送知识下乡、志愿者行动等活动,都展现了学生的风貌和服务社会、报效国家的情怀。许多学生正是在这样的社会实践和社会活动中树立了对人民的感情、对社会的责任、对国家的忠诚。

　　——习近平总书记 2016 年 12 月 7 日在全国高校思想政治工作会议上的讲话

五、班级个别教育

(一) 班级个别教育的概念及意义

　　班级个别教育是指班主任针对班级中每个学生的具体情况或不同类型学生的特点进行的有的放矢的教育,既包括针对个别学生特点进行的教育,也包括针对不同类型学生进行的教育。班主任要搞好班级管理工作,不仅要组织培养班集体,而且还应有针对性地指导和教育个别学生,二者相辅相成、缺一不可。

　　1. 个别教育是集体教育的深化和补充

　　集体教育往往解决的是学生的共性问题、普遍性问题,但是,由于学生受到不同的家庭、不同的学校、不同的遗传素质、不同的社会环境等因素的影响,他们每一个人的思想、性格、情感、行为、意志、兴趣、爱好、习惯等各不相同,表现出千差万别的个性。班主任必须善于全面观察每一个学生的言行,掌握每一个学生的真实思想和特点,针对其不同的思想特点,采取不同的教育方法,把教育工作做深做细。由此可见,个别教育是集体教育的进一步深化。另外,集体教育的重要任务在于培养每个学生的集体意识,而集体意识又是以个人的自我控制为基础的,因此进行个人自我控制教育也是培养集体意识的必要补充。

　　2. 个别教育有利于每一位学生品德的健康发展

　　品德结构包括道德认识、道德情感、道德意志和道德行为习惯。在学生良好品德形成和发展的过程中,既有知与不知、知之较多与知之较少的矛盾,也有正确认识与错误认识之间的矛盾,既有知与情、知与意之间的矛盾,也有知与行之间的矛盾,等等。所以,班主任的职责是针对不同类型学生的各自特点,激起他们头脑里两种思想的矛盾斗争,鼓励他们战胜自我,帮助他们确立主体意识,培养他们自我教育的能力和习惯。

(二) 个别教育的策略

　　在任何一个班级中,都存在着不同类型、不同层次的学生,我们可以从不同的角度

139

来进行区分。根据学生所处的外部环境、先天条件、心理因素以及他们在校学习的优劣表现,一般可以分为优秀生、中等生、后进生三个层次。班主任除了进行一般性的教育之外,还要善于在平常的学习和生活中,了解他们的思想状况、内心世界,有针对性地开展教育工作,因材施教、因层施教,引导教育每个学生都能成人、成才、成功。

1. 优秀生的保持

优秀生一般是指那些在德、智、体等方面发展较好、品学兼优的学生。在一个班集体中,优秀生可以使全班学生有榜样,带动和鼓励班级成员积极向上,共同前进,是班主任工作中借以使用的教育力量。但是,优秀生并不是十全十美,他们的先进因素中也有落后因素,有优点也有缺点。因此,班主任要有针对性地帮助优秀生发扬优点,确立新目标,提出新要求,把自己融合到集体之中,引导他们正视自己的不足,扬长补短,不断前进;对他们的评价客观公正,实事求是;对他们爱严相济,使其健康成长。班主任对优秀生的教育要把握以下几点:

（1）正确认识

优秀一般表现为接受外界信息敏捷,善于感知和记忆,在短时间内能够掌握较多知识,学习成绩优秀,遵守纪律,工作认真负责,注意的转移具有一定的自觉性和灵活性。这些学生由于智力因素和非智力因素的相互作用,学习成绩一直保持优秀的地位。由于他们身上有许多优点,不管是在学校里,还是在家里、社会上,经常能得到别人的赞扬,因此他们往往有较强的自尊心、自信心。但金无足赤,人无完人,优秀生也容易出现一些问题,如恃才自傲,目空一切;自我中心,处世冷漠;娇生惯养,自理能力差;盲目自信,讳疾忌医等。由于晕轮效应的影响,有的班主任总是以欣赏的眼光看待优秀生学业上的优点、长处,看不到他们某些优点掩盖下的不良倾向,以致贻误了教育时机。所以,必须以全面发展为标准,正确认识优秀生。

（2）发扬优点

优秀生一般是学生集体里的佼佼者,在各方面能起带头作用。班主任应善于利用他们的这些积极因素带动班级中其他学生尤其是后进生的进步。优秀生在帮助后进生的过程中,不但充分发挥了自己的智慧和才干,同时也锻炼了自己的各种能力,学到了更多的知识,从而不断地完善自己。

（3）严格要求

优秀生有许多优点,容易产生优越感。班主任对他们要坚持高标准、严要求。对他们潜在的和已经暴露的缺点和错误不能姑息迁就、掉以轻心,要及时地进行批评和教育。不能只看到他们的长处而偏袒他们的缺点,不能因为他们在学习方面表现好而对他们另眼相看,满足他们的一些特殊要求。防微杜渐才能彻底消除滋生特殊化、产生虚荣心的土壤,从而促使他们"百尺竿头,更进一步"。

（4）提高耐挫力

优秀生在众口赞辞中极易发生心理错位，一旦遇到某些失败挫折，容易一蹶不振，因此，班主任对优秀生的表扬和批评都要注意分寸，既不能表扬过分，使之飘飘然，又不能重加惩罚，伤害其自尊心。班主任对他们的激励必须适度，甚至适时泼点冷水，让他们保持清醒理智的头脑，引导他们控制和调节好自己的心态，给自己准确定位。要经常渗透一些这样的教育：一个人要能上能下，要能拿得起放得下，跌倒了能重新爬起来等等。使他们明白，人人都有优点和缺点，人人都可能成功或失败，从而锻炼优秀生对表扬、批评、挫折的耐受能力，使其心胸更加宽阔，更有可能振奋精神、继续努力。

2. 中等生的提高

中等生是相对于后进生和优秀生而言的。中等生既不像优秀生那样思维敏捷，在德、智、体诸方面十分突出；又不像后进生那样惹是生非、学习困难。他们表现一般，不引人注目，在思想品德、学习成绩、工作能力以及人际交往等方面处于中等。有些班主任认为，在班级管理中，只要采取"抓两头、带中间"的办法，就可以把班级管理好。诚然，"抓两头、带中间"的确不乏成功的范例，但未必具有普遍意义。问题的关键在于如何"带中间"，如果班主任的主要精力放在"两头"，而任凭中间状态的学生受"两头"学生"自然"影响，那么，他们就会向"两头"转化，其中一部分人有可能滑入后进生的行列。因此，班主任对这类学生的教育，应密切关注、深入了解，摸清其变化规律。班主任对中等生的教育要把握以下几点：

（1）主动接近，热情关心

在班级教育工作中，班主任往往把较多的精力放在对优秀生的培养和后进生的转化上，这当然是非常必要的。但是，对中等生的关注相对不够，会使相当一部分中等生身上潜藏的许多积极因素难以得到表现和发展，失去了在教师指导下成才、发展的机会。每一个学生都渴望得到老师的重视和信任，希望老师为自己提供表现才能和智慧的机会。班主任要深入了解学生，了解学生的心理特点和内在需求，主动接近、热情关心他们。中等生的情绪不够稳定，在他们身上，积极因素和消极因素经常呈矛盾斗争状态，当积极因素占主导地位时，他们往往表现出进入先进行列的愿望，反之，表现就差。因此，班主任应密切关注中等生的发展趋势，当他们情绪高涨、呈积极状态时，要及时鼓励他们积极进取，为他们创造发挥才能的条件和机会，促使他们向先进层次发展。当他们遇到挫折、情绪低落时，也应及时帮助他们分析原因，克服和解决各种困难与问题，使他们尽快解除困惑，振奋精神，防止他们自我消沉，滑入后进生行列。

（2）长善救失，积极鼓励

长期以来，我们的班主任习惯于给优秀生锦上添花，给后进生雪中送炭，却常常忽视甚至遗忘了对中等生的关心、教育，使他们的品德得不到提高，智力得不到开发，能力得不到培养，情感得不到陶冶，心理得不到满足。由于缺乏展示的机会，他们往往体验不到成功带来的喜悦,从而甘居中游。为此,要想教育提高中等生,班主任必须给他们提供展示自己的机会,帮助他们挖掘自己的才能,使他们在展示中享受到成功的高峰体验,发现自己、肯定自己,以激发其奋发进取的内在动力,争取进入优秀生的行列。

(3) 个别施教,促进转化

中等生也有各自不同的特点,如有的进取心很强,但又常常被挫折感所困扰;有的学习成绩中等,但相对稳定;有的自觉性和自我约束力较强,容易管理;有的意志薄弱,自控能力差,怕苦畏难;有的散漫疲沓,安于现状,缺乏上进心和好胜心;有的学习态度时好时差,学习成绩时有波动;等等。班主任不仅要发挥中等生的优势,还要了解掌握中等生存在的主要问题,帮助他们克服缺点,变消极因素为积极因素,讲究教育艺术,进行个别施教。例如,对于兴趣广泛的学生,可组织班级兴趣小组,开展"小科技""小发明"活动;对于思想表现良好,工作、交往能力一般的学生,对他们要致力于培养和大胆使用,让中等生在为班级、为同学服务中表现自己,施展才华。

例 说5-7

中等生的转化①

【案例】 小明是我班的一名不起眼的学生,瘦弱的身躯让人觉得他一直是弱不禁风,缺少了男生的一种阳刚之气。平时在课堂上默默无语的他总是埋头苦学,作业一向是认真完成,课后也不见他与学生一起玩,学习成绩一直处于班级中游。与家长交流该生情况时想给该生增加点压力也无从谈起,不想加压吧,学习成绩一直无法上升,弄得家长和老师一时不知怎么办才好。

【策略】

(1) 教方法。"授人以鱼,不如授人以渔",中等生已有一定的知识基础和学习能力,如果方法得当,转化为优等生大有希望。因此我在教学中,尤其重视对这些学生的学法指导,着重培养学生良好的学习习惯和自学能力,如经常传授如何预习新知识,如何做课堂笔记,如何对学过的知识进行日清月结等等,千方百计为学生的自主学习奠定基础,以达到教是为了不教的目的。

(2) 激斗志。长此以往的学习结果使得他们对学习成绩抱着无所谓的态度,因为他们知道不管怎样努力,自己的成绩始终保持在原位,不大的起伏早已使他们适应了老师的目光与家长的期望。对成绩的无望与漠然是中等生最大的心理障碍,只有突破这个心理底线才能激发这些学生的斗志与动力。老师在必要时可以制造这些学生在学习成绩上的跌宕起伏,以达到教育的最佳效果。

① 王久洪.让中等生也享有一片阳光[EB/OL]. https://www.xyjyjt.com/html/xyjyb/al/2012/0926/8736.html.

（3）找成功。这些学生学习成绩处于中间状态，总也赶不上优等生，很少出现亮点，有时家长指责其不上进，因此，他们会认为自己没有出息。在课堂上、集体活动中失去自信，不相信自己的能力，面对困难时，胆怯心虚，思维和应变能力明显减退，产生强烈的自卑心理。在一般的活动中这些学生是弱势群体，老师应该在活动中有意制造机会促成这些学生获得成功，并予以鼓励，在多种活动中去展示他们青春活力，发挥他们的兴趣特长，化解他们的烦恼痛苦，促进他们的身心和谐发展。

3.后进生的转化

所谓后进生，通常是指那些在正常生理状况下，在思想品德、学业成绩、智力发展等方面距教育目标的要求相差较远，落后于一般同学的学生。虽然这些学生在班里为数不多，但经常惹是生非，所以他们的消极影响较大。对后进生的教育转化，不仅关系到学生个人的前途命运，还会影响到班级的进步、家庭的幸福和社会的安定。可见，教育转化后进生有着不可估量的实际意义，它是班主任工作的重中之重。

（1）后进生的成因

分析后进生产生的原因，是教育和转化后进生的一个重要前提。后进生的形成主要有家庭、社会、学校和学生自身等四个方面的原因。

家庭原因。主要指家庭学习环境、家庭道德和情绪气氛、家庭温暖、家庭教育方式等方面的原因。如家庭成员的政治、思想、道德状况；家庭的人际关系状况；是否在思想品德方面对孩子有严格要求，而且经常抓紧教育；是否尊重孩子的人格，进行耐心的说服教育而不搞"虐待型"的教育；对孩子的期望值是否适当；在经济上是否满足孩子的合理需要，而又不助长孩子乱花钱，超消费；家长自身是否尊重知识，有求知欲；家长关心孩子的学习，是只重分数，还是更重视学习态度、学习习惯、学习方法；是否为孩子提供良好的学习环境；家庭成员的兴趣爱好对孩子的影响等。

社会原因。主要指不良文艺作品、不良交往、社会不正风气等方面的影响。如资产阶级自由化思潮；资产阶级生活方式；不健康的网络文化、书刊、影视及其他"娱乐"活动；赌博与封建迷信活动；流氓团伙和落后团伙；读书无用论等。

学校原因。主要指办学思想、教育内容和方法、教育者自身等方面的问题。如片面追求升学率；施教"求同"，忽视因材施教，教育方法失当；没有强有力的德育工作，不重视非智力因素的教育培养；缺乏防止学生分化和减少后进生的有力措施等。

学生自身的原因。主要指遗传素质、早期教育、适应能力、青春期等的影响。如缺乏强烈的求知欲；道德无知，是非模糊；自尊心损伤；意志力薄弱；学习基础差；学习方法不适应；不良社会交往等。

总之,一个学生之所以成为后进生,绝不是由某一种原因造成的,它总是在外因、内因的相互影响下,外因通过内因而起作用的。

(2)后进生的类型

一般说来,后进生既包括由于学习态度不端正,存在厌学思想,或智力迟钝、身体不好等原因造成的"成绩不良"学生——学习后进生;也包括思想觉悟低、存在不良品德习惯,或经常有过失行为的"表现不良"学生——思想品德后进生;还包括学业成绩不好、思想表现亦差的学生——"双后进生"。

学习后进生,又可分为以下几种类型:① 智力不良型,介于正常与迟钝之间智力水平的学生,智商在 90 以下。② 学法不良型,拙劣的学习方法导致很差的学习效果。③ 外因致差型,因个人的疾病、社会的不良影响、家庭的种种变故、学校教育教学的种种失当导致学习成绩差。④ 自制力不足型,这类学生智力正常,但缺乏自制力,十分贪玩,导致学习成绩不理想。

思想品德后进生,又可分为以下几种类型:① 生性好动型,后进生中的好动型学生占有一定的比例,这类学生比较聪明,生性好动,耐不住寂寞。② 逆反心理型,这类学生智力正常,多是比较聪明,遇事认真,凡事有自己的主见,对校长、教师的期望甚高。③ 娇生惯养型。④ 受腐蚀型。⑤ 破坏攻击型。

(3)后进生的特点

一是注意转移的速度慢。正常学生的注意转移具有一定的自觉性,而后进生的注意转移速度比较慢,需要老师的提醒和引导。课堂上不能随老师灵活运转,一系列的学习、活动都明显落后于其他学生。

二是行为的盲目性。一些学生犯错误并无特殊的目的,只是出于好奇、好动等心理,经不起外界的刺激和诱惑,而导致各种不良行为的发生。

三是心理意识的逆反性。部分后进生因经常得不到别人的赞赏等而产生逆反心理,很多情况下是明知故犯,做一些损害集体、他人的行为,自暴自弃,不接受别人的意见和建议。

(4)后进生的教育和转化

引导并促使每一个学生健康和谐地发展是教育工作者义不容辞的责任。在一个班里,后进生虽然人数不多,但能量却不小,有一定的破坏性。做好后进生的教育转化工作关系到班集体的形成和预期目标的实现,因此,班主任要针对后进生的特点,采取有效措施,帮助后进生尽快转化。班主任对后进生的教育要把握以下几点:

其一,纠正心理偏向,确立正确教育观念。

如何对待后进生,在实际工作中存在两种不同的态度。一种态度是视后进生为"祸害"和累赘,因而对他们反感、歧视、嘲讽、放任自流。另一种态度是不反感,不嫌弃,真诚地、耐心地、持久地帮助他们。

要转化后进生,班主任首先必须建立一个基本的信念,即后进生是可以转化的。唯物辩证法告诉我们,一切事物都是不断发展变化的,而且依一定的条件向自己的对立面转化。后进生并不是天生的,当初他们也是先进生、中等生,是在一定条件下逐步变成后进生的。他们当然也会有两种变化结果,要么变好,要么继续变坏。面对已经出现的后进生,教育者的责任就是创造条件,促使他们向好的方面转化。唯物辩证法还告诉我们,事物的发展变化是内因与外因相互作用的结果。内因是变化的根据,外因是变化的条件,缺一不可。转化后进生的关键在于创造一种教育环境,这种教育环境的影响力深入后进生的内心,启动他们的内部动力,使他们自己行动起来,争取进步。

其二,用心关爱,尊重信任。

对后进生,班主任要有一片爱心。"亲其师,信其道",情感教育是对后进生进行教育的前提。班主任对学生的期待和关爱,是激励启发学生萌发进取意识的外在动力,也是教育成功的最基本、最关键的条件。由于后进生平时表现不好,学习成绩差,经常会受到老师的批评和集体舆论的谴责,因此容易与老师产生隔阂,甚至会产生对立情绪。但是,后进生也有强烈的自尊心,希望得到别人的尊重和理解。这就要求班主任对后进生倾注真诚的爱,从感情上亲近他们,从兴趣上引导他们,从学习上帮助他们,从生活上关心他们,增加共同语言,施以朋友式的爱,消除师生之间的隔阂,缩小心理距离,达到心理相容,使他能真正感受到班主任对他们的爱。这样,他们才乐意接受班主任的指导,把外在的教育转化为自身的需要,不断努力,逐步走向成功。对后进生的爱,要真挚,发自内心深处,而不能有半点虚假。和后进生建立感情并不简单,因为他们常常处在疑惧和戒备之中。班主任必须与他们尽可能多地交往,跟他们交心,跟他们一起玩耍,一起活动,指导他们完成集体交付的工作,帮助他们补习功课,为他们排忧解难。班主任要相信期望的力量,对后进生的前景有一个美好的期望,这样才能在交往中加深理解,在共同活动中建立感情。

对后进生,班主任要尊重他们的人格。每个人都有自尊心,转化后进生离不开对他们自尊心的珍视和培养。后进生自尊心很强,同时又很自负、自卑。他们既不能容忍老师当众的批评训斥,也难以接受老师以恩赐态度或对弱者庇护的口吻对待他们。他们渴望得到尊重,但是却不懂得要尊重别人。教师尊重他们,就会唤醒他们的自尊心,树起新的精神支柱。班主任必须给后进生以同样民主、平等的人格地位,倾听他们的心声和苦衷,倾听他们的愿望和建议。他们一样有参与集体工作和集体活动的权利,并应得到同等的待遇。

为此,班主任必须谨言慎行,绝不做伤害后进生自尊的事情。对后进生的了解,应尽量在自然交谈中、家访中和活动中进行,避免"内查外调"式的举动。当然,对于他们的问题和缺点也不要故意掩饰,而是以实事求是的态度和最能引起他们自我反思、自我教育的方式适时地予以指出、分析,使之逐步改正。他们的点滴进步,都应得到肯定性评价。

其三,对症下药,因材施教。

要关怀一个人,首先就要了解他,而要了解一个人,则必须进入其情绪和思想领域中去,以他的思想来推理他的一切。后进生普遍性的心理特点,从积极方面看,他们多有期待心理、表现心理,也多有争取进步的愿望,不甘心常居下游;从消极方面看,可能有自卑心理、惧怕心理,还可能有逆反心理、报复心理。后进生既有普遍性的心理特点,每个人又有各自的心理矛盾:有强烈的自尊心而得不到尊重的矛盾,有好胜心而品尝不到成功喜悦的矛盾,有个人的某些合理需要而得不到满足的矛盾,有要求上进与意志薄弱的矛盾,等等。每个后进生之所以后进,原因各不相同,班主任对后进生的心理状态要仔细观察分析,只有找准原因,才能选择合适的方法进行转化工作。

后进生一般都表现出各自与众不同的显著特点,这些特点也往往是造成他们落后的重要原因。班主任必须通过仔细观察、深入调查研究,找到问题的关键,针对他们各自的特点做到有的放矢、因材施教,才能收到良好效果。例如,对自卑感强的学生,要善于发现他们的优点,可以适当降低一些学习的难度,使其取得成功,获得自信;也可降低衡量评价标准,对其进行纵向比较,他从自己的起点出发,每迈出一步,便是进步,久而久之便能树立起自信心。对聪明但好动、爱捣乱、爱搞恶作剧的学生,可以让他担任一定的班级工作,发挥他的积极性;同时,班主任对其要做好"任前教育培训"工作,并提出严格的、具体的要求,让他在工作中约束自己。对于那些任性、脾气倔的学生,在犯了错误之后,不要马上处理问题,不要与其正面交锋,而要采取延时处理、冷处理的方法来解决,使他的倔劲无用武之地。总之,班主任做后进生转化工作的方法多种多样,只有对症下药,方有成效。

其四,抓住闪光点,扬长避短。

每个学生都有优点和缺点,后进生身上虽然有许多缺点,但也蕴藏着一些不引人注目的优势,也存在着闪光点。这就需要班主任老师平日多观察、多了解、多调查,努力发现他们身上的闪光点,并将这些闪光点扩大再扩大,而不要总盯着他们的缺点,一味地进行批评。当他们有进步的愿望时,要及时予以肯定,帮助他们树立信心;当他们取得进步时,要及时进行表扬,帮助他们获得自信;当他们有突出表现时,要精心培育。这样,才能极大地调动他们的潜在能力,取得最佳的教育效果。

任何后进生都是有闪光点的,关键在于是否发现、是否抓住。所谓闪光点,不能要求过高,一点进步,一件好事,一次克制不良习惯的表现,一次较好的作业……都是"星星之火",班主任及时给予肯定,有分析地加以引导,这样的闪光点就会逐步扩大,引起质的变化。这样的例子是很多的。如某校初二年级一名留级学生,经常看不良书籍,无心学习,非常散漫,但他做操认真。班主任老师就培养他为"广播操标兵",后来当选体育委员,成了公认的好干部。全区广播操验收,体育老师让他上台给全校学生带操。他成了大家的榜样。

有些后进生有突出的爱好、特长,班主任要创造条件,让他们去满足自己的爱好,去展现自己的特长,形成转化他们的突破口。有些后进生实在难以找出优点,怎么办?可以设计"技能测试站",只要学生本人提出自己在某方面的优点,即由"技能测试站"测定,得到确认后一样给予奖励。有些班主任,在班队活动中设立"飞跃奖""进步奖",评选"小十佳",成立"争气组",给后进生安排适当工作等方法都是行之有效的。总之,班主任要运用矛盾转化的规律,发扬积极因素,克服消极因素,找出后进生的闪光点,长善救失,因势利导地加以教育。

其五,捕捉教育契机,调动内在积极性。

重视新开端。学校和班级的新开端是很多的:新学期开始,新学年开始,一次大的教育活动之后,换新的班主任,班级成员调整等。任何学生在"新的开端"总有一些新的想法和打算,这些想法和打算带有积极上进的色彩,后进生也不例外。这是一种"亢奋"的心理状态,即争取进步、跃跃欲试的心态。班主任要善于观察了解后进生此时的心理,给予鼓励和促进。比如帮助他们制定计划,给他们表决心的机会,给他们安排适当的工作,与他们促膝谈心,向任课教师介绍他们的表现,都是可行的方法。

针对个性特点,选择突破口。每个后进生都有自己的个性特点,班主任把握他们的个性特点,有利于选择促使其转化的突破口。这种突破口可以从个性优点开始,也可以从个性弱点开始,因人而异。比较普遍的做法是,满足他们的成就动机,使之产生成功的喜悦;满足他们表现的心理,给他们以适当的表现机会;满足他们的自尊需求,及时给以肯定的评价;满足他们的求助心理,给以及时的关怀和帮助;满足他们的感情需要,跟他们坦诚相待,交知心朋友。对后进生的全部教育,只有引起他们的自我教育,才会产生积极的效果。因此,班主任要千方百计调动、刺激他们的积极因素发挥作用,克服消极因素,引导学生自觉地规范自己的行为,形成良好的习惯。

其六,弥补基础学力,培养学习兴趣。

认真进行学习辅导。班主任对后进生的学习辅导不能忽视,后进生的学习上不去,会影响其他方面的进步。学习辅导要从实际出发,分类进行,尽量多做个别指导,弥补基础学力。同时,班主任应积极调动后进生的积极性,帮助他们培养学习兴趣。

例说5-8

【案例】[①]

朱某某,女,珠海市七中学生。

家庭情况:多子女家庭,家长为外地代耕农,文化水平不高。

学生情况:体质较差,时常请假,学习基础薄弱,但个性安静,能主动为班级做力所能及的事情。

---

① 余娆.让每一个孩子都能成为其想成为的样子——后进生转化案例思考[J].新课程导学,2020(33):65-66.

　　转化经过：接任该班班主任后，我发现每次迟交作业名单总有她的名字，开始以为是因为她懒惰不努力，于是特意利用下课时间与她面谈，她非常不好意思回应自己迟交作业的事实，我建议她自习课补上。自习课后我再次找到她，发现她还是没完成，于是认为她对于学业懈怠。到了放学时间，发现她还是没写完，就追问其具体原因，发现她是真的不会。自此，我开始留意她上课的状态，每次都是很认真地在听。我侧面询问班上同学，同学对她的认定就是学习能力差。我与其家长电话联系了解情况，家长也反映这孩子从小就比较木讷，学习能力很有限。于是我单独给她辅导，一道基础的阅读理解题，讲解了很久她还是不会。我当时一直秉承着"没有学不会的学生，只有不愿学的学生"的理念，坚持给她辅导，最后有了点成效，但仍需更多努力。

　　其七，形成教育合力，常抓不懈。

　　后进生的转化工作，仅靠班主任的力量是远远不够的。班主任要寻找各种教育因素、教育途径来增强教育效果。一是与家长合力。教师一旦发现学生有不良行为或教育效果不明显，或感到问题棘手，要及时向家长反映，取得家长的配合与支持，及时把握学生心理、行为动态，同时与家长商讨教育对策，从而形成良好的家校教育合力。班主任与后进生家长联系，必须注意方式方法，要"多报喜，巧报忧"，对后进生的家庭教育指导要花更多的力量。二是与任课教师合力。班主任关注后进生的思想行为时，要与任课教师配合，了解后进生在其他课上或在某一方面的表现，尽量做到了解透彻，扬长避短，使他们的不良思想、行为能得到有效控制，从而形成师师合力的良好局面。三是运用班集体的力量。集体是转化后进生的大熔炉，一个好的班集体，具有"同化"的功能，它的纪律、舆论、风气、传统都是一种强大的力量，使每个成员，包括后进生，不得不约束自己，以适应班集体的良好氛围。班主任应有意识地把后进生组织到班集体的运转机制中去进行教育转化工作。除了要把他们视为班集体的一个平等的不可缺少的成员之外，还要具体地为他们安排合适的角色地位。让他们从和谐的人际关系中得到鼓舞，在集体的成绩面前受到激励，在亲自经历的活动实践中受到自我教育。还可在班集体中成立帮教小组。注意学生的交往情况、感情基础，要坚持自愿的原则，生拉硬扯不会有好的效果。

　　后进生的转化是一个复杂、艰难而漫长的过程，绝不是一朝一夕就能完成的，要持之以恒，正确对待反复。反复是后进生思想转化过程中带有规律性的现象。后进学生思想上的反复，并不是简单的重复，不是退回到原地。在出现反复以后，他们也不是心安理得的。班主任要树立信心，保持耐心，深入研究出现反复的原因，激励他们克制自己，做到少反复，不反复。

其八,讲究评价的艺术,善用批评。

后进生往往受批评最多,而批评方法不当,常常会损伤他们的自尊心和积极性。批评的目的在于引起自我批评。批评艺术的核心就在于"引起自我批评",即由"他律"变为"自律"。优秀教育工作者从实践中找到了许多批评的好方式,如满含期待的批评、开导式的批评、寓贬于褒的批评、建议性的批评、激将式的批评、示范式的批评、防疫式的批评等。同时,要杜绝那些不利的批评方式,如发泄式的批评、讽刺挖苦式的批评、揭短亮丑式的批评、漫骂式的批评等。有的班主任在评价过程中,创造了一些独特而有效的评价方式,如让学生自己给自己写信。学生犯了错误,作为"惩罚"的手段,老师就是让犯错误的同学站在第三者的角度上给自己写信。这封信既要叙述犯错误的过程,又要剖析自己犯错误的原因,还要列举错误的危害,同时要指出今后的路该怎么走……这封信不是很容易写的,有时要几易其稿,反复修改。学生反省不到位,老师也不尖锐批评,而是和风细雨地指出问题的实质,帮助学生提高认识水平。

总之,做好班级个别教育工作,班主任一定要注意研究、探索不同类型学生的特点及其教育策略,使他们成为品德高尚、素质全面、勇于创新的合格学生。

思考题

1. 学生发展指导的内涵及意义是什么?

2. 联系实际谈谈学生发展指导的要求。

3. 班主任该如何对学生进行理想指导?

4. 联系实际谈谈班主任应如何对学生进行学习指导。

5. 班主任应如何对学生进行生活指导?

6. 联系实际谈谈学生心理指导的策略。

7. 学生发展指导的方法有哪些?

第 6 章　　　　　　　　　综合素质评价

▰▰▰▰ 内容提要 ▰▰▰▰

　　综合素质评价是新时期教育评价改革的重要内容,旨在全面、客观、公正地评价学生在思想品德、学业水平、社会实践、艺术素养、劳动素养等方面的发展状况。本章首先对综合素质评价的政策发展历程及内涵进行阐释,分析综合素质评价体系构建的必要性及其在日常班级管理活动中的重要价值。其次,对综合素质评价的具体内容及评价指标进行阐述,以明确评价标准并指导学生发展。最后,介绍了综合素质评价的方法,确保评价过程及结果的客观性和公正性,为推动学生全面发展、提高班级管理质量提供有力支持。

第一节　综合素质评价概述

一、综合素质评价的提出

　　2004 年 4 月,教育部办公厅印发的《国家基础教育课程改革实验区 2004 年初中毕业考试与普通高中招生制度改革的指导意见》首次正式提出"综合素质评价"这一政策术语。从相关政策的发展历程来看,综合素质评价大致经历了酝酿期(1985—2003年)、形成与发展期(2004—2014 年)和健全与完善期(2014 年至今)三阶段。

(一)"综合素质评价"的酝酿期

　　1985 年,我国首次提出教育体制改革的目的在于提高国民素质,至 1993 年,中共中央、国务院印发的《中国教育改革和发展纲要》中明确提出教育体制改革要从"应试教育"转向"素质教育",体现了国家对教育目的和教育方式的深刻反思,强调培养学生的全面素质,并给予素质评价。

　　2001 年以来,我国政府教育部门开始颁发关于学生综合素质评价的文件。如 2001年 6 月,国务院颁布的《基础教育课程改革纲要(试行)》中提出"建立促进学生全面发展的评价体系……发挥评价的教育功能,促进学生在原有水平上的发展",将评价改革视为基础教育课程改革的有机构成,并初步确立起"发展性评价"的理念,已潜在表征了我国现行的综合素质评价政策的基本精神,为下一阶段学生综合素质评价体系的确立奠定基础。

2002年12月,教育部在《关于积极推进中小学评价与考试制度改革的通知》中提出了基础性发展目标,并具体细化为"道德品质""公民素养""学习能力""交流与合作能力""运动与健康""审美与表现"六方面,即综合素质评价要"评什么"的关键性问题。文件中明确指出:中小学评价与考试制度改革的根本目的是更好地提高学生的综合素质和教师的教学水平,为学校实施素质教育提供保障。

2003年3月,教育部在《普通高中课程方案(实验)》中要求建立发展性评价体系,改进校内评价,实行学生学业成绩与成长记录相结合的综合评价方式。学校应根据目标多元、方式多样、注重过程的评价原则,综合运用观察、交流、测验、实际操作、作品展示、自评与互评等多种方式。

在"综合素质评价"的酝酿时期,国家政策文件中(自1985年以来)开始关注学生综合素养及其评价,并强调评价方式的改革,综合素质评价逐渐被提上中小学校的教学与管理日程。国家教育部门也逐渐探索与完善评价标准、评价方法等,形成全面评价学生素养的社会氛围。

(二)"综合素质评价"的形成与发展期

2004年,教育部办公厅发布了《国家基础教育课程改革实验区2004年初中毕业考试与普通高中招生制度改革指导意见》,要求加强初中毕业生综合素质评价,综合素质评价的内容应以道德品质、公民素养、学习能力、交流与合作、运动与健康、审美与表现等六个方面的基础性发展目标为基本依据。"综合素质评价"开始作为一政策术语出现。

2007年《关于2007年高等学校自主选拔录取改革试点工作的通知》发布,其中要求考生提供相关材料时特别注明:"高中新课程实验省区应提供高中学生综合素质评价材料。"这意味着我国学生综合素质评价政策开始在高考改革中进行局部的尝试和探索。

2008年《教育部关于普通高中新课程省份深化高校招生考试改革的指导意见》要求"建立和完善对普通高中学生的综合评价制度,并逐步纳入高校招生选拔评价体系。"这是我国招生考试制度的重大变革与突破。我国的人才选拔开始由传统单一的考试测验走向综合评价、多元评价。

2010年《国家中长期教育改革和发展规划纲要(2010—2020年)》颁布,其中明确提出"普通高等学校本科招生以统一入学考试为基本方式,结合学业水平考试和综合素质评价,择优录取","全面提高普通高中学生综合素质","全面实施高中学业水平考试和综合素质评价"。

　　2014 年 9 月，国务院发布的《关于深化考试招生制度改革的实施意见》指出：建立健全高中学业水平考试和综合素质评价制度。主要包括学生思想品德、学业水平、身心健康、兴趣特长、社会实践等五方面内容，强化监督，确保公开透明，保证内容真实准确。根据实施意见，全国各省市相继出台了区域内实施学生综合素质评价的相关文件。

　　2014 年 12 月，《教育部关于加强和改进普通高中学生综合素质评价的意见》首次针对"学生综合素质评价"明确规定了评价的内涵、具体内容和评价程序，是第一个关于"综合素质评价"的实施文件。

　　在综合素质评价的形成与发展期，综合素质评价多是从理顺高考、学业水平考试和综合素质评价三个国家基本评价制度之间的关系出发，将综合素质评价定位对学生非学术能力的评价。[①] 而这种理解多是将综合素质评价限定在高考招生制度改革的范畴，没有涉及理念上的转变，且在评价过程中简单地将评价内容分立化、评价标准统一化，造成将综合素质评价流于形式或走向应试化。

（三）"综合素质评价"的健全与完善期

　　2014 年以后，国家政策文件中对"综合素质评价"理念进行了修正和完善。

　　2016 年 9 月，教育部发布的《关于进一步推进高中阶段学校考试招生制度改革指导意见》中指出："综合素质评价是对学生全面发展状况的观察、记录和分析，是培育学生良好品行、发展个性特长的重要手段。初中学校和教师要充分利用写实记录材料，对学生成长过程进行指导，促进学生发展进步。"

　　2019 年 6 月，国务院办公厅《关于新时代推进普通高中育人方式改革的指导意见》中将综合素质评价作为发展素质教育、转变育人方式的重要制度，强化对学生爱国情怀、遵纪守法、创新思维、体质达标、审美能力、劳动实践等方面的评价，旨在促进德智体美劳五育全面发展，高中阶段学校实行基于初中学业水平考试成绩、结合综合素质评价的招生录取模式。

　　2020 年 10 月，中共中央 国务院印发《深化新时代教育评价改革总体方案》中提出"坚决改变用分数给学生贴标签的做法，创新德智体美劳过程性评价办法，完善综合素质评价体系"。文件明确提出改进结果评价，强化过程评价，探索增值评价，健全综合评价，促进学生德智体美劳全面发展。综合素质评价成为新时代深化教育评价改革的重要组成部分。

　　2021 年 3 月，教育部等六部门印发的《义务教育质量评价指南》要求面向全体学生，注重综合素质评价，促进全面培养，并附指标体系，列出了 12 个关键指标 27 个考察要点，对学生五育进行综合素质评价。同年 12 月，教育部印发的《普通高中学校办学质

---

　　① 聂凤霞，杜文平.新课标背景下政府文件中对学生综合素质评价要求的演变与思考[J].教育导刊，2022(12)：28－34.

量评价指南》等将开展学生综合素质评价作为学校办学质量评价的重要内容,作为构建学校高质量育人系统的重要牵引力量和关键路径。至此,面向全体、五育融合以促进学生全面发展成为综合素质评价的关键所在。

2022年4月,《义务教育课程方案》要求改革评价观念,强化素养导向,开展综合素质评价,倡导评价促进学习的理念。

在"综合素质评价"的健全与完善期,国家教育政策中对"综合素质评价"的理念强调从德智体美劳的五育方面对学生素质进行分析和评价,且评价体系构建日趋科学而合理,旨在发现和培育学生良好个性,这种理念蕴含了"综合素质评价"的育人和甄别功能,综合素质评价不仅涵盖学生的非学术能力,也包括学生的学术能力。

> **课 程 思 政**
>
> 坚持立德树人,牢记为党育人、为国育才使命,充分发挥教育评价的指挥棒作用,引导确立科学的育人目标,确保教育正确发展方向。
>
> ——中共中央 国务院《深化新时代教育评价改革总体方案》

二、"综合素质评价"的内涵

(一)"综合素质评价"的定义

2014年,我国教育部发布了《关于加强和改进普通高中学生综合素质评价的意见》,其中将"综合素质评价"界定为"是对学生全面发展状况的观察、记录、分享,是发现和培育学生良好个性的重要手段,是深入推进素质教育的一项重要制度"[①]。随着教育政策文件对"综合素质评价"阐述中的意蕴的不同,学界随之对"综合素质评价"内涵做出了以下几种解释。

(1)基于高考招生制度及考试标准的统一化,将综合素质评价界定为是对个人认知和非认知能力的评价。李雁冰将"学生综合素质评价"界定为:对学生认知和非认知能力的评价,综合素质评价既是一种评价观,又是一种评价方式。作为一种评价观,它是素质教育评价体系的基本价值取向。作为一种评价方式,它与中考、高考等外部评价互动、结合,共同构成素质教育评价体系的基本内容。[②] 杜文平将其界定为:评价者依据一定的标准对学生认知与非认知能力进行价值判断的过程,它是对学生全员、全方位、全过程评价,其目的是促进每个学生在原有基础上的全面而有个性的发展。[③]

153

---

① 教育部关于加强和改进普通高中学生综合素质评价的意见[EB/OL].(2014-12-16).http://www.moe.gov.cn/srcsite/A06/s3732/201808/t20180807_344612.html
② 李雁冰.论综合素质评价的本质[J].教育发展研究,2011(24):58-64.
③ 杜文平.普通高中学生综合素质评价走向何处[J].中小学校长,2016(5):49-52.

（2）基于促进学生德智体美劳全面发展，将"综合素质评价"界定为对学生各类素质开展全面评价的活动。如综合素质是指个人在特定的时期，所应具备的知识水平、道德素养、社会修为能力，以及在社会生活、工作、学习中所表现出来的应变能力和所体现的价值观念等。个人综合素质的全面提升是社会发展的一般要求与趋势。综合素质不是各类素质的"组合""组装"，不是各类素质之和，而是不同素质间的内在联系，使之融合起来、变成个性整体。① 以及将其诠释为"对学生在思想品德、学业水平、身心健康、艺术素养、社会实践等方面素质发展状况的观察、记录、分析，以发现和培育学生良好个性，促进学生全面发展的评价活动，其核心理念是充分肯定综合素质评价促进学生全面而又个性发展的独特育人价值"。②

（3）依据评价目的，综合素质评价一般可分为两种。一种是指高一级学校在招生时，以中小学校提供的综合素质档案或高一级学校自行组织的综合素质测评为主要参考，结合高一级学校自身办学特色与人才培养目标，在特定时间内对学生综合素质进行测评、分析、甄别，以选拔出优秀生源的评价活动。这种综合素质评价是一种总结性评价，强调的是一种选才之术。另一种是中小学日常开展的综合素质评价，是指中小学以各类课内外活动开展为基础，以学生成长记录为主要载体，通过描述和记录学生在校期间的学习行为和结果、日常表现以及参与社会公益活动、综合实践活动情况等，从德智体美劳等方面对学生素质进行分析和评价，以发现和培育学生良好个性、促进学生全面发展的过程。这种综合素质评价是一种形成性评价，强调的是育人之道。两者在目的层面有主次之分，在发生时间上有先后之分，在作用力上有内外之分。

在班级管理过程中，中小学校班主任及教师开展的综合素质评价主要是指日常开展的综合素质评价。在评价信息来源上，强调以学生参与的各类课内外活动为基础；在评价信息收集上，强调以学生个体的过程性写实记录为主要载体；在评价主体地位上，强调学生自己作为主要评价主体的作用；在评价功能定位上，强调评价的育人作用，所有评价活动的开展最终都指向促进学生全面而个性化的发展之"道"。

课 程 思 政

要在坚定理想信念、厚植爱国主义情怀、加强品德修养、增长知识见识、培养奋斗精神、增强综合素质上下功夫，要树立健康第一的教育理念、要全面加强和改进学校美育、要在学生中弘扬劳动精神。

——习近平总书记于 2018 年在全国教育大会上讲话

---

① 刘志军.关于综合素质评价若干问题的思考[J]. 课程・教材・教法,2016(1):40 - 43.
② 张红霞,刘志军.关于综合素质评价若干问题的再思考[J].教育发展研究,2022(8):2.

(二)"综合素质评价"的构成要素

依据政策文本对综合素质评价内容的解释,在中小学日常开展的综合素质评价中,主要包括品德发展评价、学业发展评价、社会实践评价、艺术素养评价、身心健康评价和劳动素养评价六大部分。

(1)在品德发展评价中,主要考察学生在爱党爱国、理想信念、诚实守信、仁爱友善、遵纪守法等方面的表现。重点是学生参与党团活动、有关社团活动、公益劳动、志愿服务等的次数、持续时间,如为孤寡老人、留守儿童、残疾人等弱势群体提供无偿帮助,到福利院、医院、社会救助机构等公共场所、社会组织做无偿服务,为赛会保障、环境保护等活动做志愿者。

(2)在学业发展评价中,主要考察学生在各门课程基础知识、基本技能的掌握情况以及运用知识解决问题的能力等。重点是学业水平考试成绩、选修课程和学习成绩、研究性学习与创新成果等,特别是具有优势的学科学习情况。

(3)在社会实践评价中,主要考察学生在社会生活中动手操作、体验经历等情况。重点是学生参加实践活动的次数、持续时间、形成的作品、调查报告等,如与技术课程等有关的实习、生产劳动、勤工俭学、军训、参观学习与社会调查等。

(4)在艺术素养评价中,主要考察学生对艺术的审美感受、理解、鉴赏和表现的能力。重点是在音乐、美术、舞蹈、戏曲、戏剧、影视、书法等方面表现出来的兴趣特长,参加艺术活动成果等。

(5)在身心健康评价中,主要考察学生的健康生活方式、体育锻炼习惯、身体机能和心理素质等。重点是《国家学生体质健康标准》测试主要结果,学生在体育运动中展现出的特长项目,参加体育运动的效果,应对困难和挫折的表现。

(6)在劳动素养评价中,主要考察学生在劳动观念、劳动技能、劳动习惯以及劳动精神等方面的表现。在劳动观念评价中,具体考察学生对劳动的认识和态度,包括对劳动的价值和意义的理解,对劳动者及劳动成果尊重的态度等;在劳动技能评价中,具体考察学生在各种劳动实践中所展现的技能水平,如手工制作、家务劳动、农业操作、工业技能等,以及技能的熟练程度和操作规范性等;在劳动习惯评价中,具体考察学生参与劳动的积极性和主动性,以及在日常生活中坚持劳动、爱护劳动工具和环境的习惯等;在劳动精神评价中,具体考察学生在劳动过程中表现出的勤奋精神、创新意识、团队协作能力以及解决问题的能力等。

(三)"综合素质评价"的特征

1. 坚持育人为本的评价理念

从综合素质评价的形成和发展来看,依据评价目的的不同,综合素质评价具有育人和选拔两种类型。在中小学日常开展的综合素质评价中,首先是基于学生在各类课内外活动中的表现对学生的综合素质进行的分析与评估,而后是高一级学校招生中的综合素质评价。二者在目的层面有主次之分,在发生时间上有先后之分。

通过日常的综合素质评价,一是促进学生全面发展,二是促进学生个性化发展,使其获得充分发展和长足进步,始终坚持从评价育人的根本目的出发,科学认识评价选拔的功能。因此,这种教育情境下的综合素质评价,育人是目的,评价是手段,通过评价促进学生发展始终是综合素质评价的本体功能、首要功能。

2. 聚焦于生命人的评价对象

基于育人立场的综合素质评价是一种聚焦于具体学生的评价,它能够针对学生的个性特质、潜能优势、发展表现进行个性化评价,而并非实施统一标准的针对学生群体的评价,其背后深刻揭示了关注学生从"抽象人"到"具体人"的转变。在综合素质评价情境中,学生不是纯粹抽象理性构建的人的形象,而是具有特定需求,有情感、有理性、有行为能力的生命有机体,是一个鲜活生命的个体性存在、生成性存在和关系性存在。面对这样充满复杂性、多样性、潜能性的评价对象,简单使用绝对化、单一性的测量标准(如分数)是不适宜的。只有为学生量身定制标准,千人千面,才能真正度量生命个体成长的本真面目,进而在群体差异中使个体生命得以拓展和延伸,促进每个学生在适宜的时机、适宜的领域获得适宜的发展与进步,最终促成综合素质评价终极育人目的的达成。

因此,综合素质评价内容及标准的制定并非简单地将指标体系进行技术化的处理,而更多地体现在聚焦于"具体人"——学生的评价标准,是一种因事因时因人的创新性实践过程。一方面,作为一种特殊的认识实践活动,综合素质评价在顶层设计层面的统一化、确定性的评价标准,可以通过评价学生的行为表现而做出一定的价值判断,从而对学生的成长发展进行方向性规划和规范性引导;另一方面,综合素质评价又是一种特殊的交往实践活动,各类评价相关者之间不断涌现着因事因时因人而产生的交往价值,充满了不确定性和变动性,需要对学生的需求、兴趣、问题及其过程中的发展变化给予关注和回应,并在与学生的对话、交流、协商的过程中,使多方人员达成对评价标准的理解和共识,形成一种量身定制式的评价尺度,最终使综合素质评价内容实现共性与个性相融、预设与生成互补的创新与突破。

3. 以反思作为内核的评价实践

在综合素质评价中,当作为生命人的学生受到高度关切时,也将意味着学生个体被赋予了不可替代的评价主体角色和职责。与教师、同伴、家长等来自外部的他人评价不同,当学生成为自身成长发展的评价主体后,他们参与综合素质评价的过程实质上就是一个不断对自我进行总结与反思,更好地认识和评判自我,最终实现自我教育和自我发展的过程。其中,反思则是自我评价的内核和关键,反思在综合素质评价实施过程中十分关键。

第一,学生在活动中的记录感悟,是学生参与活动后撰写的即时性体验及感受,实际上是一种日常自我反思。第二,学生在展示交流环节的展示汇报,是学生对自己在某一阶段参与的代表性活动和个人典型表现的回顾与总结,是一种阶段性自我反思。第三,学生在期末总结环节撰写的自我描述,是对自己一学期的行为表现和成长过程的勾勒和深描,可以看作一种结果性自我反思。第四,在形成档案环节,学生的自我陈述更是一种典型的终结性自我反思。可见,正是以反思作为内核的评价实践,一方面使学生作为评价主体的地位得到充分体现,避免了学生主体被边缘化的状态;另一方面,学生成长发展过程也得到关注,避免了综合素质评价流于形式的倾向。如此,才能帮助并指导学生最大限度地获得有助于自我成长发展的信息,实现评价的最大育人效度。

4. 基于融合的常态化评价路径

综合素质评价是一项常态化的教育实践活动,它与日常教育教学活动密切联系,尤其强调其过程性、动态性特征。或者说,如果脱离了学校的日常教育教学活动,综合素质评价将难以开展,甚至毫无意义。因此,对于中小学校来说,综合素质评价的实施路径是至关重要的。一般来说,学校最主要的日常教育教学活动包括课程建设、学科教学、综合实践活动、课外活动等,综合素质评价的开展既不能凌驾于也不能外在于这些主要的活动领域,而是要以融合的姿态与这些活动紧密联系、高度黏合。

"融合"的路径主要有四种。第一种是结合式路径,即将综合素质评价引入某项活动领域,使综合素质评价成为某项活动的组成部分之一,如在学科教学中增加对学生学习过程与表现的评价。第二种是整合式路径,即利用综合素质评价在各项活动领域中的广泛投射性特点,对学校层面的学生评价工作进行系统设计与整体统筹,如综合素质评价校本实施方案的设计。第三种是优化式路径,即通过对学校已有相关工作的查漏补缺或者优势挖掘,借助综合素质评价改进或优化学校工作,如在学校原有丰富多彩的课外活动中增添学生填写活动记录的要求。第四种是提升式路径,即以综合素质评价的开展为契机,对办学理念、育人目标、课程教学、课外活动、学生评价等学校整体育人系统进行更新升级,使其获得提升式发展。学校可以基于自身实际情况和需求,在常态化实施综合素质评价过程中采用各种融合路径,以彰显丰富的实践智慧和旺盛的改革活力。

第二节 综合素质评价的内容

一、品德发展评价

(一)品德发展评价的指标

在班级管理中,品德发展评价是指对学生在道德、情感、行为等方面的表现和进步进行的评价。这包括爱党爱国、理想信念、诚实守信、仁爱友善、遵纪守法等方面,具体表现如学生遵守校规校纪、展现出的社会公德、自我管理能力及良好行为习惯等方面。品德发展评价旨在全面了解学生的道德发展水平,以便更好地引导和促进其健康成长。

品德发展评价涉及理想信念、社会责任和行为习惯三个关键评价指标。理想信念方面的评价要点有三部分:第一,对党史国情了解情况的考察,要求学生珍视国家荣誉,铸牢中华民族共同体意识,爱党爱国爱人民,立志听党话、跟党走,从小树立为实现中华民族伟大复兴的中国梦而努力奋斗的志向;第二,会唱国歌,积极参加升国旗仪式,积极参加国家的重要节日、纪念日主题教育活动,积极参加少先队、共青团活动;第三,热爱并努力学习中华优秀传统文化、革命文化和社会主义先进文化,传承红色基因,坚定"四个自信",积极向英雄模范和先进典型人物学习。

社会责任方面的评价要点有两部分:第一,养成规则意识,遵守校规校纪,遵守法律法规、社会公德和公共秩序;第二,爱护公共财物,保护公共环境,热爱大自然,节粮节水节电,低碳环保生活,积极参加集体活动,主动为班级学校、同学及他人服务。

行为习惯方面的评价要点有三部分:第一,注重仪表、举止文明,诚实守信,知错就改,朴素节俭、不互相攀比;第二,孝敬父母,尊重师长、同学和他人,礼貌待人,与人和谐相处;第三,自己的事情自己做,他人的事情帮着做。

(二)品德评价的注意事项

1.避免品德评价的定量化

品德评价不应设定唯一正确的标准,进而对学生的言行施加无处不在的控制,导致学生在学校几乎说着同样的话语,刻意做出符合学校要求的规范动作,学校生活的丰富性、学生个性的差异性受到压制。

2.避免品德评价的功利化

在市场经济的社会环境下,学校教育更多地表现出功利主义和实用主义色彩,在应试教育背景下,品德评价不仅涉及对一个人品性的价值判断,具有价值引导的功能,更与学生的切身利益,即同升学考试成绩联系在一起。品德评价不仅体现在中高考,还渗透在学生的日常生活中,进而主宰并塑造着学生精神生活的意义和价值。

3.避免品德评价的惩戒化

把品德发展具体化为分数的简单机械做法,把学生完全变成评价的客体,不仅不能调动学生自我发展的积极性,反而挫伤学生的上进心和发展的主动性,难以发挥品德评价应有的教育激励作用。[1]

---

① 齐学红.中小学品德评价存在的误区及其改革对策[J].课程·教材·教法,2012(3):86-90.

二、学业发展评价

(一)学业发展评价概述

在班级管理中,学生学业发展评价是对学生的学科知识包括学科概念、学科理论、学科文化、学科能力、学科方法、学科思想、学科本质、学科学习技巧和学科伦理以及跨学科在内的评价。

学业发展水平,主要考查学生对各学科课程标准所要求内容的掌握情况,可以通过知识技能、学科思想方法、实践能力、创新意识等关键性指标进行评价,促进学生打好终身学习和发展的基础。[①]

无论是教育部的文件还是各省市学业发展评价体系的建构,都离不开两个方面的内容:一方面是"学科"知识与技能、"学科"思想方法;另一方面是综合素养,如实践能力、创新意识和学习品质。但可以明确的是,学业发展水平与学科直接相关。

2020年中共中央、国务院印发的《深化新时代教育评价改革总体方案》中明确提道:"树立科学成才观念。坚持以德为先、能力为重、全面发展,坚持面向人人、因材施教、知行合一,坚决改变用分数给学生贴标签的做法,创新德智体美劳过程性评价办法,完善综合素质评价体系,切实引导学生坚定理想信念、厚植爱国主义情怀、加强品德修养、增长知识见识、培养奋斗精神、增强综合素质。"

(二)学业发展评价指标

2013年教育部颁发的《中小学教育质量综合评价指标框架(试行)》中将"学生学业发展水平"作为评价学校教育质量的主要内容,指出学业发展水平的主要依据为义务教育课程方案和各学科课程标准、普通高中课程方案和各学科课程标准以及其他相关规范性文件等,具体可以从知识技能、学科思想方法、实践能力以及创新意识四个方面进行。

2021年教育部颁发的《义务教育质量评价指标》,指出学业发展评价具体可以从学习习惯、创新精神、学业水平三方面进行。

学习习惯包括保持积极学习态度,具有学习自信心和自主学习意识;善于合作学习,努力完成学习任务;掌握有效学习方法,主动预习,认真听讲,积极思考,踊跃提问,及时复习,认真完成作业等指标。

创新精神包括积极参加学校兴趣小组社团活动,有小制作、小发明、小创造等科学兴趣特长;有好奇心、想象力和求知欲,有信息收集整合、综合分析运用能力,有自主探究、独立思考、发现问题、解决问题的意识与能力等指标。

① 朱旭东,刘丽莎,李秀云.儿童全面发展和综合素质、核心素养、学业发展之辨——兼论儿童全面发展和学生学业发展的双重评价[J].国家教育行政学院学报,2022(2):23-38.

学业水平包括理解学科基本思想和思维方法,掌握学科基本知识、基本技能,达到国家规定的义务教育课程学业质量标准要求;校内、校外学业负担感受状况;养成阅读习惯,具备一定阅读量和阅读理解能力;主动参与实验设计,能够完成实验操作等指标。

三、社会实践评价

(一) 社会实践评价概述

在我国,"社会实践"最早可以追溯到 1958 年 9 月 19 日,中共中央、国务院发出的《关于教育工作的指示》,文件中提出"教育与生产劳动相结合"。其中,"劳"实质上指的就是实践,这是社会实践产生的萌芽。而"社会实践"一词被单独使用是在党的十六大提出的教育方针中,"教育要与生产劳动和社会实践相结合"[①]。由此可知,我国更加注重学生与社会实践活动相结合的全面发展教育。而"社会实践评价"这一概念首次出现在 2014 年《教育部关于加强和改进普通高中学生综合素质评价的意见》中。《意见》中明确写道:"社会实践主要考查学生在社会生活中的动手操作、体验经历等情况。重点是学生参加实践活动的次数、持续时间,形成的作品、调查报告等。"社会实践包括在特定的社会情境中表现出的行为,以及为具体实践任务选择目标的达成情况,在实践中不仅仅是要发现当前存在的问题,还需要分析和解决问题。

在班级管理中,社会实践评价是对学生参与社会实践活动的情况及其在活动中表现出的态度、能力、成果等方面进行的评估。这种评价旨在考查学生将所学知识应用于实际情境中的能力,以及他们在解决实际问题中的创新精神、团队合作和实践操作技能。对社会实践的评价不仅是提升学生思想和能力的关键环节,同时也是评估学生综合素质水平的内容之一。

(二) 社会实践评价的指标

社会实践是一种以亲身参与、亲身体验为主要方式的活动,其价值和意义主要体现为学生在亲身体验过程中形成的直接经验。这一体验过程,是一个不断发展的动态过程,也是一个不断修正自我的过程。对中小学生社会实践评价的指标主要包括实践态度和实践能力。

实践态度是学生作为实践者在社会实践过程中的真实情绪情感体验及行为表现。包括参与的认真度、积极性、责任感、坚持性、反思性、合作性等。如学生在参与社会实践中与其他成员的努力合作、积极主动性等。

实践能力是学生在参与社会实践活动中所展现出的综合能力,包括动手操作能力、问题解决能力、沟通交流能力、创新创造能力等。动手操作能力强调学生在实践活动中

---

① 林敏俊.中小学生实践活动与实践能力关系的研究[J].中国校外教育,2019(32):3+2.

能够进行动手操作,完成各项任务。问题解决能力强调学生在实践活动中遇到问题时,能够进行分析、提出解决方案并实施。沟通交流能力强调学生在团队中有效地与他人沟通交流,共同完成任务。创新创造能力强调学生在实践活动中能够独立思考,产生新颖、有价值的想法、方法或产品的思维与创造力。

(三) 社会实践评价的注意事项

在对学生的社会实践评价中,应注重以下四方面:

1. 社会实践评价要注重素养化

核心素养是学生应具有的、融入终生发展趋势和社会经济发展必不可少的品格和关键能力。因此,对于社会实践活动评价要以"素养化"为基本依据,应当将核心素养作为评价内容、评价标准、评价体系的基本依据,以立德树人为评价宗旨,在实践活动的设计上,我们要将核心素养培养和具体的教育目标相结合,并采取与之相应的评价方法和评价模式,为学生树立正确的情感态度价值观明确方向。

2. 社会实践评价要注重过程性

社会实践具有开放性的特征,学习方式具有实践性的特征,主要分为体验式学习和探究式学习。社会实践活动结果分为"有形结果"和"无形结果","有形结果"表现为研究论文、研究报告及具体产品等,而"无形结果"主要表现为学生综合素质的发展,特别是学生的问题意识、探究兴趣、主动性、社会责任感以及实践能力等。我们在评价中要立足于对过程的关注,追求"无形结果",通过实践活动的具体实施,让学生的实践能力、情感态度方面获得好的发展,继而提升学生制订活动方案、收集处理信息、撰写调查报告等方面的实践能力,提升学生的问题意识等。

同时,社会实践活动的学习效果具有生成性的特征,既有显性特征也有隐性特征。因此,在对于社会实践评价中,我们不能只重视结果评价,还要更多地关注过程性评价,要考虑几个"度"。一是参与度,要将学生是否参与、参与的次数、参与的广度作为评价的基本要素。二是体验度,体验度是对参与度的深化,评价的基本要素是学生对社会实践的理解、感受、感悟、总结、反思等。三是探究度,侧重考查学生在社会实践的解决问题的探究中形成的研究性成果,主要包括活动实践方案、合作计划、调查报告、呈现作品制作等。四是完成度,社会实践的课程目标有着明显的育人指向,培养具有较强的社会责任感、创新精神和实践能力的全面发展的人,把握完成度,就是对学生的核心素养进行综合考查,对学生成长为一个"真正的人"进行全面的观照,要求评价者能够"识人"。

3. 社会实践活动评价要注重多元化

社会实践教育课程的实施主体具有多元化特征,不仅学校和教师、学生及家长、社会有关机构(实践教育基地)都可以作为课程的实施主体,而且还需要学校、家庭、社会各方面的相互协调与紧密配合。因此,对学生的社会实践教育评价,需要采取开放性评价方式。首先,评价主体要多元化。按照"谁实施、谁评价"的原则,由实施者参与和执行评价任务。但是,学校(教师)和承担实践教育课程实施任务的机构(实践教育基地)应是评价的主渠道。学生作为评价主体,要进行自我评价,包括反思性评价、总结性评价等,除此之外,还应包括家长评价、社会评价等。其次,评价方法要多元化。由于社会实践教育的课程内容具有开放性、多样性等特征,所以学校以及学生个人对实践教育活动的选择差异就比较大。因此,对学生的评价,不应基于一种标准,应充分尊重差异,因人而异,因事而异。如制作"成长记录册""成长档案袋"等,采用学分、活动积分卡等方式进行认定,以每学期(学年)参与的学时数量及活动类型等为指标,坚持以促进学生全面发展为根本目标的原则进行评价。

4.社会实践评价要注重发展性

社会实践是一种重在参与和经历、重在感悟与体验的教育活动,而且效果的显现具有一定的滞后性,因此评价时不宜简单地用"对与错""优与劣"进行区分,而应坚持以促进学生全面发展为根本目的,着眼于激发学生参与社会实践教育的能动性,发挥评价的激励与改进功能,多一些肯定和称赞,避免学生对社会实践产生畏惧或抵触,以更好地引导学生健康成长。

四、艺术素养评价

(一)艺术素养评价概述

艺术素养评价是指对学生在艺术领域的知识、技能、情感以及审美等方面的全面评估,旨在了解和反映学生对艺术的感知能力、创造能力、欣赏能力以及批评能力的培养情况。艺术素养不仅包括对传统艺术形式的理解和实践,如绘画、音乐、舞蹈和戏剧,也包括对现代及新兴艺术形式的接纳与使用,比如数字艺术和多媒体艺术。

艺术素养是人类对艺术形式的欣赏、创造、评价能力的综合体现,渗透着个体对美的发现、理解和建构。培养学生的艺术素养既是培育创造力的重要载体,也是美育的价值归宿和内在意蕴。同时艺术素养可以综合反映学生的知识储备、审美观念、价值体系等,关乎学生一生的发展。实施艺术素养评价方案,将学生各方面的水平进行综合客观的评价,使学生可以清楚地意识到自身的不足,有利于其更有针对性地进行自我完善,促使其潜力的激发,可为我国培养更多全方位的复合型人才。

(二)艺术素养评价的指标

学校将教育部已颁布的《义务教育艺术课程标准(2022年版)》从"审美感知""艺术表现""创意实践""文化理解"等维度进行评价,并根据不同的观察点及考查点,形成学科过程性指标、阶段性学业质量评价命题双向细目表、艺术活动评价体系三大类别,分别对应过程性评价(占40%)、阶段性学业质量评价(占60%)以及艺术活动评价(加分项,占20%)。

艺术素养评价具体指标包括艺术知识、艺术技能、艺术情感、审美能力、创造力以及文化理解与交流。

艺术知识,涉及艺术史、艺术理论、艺术批评等知识的掌握,例如不同艺术流派的特点、艺术作品的背景知识和艺术术语的理解等。

艺术技能,是具体的艺术创作技巧,如绘画、雕塑、音乐演奏、歌唱、舞蹈、戏剧表演、摄影、电影制作等实际操作能力。

艺术情感,是指学生在接触和创作艺术作品时所表现出的情感投入和表达能力,以及对艺术作品情感内涵的感受和理解。

审美能力,是指判断一件艺术作品的价值、美感和表达力的能力,以及在日常生活中对美的追求和体现。

创造力,是指学生在艺术创作中的原创性、创新思维和解决问题的能力。

文化理解与交流,是指通过艺术来理解和尊重不同的文化背景,以及用艺术来进行跨文化沟通和交流。

可见,艺术素养的表现是多方面的,可以通过多种途径进行观察和评价。其一,作品展示,通过对学生的艺术作品展示,如画作、雕塑、音乐会、舞蹈演出等,以直观地评价学生的艺术技能和创造力。其二,艺术课堂表现,评价学生在艺术课上的参与度、热情度和互动情况等。其三,艺术项目活动,评价学生参与学校或社区的艺术项目和活动情况,如艺术节、画廊展览、戏剧制作等,以展现学生的艺术实践能力和团队合作精神等。其四,日常表达,评价学生在日常环境中的审美选择和创造性表达,如个人着装、宿舍布置、图形设计等。

五、身心健康评价

身心健康是学生综合素质构成的基础要素,没有身心健康,其他素质就无从谈起。因此,做好学生身心健康评价,促进学生具备强健的体魄和良好的心态是综合素质评价的基础内容。

身心健康评价包括身体健康评价和心理健康评价两个方面。

首先,身体健康评价一般是指对学生体质水平的评价,包括身体形态、身体机能和身体素质等三个方面。身体形态是个体的外在生理特征,包括身高、体重等要素。身体机能是指人体各个重要器官和系统所发挥的作用和状态,例如呼吸机能、视力机能、骨骼肌机能。身体素质是个体在运动过程中,身体呈现出的基本能力,例如力量、耐力、速度等素质。

其次,心理健康评价主要指对学生心理卫生状态的评价。根据世界卫生组织的定义,心理健康是一种健康、快乐的情绪和情感体验状态。具体来说,心理健康体现在学生在各方面的心理活动过程处于一个正常和良好的状态,心理健康状态的评估包括情绪情感、意志、态度、认知、行为等方面。保持积极向上的心理状态,有利于学生的学业进步和综合素质的提高。

六、劳动素养评价

劳动素养是对学生的劳动观念、劳动知识与技能、劳动习惯与品质的综合概括。劳动能力是个体赖以生存的基本能力,培养学生积极的劳动态度和习惯有利于改变鄙薄劳动、厌恶劳动的不良风气,形成正确的劳动价值观。劳动素养评价主要包括以下三个方面的内容。

一是劳动观念评价。劳动观念是指在劳动实践中逐渐形成的,对劳动、劳动者、劳动成果等方面的认知和总体看法,以及在此基础上形成的劳动态度、情感和价值观。劳动观念的评价内容比如:是否在劳动过程中懂得了感恩,明白了"谁知盘中餐,粒粒皆辛苦"的道理;是否体验到了劳动的成就感,从而更加热爱劳动和劳动者。

二是劳动知识与技能评价。除了基本的劳动知识与技能,学生还应了解和学习有关劳动的新知识、新技术、新工艺、新方法,能分析问题和解决问题,具备现代劳动所应有的质量意识、环境保护意识、劳动伦理意识和劳动安全意识等。劳动知识与技能评价内容比如:学生具备基本的劳动知识和技能,能正确使用常用的劳动工具;能在劳动实践中增强体力,提高智力和创造力,具备完成一定劳动任务所需的设计能力、操作能力及团队合作能力。

三是劳动习惯和品质评价。劳动习惯和品质是指通过经常性劳动实践形成的稳定行为倾向和品格特征。劳动习惯和品质评价内容比如:学生具有安全劳动、规范劳动、有始有终等习惯;养成自觉自愿、认真负责、诚实守信、吃苦耐劳、团结合作、珍惜劳动成果等品质。

第三节　综合素质评价的方法

一、学生品德发展评价的方法与策略

(一)实事求是,客观公正

《中学德育大纲》指出:"要坚持实事求是的原则。要根据评定内容的基本要求,从实际出发,用全面发展的观点看待学生,实事求是地分析学生的优点,防止片面性。"

所谓用全面发展的观点看待学生,就是在考核评定学生的操行时,既要看学生的思想道德认识,又要看学生的思想道德表现;既要看学生在校内的表现,又要看其在家庭

和校外的表现；既要看学生各自原有的基础，又要考查学生近期的发展变化。只有如此，才能发挥品德评价的导向激励功能，激发学生的上进心，促使学生不断进步。

实事求是，客观公正，就是要准确无误地总结成绩，肯定进步，恰如其分地指出缺点，并诚恳地提出希望和要求。切忌感情用事，凭主观好恶妄下断语，对喜欢的学生倍加赞扬，言过其实；对不喜欢的学生痛加指责，一无是处。这样的评语，容易助长好学生的骄傲情绪，挫伤差生的积极性，甚至对班主任产生报复心理和报复行为。家长看到自己的子女一无是处，也会产生失望和埋怨情绪，不利于家长做好子女的教育工作。有位家长看了儿子的评语，便叫孩子退学。学校领导去了解情况，家长便说："既然我的孩子坏得一塌糊涂，还上学干什么，不如退学。"再深入一问，家长就火了，不满地说："孩子表现不好，为什么不见老师平时来说，学期结束了，才知道一塌糊涂，送孩子上学，就希望学校教育好孩子。"可见，操行评语写得客观公正，可以引导产生前进的动力，反之，评语也会产生消极作用。

实事求是，客观公正，首先要求班主任全面了解学生的情况，平时要勤于观察，勤于记载，详细掌握第一手资料。只有这样，才能真实准确地对学生的思想品德进行实事求是的评价。其次，班主任要排除私心杂念，防止文过饰非，弄虚作假。

（二）因人而异，突出个性

品德评价应针对每一个学生的个性特点，给予恰如其分的评价，操行评语切忌过于笼统，形成"众人一面、简单划一"的现象。只有共性不见个性的评语势必削弱品德评价的作用。有位教育行政部门的领导看了一些中学生的操行评语之后感慨地说："读着读着，我失望了——摆在我面前的十几份评语虽然出自好几位教师之手，却好像是一个人写的，连句式和措辞也几乎是一个模式。如，该生能积极参加各项集体活动，能尊敬老师，遵守纪律，学习刻苦，团结同学，热爱劳动……我又将初一、高三学生的评语放在一起比较，结果也是令人惊讶地相似。"

学生的个性特征和行为表现是有极大差别的，评语也应该写得各有特色。比如对中等生不能仅仅用"一般"来概括，而应抓住他们不"一般"的优点。有的学生虽然考试成绩不突出，但思维敏捷，解答问题常有独到见解；有的学生不善言辞，但可能会默默无闻地为集体做好事。如能把这些"与众不同"之处写进评语，就能对他们产生激励作用。对待后进生更要慎重，要善于发现其"闪光点"，给予肯定，唤起他们的自尊心、上进心。

（三）鼓励为主，促其上进

品德评价的过程，既是对学生考核评价的过程，也是师生之间心灵对话、情感交流的过程，更是对学生引导教育的过程。因此，写给学生的操行评语应以正面鼓励为主。对一贯表现良好的学生，应该提出更高的希望和要求，使之树立更高的目标，追求更大的进步。对于后进生，不能只看到他们的缺点和不足，而应尽量寻找其优点，寄予满腔希望,相信他们能够克服缺点,迎头赶上。否则,评语讽刺挖苦,全是指责,就会使他们失去信心,也容易挫伤家长教育子女的信心,不利于家庭教育与学校教育的配合。

二、学生学业评价的方法与策略

学生的学业发展是一定阶段知识学习水平的集中体现。学业评价是中小学生综合素质评价的中心内容,是依据一定的考评标准,通过测验、考试等手段对学生的课程学习效果进行的客观判断的过程。

(一) 弱化功利性评价

一直以来,在学业评价中都存在过于强调功利性评价的不良倾向。"功利性"是指过于关注学业考评的结果性,以终结性考核作为评判学生发展水平的最终依据,导致唯成绩论和唯分数论,忽视学生个体身心的全面发展。而以人为本的学业评价更加关注学生的知识、能力、道德和身心健康的和谐发展,主张减轻学生负担,调动学生主动学习的积极性。之所以学生普遍存在对学业考试的抵触情绪,是与考试评价的片面性分不开的。教师应转变评价理念,增加过程性考核,把日常评价贯穿课程学习的整个过程,而不是把单一的期末测验作为衡量学生学业发展的主要依据。应当将过程性评价与终结性评价相结合,在课程学习前,向学生明确课程考核的标准和方式,以充分调动学生日常学习的积极性。

(二) 增加多元化评价方式

以卷面考试为主的期中、期末测验是目前中小学学业评价的主流方式。标准化测验固然有利于提高评价的客观性和效率性,但是由于评价方式的机械化和评价标准的单一性,不足以反映学生发展的全貌。因此,除了考试测验等形式,针对不同学科的内容特点,还可以增加作品、表演、行动、展示和操作等多元化、开放式的评价方式。例如,可以采用口试的方法来考查学生对知识内容的掌握水平和即时反应能力。大学毕业论文的答辩环节是一种典型的口试考核形式。在中小学,可以将口试与课程教学结合起来。比如数学老师可以让学生口头讲述解题的思路和方法,语文老师请学生口头概括和表述阅读内容的中心主旨。再比如在实验学习环节中强化操作技能评价,要对实验的一般技能考核点进行细致分解,全面反映和考核学生的观察能力、动手能力和思考能力,以促进教育教学质量的提高。

(三) 提升学业评价的发展性功能

判断学生知识掌握的效果和水平只是学业评价的目的之一,更重要的目的是以此来指导和调整学生的学习策略。所以,学业评价要发挥发展性功能,而不是唯结果导向。在这里,教师对待考试测验的态度会对学生产生直接影响。许多研究已经表明,如果教师给学生呈现的印象是过分关注考试结果本身,那么学生也会出现唯分数论的倾向,而不是通过考试结果来指导自己更好地学习。所以说,教师要向学生明确,考试测验是对一定阶段学习效果的反馈,目的是发现问题,找到进一步改进学习的方法。

三、学生社会实践评价的方法与策略

参加社会实践活动是中小学生深入认识社会、提升实践能力的基本途径。由于社会实践活动脱离学校场域,活动场地、活动内容和涉及的人员主体较为多元,对其进行评价具有一定的复杂性。对此,教师要采取多种方法综合考量,对学生社会实践活动进行全面和客观的评价。

(一)过程评价与结果评价相结合

社会实践活动包括从设计、启动、实施到总结的整个过程,各个环节可以锻炼学生的策划、组织、反思等不同能力,因此,要保证实践活动评价的真实性和有效性,就要把过程评价和结果评价相结合。首先,过程评价主要考核实践活动的方案设计、宣传策划、活动组织、报告撰写等环节。活动主题的构想能够反映学生的知识储备和社会价值观,例如生态保护、弘扬传统文化、博物馆探秘、社区消防安全调查、工厂考察等主题均有利于中小学生探索世界,增强社会责任感。教师既要尊重学生的意愿和兴趣爱好,也要对活动的社会意义和目的做出评估,以给予针对性指导。在活动实施的过程中,要考察学生分工合作的流畅性、组织衔接的有序性,通过在实践现场的观察判断,对学生做出表现性评价。其次,结果评价是在实践活动结束后,依据学生提交的作业材料,对学生是否实现了活动的预期目的进行总结评价。作业材料可以包括社会实践调研报告、实践活动心得体会等形式。把过程评价和结果评价相结合,即把过程观察和结果分析共同运用到评价方法中,能够对活动实施的各个环节和实施效果进行全面的衡量。

(二)自我评价与学校评价相结合

自我评价能够有效反映个体对自我发展的意向和对提升自身所做出的努力,是评估学生意识、思想和行为的一个重要方法。在社会实践活动中,自我评价不是对活动过程流水账式的记录,而是要总结和提炼活动中所形成的个人感悟、体会和启发,把在活动中获得的零散的感性认识上升为系统性的理性认识。因此,教师应对活动作业提出明确要求,引导学生思考和分析参与实践活动对个人成长所产生的具体作用,应表达真切的感受和体悟,否则自我评价就容易流于形式。由于中小学生的年龄和经验因素,中小学社会实践活动多是由学校组织,因此学校通常是活动评价的主要主体。教师要设计科学的活动测评工具,对实践活动中学生的外在表现进行准备把握。但是,毕竟只有学生本人最了解自身经历活动后所产生的内在变化,所以,自我评价和学校评价要共同运用于活动评价体系中,以达到促进学生发展的目的。

四、学生艺术素养评价的方法与策略

艺术素养评价具有较强的专业性，需要中小学建立高素质的艺术教育师资队伍。教师是学生艺术教育的指导者和评价者，艺术教师往往来源于音乐、美术、舞蹈、书法等多种专业背景，如果评价学生艺术能力的标准参差不齐，那么对于有效提高学生的艺术素养将造成不利影响。所以，教师在强化艺术专业能力提升的同时，还要加强教育理论学习，厘清艺术素养评价的内容和程序。

（一）明确艺术素养评价的内容

根据《义务教育艺术课程标准（2022年版）》对艺术核心素养的界定，艺术素养的标准包括"审美感知""艺术表现""创意实践""文化理解"等主要方面。

其一，审美感知是指学生对艺术美的感受、辨识、分析和理解能力。学生对音乐、绘画、影像、舞姿等艺术呈现具有感知力，能够辨识音乐作品、美术作品和舞蹈作品的艺术元素，了解其艺术风格，能够分析艺术作品所表达的内涵和意蕴，理解其价值和意义，从而形成高尚的审美情趣。

其二，艺术表现是指学生的艺术体验、艺术技能和艺术展示能力。学生可以通过模仿、操作等方式，亲自体验艺术美及其表现形式。通过对音乐、美术、舞蹈、戏剧等艺术技能和思维的运用，以合适的艺术表现方法，来呈现对社会、生活和情感的理解。

其三，创意实践是指学生在艺术表现中所发挥的创新、探索、沟通和合作能力。教师要鼓励和引导学生对艺术作品发表独立的想法和见解，敏锐捕捉学生的艺术灵感，并指导其应用于艺术成果。团队创作的音乐和舞蹈作品是培养学生情感沟通与和协作精神的有效途径，学生在艺术表演中表现的同理心与合作能力是评价其艺术素养的重要方面。

其四，文化理解是指学生在艺术感受、鉴赏和表现中所形成的文化自信、家国情怀和国际视野。艺术教育应能增强学生对我国传统文化艺术的认同和理解，激发学生的民族自信和文化自豪感。能够理解艺术作品所表达的热爱家乡和祖国的真情实感，能够对各国的文化艺术作品具有开放、包容和欣赏的心态。

（二）规范艺术素养评价的程序

艺术素养虽然具有一定的主观性，但对学生艺术素养的评价与考核应采取客观的方法和步骤，参考目前中小学的普遍性做法，可以按照"过程记录—阶段考核—档案归纳—材料反馈"的顺序实施评价。

其一，过程记录要求教师准确记录学生艺术学习和成长的过程。学生的各项艺术表现要有活动记录，要过程留痕，教师要对每个学生给予表现性评价，过程记录应能反映学生艺术素养的发展性。

其二,阶段考核要求教师在一定学习周期内对学生艺术素养进行测评,以整体反映学生艺术课程学习的效果。测评可以采取质性或量化的方式,把主观描述与赋值分等相结合。

其三,档案归纳要求教师形成学生艺术素养的完整发展记录。学生的艺术考核成绩,艺术活动的照片、视频等表现记录,能够说明学生艺术特长的突出事迹,这些材料应完整地体现在学生艺术成长档案中,以作为教师对学生进行艺术素养综合评价的参考。

其四,材料反馈是指教师要利用好学生艺术成长的过程记录和档案材料对学生提供进一步的学习指导。完备的过程材料有利于学生充分认识自我的成长发展,发现自己的闪光点和不足之处,为科学分析学生的艺术发展路径提供依据。艺术成长档案还有利于为选拔具有优秀艺术特长的学生提供参考。

五、学生身心健康评价的方法与策略

目前,国家已在宏观层面对中小学生的体质和心理健康水平建立了广泛的大数据监测系统。要更好地掌握班级学生的身心健康发展情况,教师可以通过建立班级身心健康评价表来进行跟踪。

(一)身体健康评价方法

根据《国家学生体质健康标准》,学生的体质健康包括身体形态类中的身高、体重,身体机能类中的肺活量、视力,以及身体素质类中的跑步、跳远、握力等共性指标。教师可以据此开发班级学生健康登记卡,通过阶段性的测量来系统掌握班级学生的体质发展情况。见表6-1。

表6-1 班级学生健康登记卡

项目	身高	体重	肺活量	视力	50米跑	800米跑	1000米跑
数据							
项目	立定跳远	坐位体前屈		握力	仰卧起坐		综合评价得分
数据							

教师签名:

除了通过健康登记卡掌握学生的体质发展状况,体质健康评价的重要目的是养成学生良好的运动、卫生和身体养护的习惯。对此,教师可以通过建立身体健康习惯评价表来督促学生的习惯养成。见表6-2。

表6-2 身体健康习惯评价表

评价要素	评价指标	评价等级		
		自评	他评	总评
基础知识	了解锻炼身体的一般项目和方法			
	了解安全进行体育运动的知识			
保健知识	了解常见疾病的预防知识			
	懂得合理进行营养搭配的知识			
锻炼习惯	有最喜欢的体育运动项目			
	能为自己制定运动目标,并坚持执行			
	能至少保证每天一小时的身体锻炼			
卫生习惯	能保持个人居室整洁卫生			
	不在公共场所随地吐痰和乱扔脏物			
	勤洗手、勤洗澡、勤剪指甲			
综合评语	教师签名:			

(二)心理健康习惯评价表

随着中小学生学业压力的增大和生活环境的变化,抑郁和情绪低落在中小学生中的发生率逐渐增高。所以,教师应首先关注学生的情绪状态,可以通过制定情绪体验记录表来评估学生的情感状态,以促进积极情感的培养,抵制消极和不良情绪。见表6-3。

表6-3 学生情绪体验记录表

情绪感受	时间	内容
惊讶		
兴奋		
自信		
开心		
满足		
包容		
郁闷		
愤怒		
悲伤		
恐惧		

情绪感受	时间	内容
妒忌		
反感		

教师还可以通过制定学生心理品质评价表来综合把握学生的意志品质、情绪体验、群体关系和行为举止的表现。见表6-4。

表6-4　学生心理品质评价表

评价要素	评价指标	评价等级		
		自评	他评	综评
意志品质	对待任务和计划能够坚持到底,不半途而废			
	能够坦然面对苦难和挫折,并有自信克服			
情绪体验	能够控制自己的情绪,保持情绪稳定			
	能克服负面心态,保持积极向上			
群体关系	具有良好的适应力,能与他人和谐交往			
	具有协作意识,能积极参与集体活动			
行为举止	能正确约束和控制自己的行为			
	能够保持诚实守信、言行一致			

六、学生劳动素养评价的方法与策略

(一) 平时表现评价

平时表现评价要紧扣课程内容要求和劳动素养要求,客观准确地反映学生在真实情境下劳动素养的表现水平。不同类型的劳动内容、不同任务群,评价的侧重点有所不同。日常生活劳动侧重于卫生习惯、生活能力和自理、自立、自强意识等的评价。生产劳动侧重于工具使用和技能掌握、劳动质量意识。服务性劳动侧重于服务意识、社会责任感的评价。

在评价方法上要坚持学生自我评价与他人评价相结合,这样可以使表现性评价更加全面、客观。这里的他人既包括教师,也包括班级同学和家长。以剪纸任务为例,评价内容主要包括学生的剪纸技法、剪纸经验、交流合作,以及剪纸作品、剪纸设计方案及改进等方面。见表6-5。

剪纸任务的评价环节如下:

(1) 在小组内展示自己的作品,交流剪纸经验。

(2) 在小组内交流评价,推荐优秀作品在班级展示。

(3) 对设计方案的可行性、剪纸作品的造型和实用性等进行评议。

(4) 听取其他同学的评议意见,并对作品和操作过程进行改进。

（5）认真填写评价表。

表6-5　剪纸任务的自评与他评标准

评价项目	自我评价	他人评价
剪纸设计构图合理	☆☆☆☆☆	☆☆☆☆☆
能熟练使用剪刀或刻刀	☆☆☆☆☆	☆☆☆☆☆
剪纸作品线条流畅	☆☆☆☆☆	☆☆☆☆☆
能积极克服劳动困难	☆☆☆☆☆	☆☆☆☆☆
与同学合作愉快、有效	☆☆☆☆☆	☆☆☆☆☆
剪纸时态度认真投入	☆☆☆☆☆	☆☆☆☆☆
对作品要求精益求精	☆☆☆☆☆	☆☆☆☆☆

（二）阶段性评价

阶段性评价是学期、学年或学段结束时进行的综合评价，反映学生劳动课程学习的水平和核心素养的阶段性达成情况。劳动素养的阶段性评价可以采用过程性评价与结果性评价相结合的方式。一般来说，过程性评价可结合档案袋进行；结果性评价可采用测评形式，通过考查学生在完成测评任务过程中的表现来进行。一个阶段性的综合评价表是对学生劳动成效的过程性总结，其应当反映学生的劳动成果质量、劳动时长、劳动表现。见表6-6。

表6-6　劳动素养阶段综合评价表

劳动内容	参加的劳动项目	劳动时长	劳动表现
日常生活劳动			
生产劳动			
服务性劳动			
劳动周			
参与的项目	项目概述		
劳动成果			
成果名称	成果简介		
劳动测评			
测评任务	任务表现		
阶段综合评价结果	□优秀□良好□合格□不合格		

阶段性评价要根据学生年龄特征和培养目标，差异化设置评价内容。例如：1～2

年级要侧重评价学生劳动意识的建立、个体日常生活技能的掌握;3～6年级侧重评价劳动观念、劳动习惯的养成和基本劳动技能的掌握;7～9年级侧重评价劳动能力的提升、劳动品质的形成和劳动精神的培养,以及设计能力、团队合作能力的形成等。

除了设计合理的阶段性评价表,教师还可通过其他途径来增强过程记录。一是教师日常观察记录,应包括教师对学生日常劳动表现的描述和建议。二是学生劳动心得,主要内容为学生对参与项目的劳动体会。三是学生劳动成长记录袋,应包含学生劳动观念、知识技能、品质习惯等方面的描述和建议。

(三) 增值性评价

劳动教育是学生的劳动观念、劳动能力、劳动品质、劳动精神不断发展和生成的过程,因此劳动教学评价也应当突出发展的导向,不能只重结果,而忽视学生劳动素养的养成。当前,教学评价的理念和手段不断改革,以增值评价为代表的新型评价模式在国际范围的学校教育中得到普遍应用。劳动教学引入增值评价可以有利于转变教师的教育理念,关注学生的发展变化和未来潜能。

我们主要从评价内容、评价方法和评价原则等方面来介绍增值评价的应用做法。

其一,在评价内容上,劳动素养增值评价应当包括学生劳动观念、劳动知识和技能、劳动习惯和品质等方面的变化,关注学生劳动素养增值水平的提高。针对不同的劳动项目类型,教师可以设计相应的考查表格,以方便操作。

其二,在评价方法上,学生的劳动能力和素养的发展应当设置一定的评判标准,可以采用主观质性评价和量化评价相结合的方式。通过测试等手段,对学生的劳动知识水平、劳动技能水平、劳动成果质量打出量化分数。除了测验的方式,还可以结合问卷调查对学生发展进行跟踪。

其三,在评价原则上,增值评价首先要突出发展导向,通过收集学生劳动学习的表现资料来了解学生劳动素养的发展情况,发现学生的成长规律,激发学生的劳动潜能。其次,教师要指导学生做好日常劳动记录,劳动记录包括学生的自我评价、他人评价,以及劳动过程的描述和心得体会,这些资料都为评价学生的发展变化提供了依据。再次,增值评价要注重科学性,要以客观的评价标准对学生的素质发展进行全面分析。

增值评价量表是开展增值评价最基础的工具,那么该如何设计合理的增值评价量表呢? 表格设计的重点是反映学生的增值变化,以下是劳动知识的增值评价示例,见表6-7。

表6-7　学生劳动素养增值评价量表

评价一级指标	评价二级指标	评价内容及标准	学期初	学期中	学期末	增值水平
劳动知识	明确工具作用	知道主要农业工具的种类	☆☆☆☆☆	☆☆☆☆☆	☆☆☆☆☆	☆☆☆☆☆
		明确日常金工用具的功能和特点	☆☆☆☆☆	☆☆☆☆☆	☆☆☆☆☆	☆☆☆☆☆
	掌握劳动经验	能够将已有经验迁移到其他劳动任务	☆☆☆☆☆	☆☆☆☆☆	☆☆☆☆☆	☆☆☆☆☆
		能够寻找到不同任务的异同点	☆☆☆☆☆	☆☆☆☆☆	☆☆☆☆☆	☆☆☆☆☆

　　表6-7将学生劳动素养的发展分为学期初、学期中、学期末三个阶段，每个阶段均以五个等级衡量，学期初即学生在本课程开始时所具备的劳动知识水平，学期中反映了学生在学习过程中的水平变化，学期末是课程最终的学生知识水平，学期末减学期初的差额即学生劳动知识的增值水平。需要注意的是，教师要对学生的基础知识水平做好摸底，并以此把握评价内容的难易，如果评价内容的难度较低，学生大多已经掌握了相关内容，则可能增值水平较低。

思考题

　　1. 我国综合素质评价经历了哪些阶段？

　　2. 综合素质评价的内涵是什么？具体包括哪些评价内容？

　　3. 班主任于老师通过对学生思想和行为进行肯定或否定的评价，并给予相应的激励或抑制，以引导和促进其品德积极发展的方法属于什么？

　　4. 劳动素养评价包括哪些要素？

　　5. 学生品德发展评价的方法策略包括哪几个方面？

　　6. 请参考教材范例，根据不同年龄阶段的学生特点制定合适的身心健康评价工具。

第7章　　沟通与合作

内容提要

　　本章从教师与学生、教师与教师、学校与家庭和学校与社区四个方面探讨了彼此间的沟通与合作。主要内容包括师生沟通的重要意义,师生有效沟通的技巧与策略,师生沟通障碍及其解决;教师团队沟通与合作的意义,教师团队沟通与合作的实用技巧与策略,教师团队沟通与合作的障碍及其解决;家校沟通与合作的重要意义,家校沟通与合作的途径及方法,家校沟通与合作中的问题及对策建议;学校与社区合作的意义,学校与社区合作的途径及方法,学校与社区合作中的问题及对策建议。

第一节　师生沟通

一、师生沟通的重要意义

　　有效的师生沟通,不仅有助于学生的成长和发展,还能促进班主任自身的专业成长,从而实现教育教学的双赢局面。

175

(一) 对于学生的意义

　　教师与学生的沟通,特别是班主任与学生的沟通在学生的全面发展中起着至关重要的作用,其意义涵盖了交往能力的发展、人格的健全、情感的健康、学业的进步、心理健康的维护以及社会化进程的促进等多个方面。

　　1. 有利于学生交往能力的发展

　　人的发展依赖一定的社会关系。马克思指出:"一个人的发展取决于和他直接或间接进行交往的其他一切人的发展。"[①]叶澜教授指出:"人类的教育活动起源于交往,在一定意义上,教育是人类一种特殊的交往活动。"[②]沟通作为交往的基础,对学生的交往

---

① 马克思,恩格斯.马克思恩格斯全集:第 3 卷[M].北京:人民出版社,1960:515.
② 叶澜.教育概论[M].北京:人民教育出版社,2006:42.

能力有着重要影响。班主任与学生的有效沟通对于提升学生的交往能力具有重要作用。通过与班主任的互动,学生不仅能够学会倾听和表达,还能锻炼理解和尊重他人的能力。教师的耐心倾听和积极反馈,使学生感受到被理解和尊重,从而增强了他们的自信心。在这种沟通中,学生逐渐学会有效地传达自己的想法,妥善处理不同的意见和冲突,这些技能对他们未来的人际交往至关重要。此外,师生沟通为学生提供了观察和学习人际交往的宝贵机会,让他们在实践中不断提升交往能力,为未来的社交生活奠定坚实基础。

2. 有利于学生人格的健全

师生沟通在学生的人格发展中扮演着不可或缺的角色。埃里克森的人格发展理论认为,在不同的年龄阶段会面临不同的挑战,因此,师生沟通尤为重要。班主任通过言传身教,传递正面的价值观和行为准则,帮助学生形成积极向上的人格特质。在这一过程中,学生不仅学会管理和调节自己的情感,还能培养健康、积极的情感态度和应对能力。这种通过班主任沟通实现的人格健全发展对学生的长期成长至关重要。

3. 有利于学生情感的发展

情感的健康发展也是班主任与学生沟通的重要意义之一。班主任通过沟通,为学生提供情感支持,帮助他们应对学业压力和生活中的各种困扰。在与班主任的交流中,学生学会适当地表达情感,避免情感积压带来的负面影响。班主任的关怀和理解有助于学生情感的稳定和成熟,使他们在面对挑战时保持冷静和理性。这种情感支持和引导,不仅能帮助学生更好地应对当前的情感挑战,还能为他们未来的情感管理打下良好基础。

4. 有利于学生学业的进步

班主任对学生学业的指导和支持在很大程度上决定了学生的学业成就。通过与学生的深入交流,班主任可以全面了解学生的学习状况、需求和困惑,提供个性化的学习指导,帮助学生克服学习中的困难。学生反馈的信息有助于教师发现教学中的不足和盲点,从而及时调整教学策略和方法。这种基于学生实际情况的教学改进,能够使教学内容更加贴合学生需求,激发学生的学习兴趣和积极性,进而提高教学效果。班主任的鼓励和支持,不仅能激发学生的学习动力,还能帮助他们在学业上取得更好成绩。

5. 有利于学生的心理健康发展

学生的心理健康对其全面发展至关重要,心理健康的维护是班主任与学生沟通的另一个重要方面。通过与学生的日常沟通,班主任能够及时发现学生的心理问题,并采取适当的干预措施。班主任可以为学生提供心理支持,帮助他们树立正确的心理健康观念,增强他们的心理承受能力。在与学生的互动中,班主任能够引导学生正确面对挫折和困难,培养他们的心理韧性,促进心理成长。班主任通过与学生的沟通,不仅能帮助他们解决当前的心理困扰,还能为他们未来的心理健康发展提供持续的支持。

6. 有利于学生社会化进程的促进

班主任在促进学生的社会化进程中起到了重要作用,沟通是这一过程的关键。通过与班主任的互动,学生能够更好地理解和内化社会规范和价值观,提升社会适应能力。班主任引导学生参与班级和学校的各项活动,培养他们的社会责任感和团队合作精神。在这种沟通中,学生不仅学习到了社会交往的基本技能,还能在实践中不断提升自己的社会化能力,为未来的社会生活做好充分准备。

总之,班主任与学生的有效沟通对学生的全面发展具有深远影响。通过这种沟通,学生不仅能够提升交往能力、健全人格、发展情感,还能在学业上取得进步,并维护心理健康和促进社会化进程。这些方面的综合发展,为学生的未来成功奠定了坚实基础,也体现了班主任在学生成长过程中不可替代的重要作用。

(二) 对于班主任的意义

班主任与学生的沟通对班主任具有重要的意义,具体体现在以下几个方面:

1. 有利于建立良好的师生关系

通过与学生的积极沟通,班主任能够深入了解学生的内心世界,包括他们的想法、情感、兴趣和需求。这种理解有助于班主任在教育教学过程中更加有针对性地进行指导和帮助。同时,学生感受到班主任的关心和尊重,会更愿意敞开心扉,分享自己的感受和困惑,从而增进师生之间的信任。良好的师生关系是和谐班级氛围的重要基础。班主任通过与学生的有效沟通,可以及时解决班级中的各种矛盾和问题,营造一个互相关心、互相尊重的班级文化。这种和谐的氛围不仅有利于学生的成长和学习,也有助于班主任更好地开展班级管理工作。

2. 有利于提高班级管理效率

通过沟通,班主任可以及时了解学生在学习和生活中遇到的问题,及时给予指导和帮助,避免问题的积累和恶化。班主任能够通过与学生的交流,发现班级管理中的不足之处,并及时调整和改进管理方法,提高班级管理的效率和效果。有效的沟通能够帮助学生认识到自身的优点和不足,增强自我认知和自我管理能力。班主任通过与学生的互动,培养他们的责任感和集体荣誉感,促进学生形成良好的行为习惯和积极的学习态度,从而减轻班主任的管理负担,促进学生的自我管理。

3. 有利于促进教学效果提升

通过与学生的沟通,班主任可以了解学生的学习状况、兴趣爱好和需求。这些信息有助于班主任在教学过程中进行有针对性的调整和改进,使教学内容更加贴近学生的实际情况,激发学生的学习兴趣和积极性,进而提升教学效果。通过与学生的沟通,班主任可以及时获得学生反馈和建议,学生的反馈和建议是班主任改进教学和班级管理的重要依据。通过沟通,班主任可以了解到学生对教学内容、教学方法以及班级管理的看法,从而不断优化教学策略和管理方法,提高教育教学质量。

4. 有利于提升班主任的专业素养

与学生的沟通是班主任积累教育经验的重要途径。班主任在与学生的互动中,会遇到各种不同的问题和挑战,这些实践经验有助于班主任不断提升自己的教育教学能力和管理水平。良好的师生沟通还能够增强班主任的职业满足感和成就感,激发班主任的工作热情和创新精神。在与学生共同解决问题的过程中,班主任可以不断学习和成长,提升自己的专业素养,为今后的职业发展打下坚实基础。

5. 有利于增强班主任的情感联结

通过与学生的密切沟通,班主任与学生之间会建立起深厚的情谊。这种情谊不仅有助于班级管理和教学工作的开展,也会在学生的人生道路上留下深刻的印记,使他们在未来的人生中受益匪浅。良好的师生关系还能够提升班主任的工作满意度和幸福感。看到学生在自己的关心和指导下不断进步和成长,班主任会感受到强烈的职业成就感和满足感,从而更加投入地开展教育教学工作。

总之,班主任与学生的沟通不仅对学生的发展具有重要意义,对于班主任自身的工作和职业发展也具有深远的影响。通过有效的沟通,班主任可以建立良好的师生关系,提高班级管理效率,提升教学效果,增强情感联结,并不断提升自己的专业素养。这种双赢的局面,有助于构建和谐、健康、积极向上的教育环境,推动教育事业的全面发展。

二、师生有效沟通的技巧与策略

在班主任与学生交往的过程中,无论是在课堂上还是在课堂外,有效的沟通带来美好的师生关系,失败的沟通容易造成师生心灵的隔阂,有效的师生沟通是教育教学管理的核心,有助于最大限度地调动学生的积极性,从而提升教育教学效果。班主任与学生有效沟通的策略主要体现在以下几个方面:

(一)换位思考

换位思考要求教师在与学生交流时,站在学生的角度考虑问题。这意味着教师需要理解学生的需求、想法和情感,设身处地去体验学生的处境。具体来说,教师在沟通前应仔细分析学生的学情,思考三个关键问题:学生需要什么? 我能够给学生什么? 如何将我能提供的转化为学生需要的? 每个学生都是独特的个体,他们的背景、智力水平、情绪控制能力和兴趣爱好各不相同。因此,教师必须灵活调整沟通方式,针对不同学生采取不同的交流策略。通过换位思考,教师可以更好地理解学生的困惑和需求,从而提供更加个性化的指导和支持,促进学生的全面发展。

(二) 主动倾听

主动倾听是师生有效沟通的第一步。教师应在交流过程中减少干扰因素,确保信息传递的准确性。在学生表达想法时,教师应尽量不打断对方,保持专注,适时点头示意,以示鼓励和理解。同时,教师还应通过复述学生的观点,确认自己正确理解了对方的意思。此外,教师要仔细观察学生的表情、眼神和手势等非语言信号,从中捕捉学生的真实想法和情感。主动倾听不仅能让学生感受到被尊重和理解,还能增强他们的表达能力和自信心。通过倾听,教师可以更好地了解学生的需求和困惑,及时提供有针对性的指导和帮助。

(三) 营造融洽的沟通环境

营造轻松、愉快的沟通环境,有助于增加师生交流的有效性。首先,引入趣味元素是关键,比如利用学生感兴趣的话题如流行文化或体育活动作为沟通的切入点,这不仅能激发学生的好奇心,还能提高他们的参与度。其次,创造一个宽松民主的班级氛围也至关重要,这让学生能够更自在地表达自己的想法。班主任应鼓励学生在班会等场合中自由表达自己的观点,并组织分组讨论,这样的互动能增强学生之间的合作,进而加强班级凝聚力。同时,建立一个开放多元的师生关系,倾听并理解学生的需求,这是促进师生间相互尊重和支持的基石。此外,教师还应避免过于严肃的沟通方式,营造宽松、民主的交流氛围,让学生在轻松愉快的环境中畅所欲言。

(四) 尊重和热爱学生

尊重和热爱学生是教育沟通的基石。教育的本质在于爱,没有爱的教育如同无根之花。教师对学生的爱是民主、和谐师生关系的核心。教师应当全心全意地关爱每一位学生,珍视他们的独特性与差异,理解并尊重他们的情感、兴趣和需求,以平等的姿态交流,耐心引导。尊重学生,意味着要树立正确的育人观念和人才观,这是构建和谐师生关系的前提。教师应从内心深处关心每一位学生,认识到每个学生的独特价值和情感需求。在具体实践中,教师须公正无私,避免偏爱或歧视,确保每个学生都感受到公平与尊重。在与学生沟通时,教师的角色是倾听者和理解者,而不是批评家。通过真诚的尊重与爱护,可以建立起信任和友好的师生关系,营造出充满和谐的学习氛围。教师还应该培养学生的自尊心和自信心,鼓励他们勇敢面对困难和挑战。通过尊重和热爱,教师不仅能激发学生的学习热情和潜力,还能促进他们的全面成长,让教育真正成为塑造未来的重要力量。

例 说 7-1

沟通要对学生倾注爱心①

【案例描述】

曹同学是一个顽皮的学生,在校总是爱搞恶作剧、打人,家长也自称其孩子有多动症。曹同学进入我所带的班级后,我特别关爱他。我在他生日那天送他一副乒乓球拍,还经常找他谈话,嘘寒问暖,让曹同学感受到来自老师的关爱,从而愿意亲近你,依赖你,敞开胸怀与你做心灵的交流。果然,曹同学有了明显进步。

【案例分析】

热爱学生是教师的天性,是教师最宝贵的品质。从关爱的心态出发,动之以情,晓之以理,用人格力量去感化他们,让学生真正地从心底感受到老师对他们的关心和爱护。

(五)同理心和关怀

同理心和关怀是师生沟通中不可或缺的要素。面对学生的缺点和错误,教师应采取积极的态度,用同情心去理解和指导,而非单纯地说教或指责。教师需要站在学生的立场上,感受他们的困惑与挑战,并提供针对性的引导和支持。例如,当学生面临学习难题时,教师应耐心倾听他们的疑惑,与学生共同分析问题,并探索解决之道。在平日的交流中,教师应关注学生的心理健康,及时察觉并应对他们的心理需求。通过同理心和关怀,教师能够增强学生的心理安全感和信任感,促进师生间的深入沟通与理解。这种关怀不仅有助于解决学生的即时问题,更在心理层面上给予学生持久的支持,帮助他们健康成长。

(六)提升教师自身魅力

提升教师自身魅力是促进师生有效沟通的重要途径。教师应不断提高自己的知识水平和教育管理能力,成为学生心目中的榜样和偶像。具体来说,教师应注重自身知识的更新和扩展,掌握最先进的教育理念和教学方法。此外,教师还应注重自身人格的完善,培养良好的道德品质和职业素养。在教学过程中,教师应以自身的言行举止感染和影响学生,树立良好的师德形象。通过提升自身魅力,教师可以赢得学生的尊重和信任,增强他们的依赖感和亲近感,从而促进师生之间的有效沟通。这样的教师不仅能够传授知识,更能在无形中塑造学生的品格,激发他们的潜能,让教育的力量远超课堂。

总之,班主任与学生之间的有效沟通是一个复杂而动态的过程,需要教师在实践中

---

① 资料来源:https://epaper.voc.com.cn/kjxb/html/2013-11/13/content_746927.htm,2013-11-13.

不断探索和总结。通过换位思考、主动倾听、营造融洽的沟通环境、丰富教学方法、尊重和热爱学生、同理心和关怀以及提升自身魅力，教师可以有效地促进师生之间的相互理解和支持，创造和谐、民主、互动的教学氛围，进而提高教育教学的整体效果。

三、师生沟通障碍及其解决

在教育教学过程中，师生之间的沟通扮演着至关重要的多重角色，不仅涉及信息的传递与接收，还涉及情感的交流、价值观的塑造和知识共建等方面。然而，在教育教学实践中，我们常常遇到各种沟通障碍，这些障碍表现在认知差异、情感障碍、语言表达、文化背景、个性差异、教学环境、技术障碍以及权威关系等方面，必须正视这些障碍，并采取有效的解决策略。

（一）认知差异障碍及其解决

认知差异是指教师和学生在知识背景和理解能力上的差异。这种差异可能导致教师难以准确把握学生的需求，而学生也可能无法理解教师的期望。为了缩小这种差异，教师可以进行需求分析，通过问卷调查、访谈等方式了解学生的认知水平。对于班主任而言，了解每个学生的认知水平尤为重要，因为他们需要关注学生在多个科目的表现。班主任可以通过与任课教师的合作，共同进行需求分析，了解学生的综合认知水平。班主任还可以通过一对一的辅导或家长会，与学生和家长沟通，进一步了解学生的需求，并提供个性化的指导。

（二）情感障碍及其解决

情感障碍是师生沟通中常见的问题。学生可能因为害怕、紧张或自卑而不敢与教师沟通，尤其是与其他科任教师相比，班主任与学生之间的关系更为密切，因此情感因素更为突出。为了克服这一障碍，班主任应努力营造一个安全、支持性的班级氛围。通过一对一的会谈，教师可以了解学生的情感需求，建立信任关系；通过组织班级活动，如团队建设游戏、心理辅导课程等，班主任可以增进与学生的情感联系，了解他们的心理状态，并提供必要的支持。同时，班主任还应鼓励学生在课外时间表达情感，如设立心理咨询角或开展心理健康讲座，帮助学生建立自信，减轻压力。

例说7-2

做好情感沟通　拉近师生距离①

【案例描述】

张××是我班年纪最小的男生。父亲望子成龙,5岁多他就上小学一年级。由于年龄偏小入学,母亲疼爱有余,父亲严厉过度。孩子惧怕父亲管教,对母亲的要求从不理睬。与同学交往沟通不是很好,总觉得在学校学习生活不愉快。从张××入初中以来,其父母多次就其厌学问题来校求助于班主任和心理老师。可孩子一直不正视自己的问题,对心理老师采取回避方式。他的数学成绩一直不好,在一次单元测验中,数学只有10分。其父看到成绩后十分焦虑,于是利用周末,从星期五晚上开始一连三天对同样的知识点,父亲亲自给孩子补。可是张××仍是没有搞明白。星期一家长打电话来校,张××不肯上学了。如何让孩子正视自己的问题,不逃避,爱学习,与同学相处融洽?

【学生情况分析】

张××的行为成因:① 他出现这样的厌学情绪不是第一次了。作为家里的独生子,在家受宠爱(他母亲与他对话仍是把他当成小学生对待,哄他的语气非常明显),而父亲却是个急性子,对他的学习问题一有风吹草动就雷厉风行,这使得他对待学习有一定的抵触情绪。② 人际交往能力差,在学校不知如何与同学和睦相处,不懂得谦让,为一点小事就会争吵动手,不少同学对我表达过厌恶他这种行为的情绪。这些使得他感觉在学校不愉快,一旦出现问题就会采取逃学的方式来解决。

【处理方式】

我请他母亲来学校,指出父母的教育方式失当,没有默契配合,一个过于急躁,一个过于爱护。孩子学习出现障碍,家长不要急于求成,以免造成孩子对学习的恐惧感,给他一点时间。我请他父亲停止对孩子进行数学补习,必要的话可以由专业老师指导孩子的学习。在和他母亲谈话的过程中,接到张××打来的电话,我在电话中表扬他:"外出回家后主动给家长电话,说明你是懂事的孩子,能体会父母牵挂的心情。你的科学学习兴趣一直很浓厚,科学成绩也不错,这是你的长处,证明你很聪明,数学成绩不好只是暂时的,相信通过努力学习,一定能赶上来!"张××在电话那头没出声。第二天上课前他出现在教室里。对此我没有多说。课后找他谈话,我肯定了他在科学成绩和绘画中的良好表现,表扬他在班级板报工作一如既往的热心。我对他数学学习困境表示理解,也理解爸爸给他

① 陈珊. 做好情感沟通　拉近师生距离——班主任教育案例[J]. 吉首大学学报(社会科学版),2016,37(S2):215-216.

补习带来的恐惧。我说:"你虽然年纪在班上较小,和初一新生一样大,可是你已是初二学生了,是不是应该用初二学生的标准来看待自己? 总让同学们和爸妈把你当成没长大的孩子,多不好意思啊。男子汉遇到问题时不能总用逃避的方式,要正视它,想办法下决心解决它!"转而又提到与同学的关系上,我告诉他,每个孩子都是父母的掌中宝,可那是在家里。在学校大家是平等的,没有理由要别人老让着你,与同学开玩笑不能过分,不能使小性子。我又及时与数学老师沟通,请她多留心张××。张××一直回避去心理咨询室找老师,为此我想了个办法,告诉他心理老师那有一个很好的大家一起玩游戏的社团活动,请他去参加,他一听好奇心来了,答应跟我一起去。第二天问他活动的感觉怎么样,他高兴地说:"嗯,好玩,我以后每周都去!"

【沟通后的效果】

张××由不爱上心理咨询室变成每周坚持去心理咨询室和别班的学生一起参加活动,还主动帮助老师收拾物品。不再有同学投诉他有无理行为,家长来电话反映孩子变懂事了,偶尔也有使性子的时候,可是比较能够听劝。上课能看懂老师善意提醒的眼神,克制自己的行为。期末考试他的数学成绩提高到了54分,总成绩提高了32分,他信心大增。

(三) 语言表达障碍及其解决

语言表达的障碍可能使学生难以清晰、准确地传达自己的想法和需求。班主任作为学生日常接触最频繁的教师,有责任帮助学生提高语言表达能力。班主任可以组织演讲比赛、辩论赛等活动,让学生有机会锻炼自己的表达技巧。同时,班主任还可以利用班会课或课外时间,开展写作工作坊,指导学生如何撰写心得体会、日记等,从而提高他们的语言表达能力。

(四) 文化背景障碍及其解决

文化背景的差异可能导致师生之间的误解和冲突。班主任需要具备跨文化交流的能力,了解不同文化背景下学生的特点。通过组织多元文化主题活动,如国际日、文化展览等,班主任可以促进学生之间的文化交流和理解。同时,班主任还应关注班级内的文化多样性,尊重每个学生的背景,避免文化偏见,确保班级环境的包容性和和谐性。

(五) 个性差异障碍及其解决

每个学生的性格和个性都是独一无二的,这可能导致沟通上的不协调。班主任作为学生的引导者,应学会适应不同个性的学生。通过观察和了解学生的个性特点,班主任可以调整班级管理策略,以更好地迎合不同学生的需求。同时,班主任还应鼓励学生展现自己的个性,参与班级活动的组织和策划,从而培养学生的责任感和创造力。

(六) 教学环境障碍及其解决

教学环境的优劣对沟通同样有影响。嘈杂的课堂、时间紧迫或缺乏私密空间都可能影响师生之间的有效沟通。班主任作为班级的管理者,应优化班级布局,创造一个有利于沟通的环境。确保班级内有足够的空间进行讨论和互动,避免过于拥挤或嘈杂的环境。提供安静的场所,让学生在需要时可以与教师进行私密对话。此外,班主任还应关注课堂时间的管理,确保有足够的时间进行深入的交流和讨论;管理好课堂纪律,确保沟通时不受干扰。通过良好的班级管理,班主任可以为师生之间的有效沟通提供有力的支持。

(七) 技术障碍及其解决

在现代教育环境中,技术障碍也是一个不容忽视的问题,技术问题或不熟悉操作可能导致沟通困难。班主任需要熟练掌握各种教育技术工具,以便在课堂外与学生进行有效沟通。例如,利用在线学习平台、社交媒体等工具,班主任可以及时发布班级通知、作业信息,并与学生进行互动。同时,班主任还应鼓励学生利用技术手段进行学习和交流,提供必要的技术培训和支持,确保学生能够充分利用技术资源。

(八) 权威关系障碍及其解决

传统教育体系中教师的权威地位可能使学生感到压力,不敢自由表达意见。对于班主任而言,降低权威感尤为重要。班主任应努力与学生平等对话,鼓励学生提出疑问和不同观点。在课堂外,班主任可以通过组织班级会议、学生论坛等活动,分享控制权,让学生参与班级管理和规则的制定。此外,强调学生的自主性和责任感,促进他们的主动学习,有助于打破权威关系的障碍。

综上所述,师生沟通中的障碍多种多样,但只要我们采取相应的策略和措施,就可以有效地克服这些障碍。通过不断学习和提升沟通能力,创造一个开放、包容、互助的学习环境,促进师生之间的有效沟通,从而提高教学质量和学生的学习效果。

例说7-3

有效沟通的师生对话"三步法"①

【案例描述】

高一年级一位来自外地的男同学有时很令老师头疼。他表现得有些玩世不

---

① 聂文彦.指向有效沟通的师生对话模型构建例析[J].中小学德育,2023(3):69-71(根据该文进行了改编).

恭,对学习不上心,成绩一直垫底,生活中也显得无精打采,甚至经常忘记值日。尽管老师和家长多次尝试讲道理、施以惩罚,但成效甚微。直到一天,家长突然打电话告知,孩子声称不想读书,已离开学校,打算乘大巴回老家。火车站人流复杂,未成年人独自旅行风险极大。幸好该学生当晚平安到家,并在劝说下第二天返回学校。

【案例分析】

这一事件凸显了良好师生关系对学生品德、智力及个性全面发展的重要性,而建立这一关系的关键在于有效的沟通。

第一步:对话前调查——了解背景

在任何正式的交谈前,教师需明确交流的目的和合理性。这需要教师进行充分的前期调查,包括与学生、家长以及其他教师的沟通,了解学生的学习、家庭和生活状态。通过这些信息,教师可以准确描绘问题的全貌,定位关键问题,从而有针对性地设计对话内容。

在这起事件中,教师通过调查了解到学生看似漠不关心的外表下,隐藏着一颗敏感而脆弱的心。由于未能快速适应新环境并且感受到学习成绩的差距,他感到孤独和挫败,导致了逃避行为的产生。这次调查帮助教师为接下来的对话做好了充分准备。

第二步:对话中的引导——建立信任与理解

在实施师生沟通时,直接面对面的交谈是最直接有效的方式。教师应从三个方面入手:首先,营造一个平和、真诚的交流环境,让学生愿意开放心扉;其次,通过共情和关注关键点来引导学生情绪,调整其认知和行为;最后,围绕核心问题提出实际的解决方案。

在本案例中,教师没有选择指责,而是先与学生共同回顾了校园生活的美好时光。当学生表达出学校的不满时,教师指出每个人都有不如意的时候,但重要的是如何面对困难。通过这样的引导,学生逐渐意识到逃避不是解决问题的方法,并表示愿意再次尝试融入学校生活。

第三步:对话后的观察——持续改进与支持

对话结束后,教师需要持续观察学生的行为变化,并根据情况安排后续的交流,确保沟通效果的实现。这种观察不仅要关注学生的言行改变,还包括与其家长和其他教师的沟通,形成一种持续的支持和鼓励的环境。

教师通过持续的关注和额外的辅导,发现虽然学生偶尔还会有负面情绪,但整体上变得更加开朗,成绩也有了提升。这表明通过有效的沟通,学生的态度和行为得到了明显的改善。

　　总结而言,有效的沟通是建立和维护良好师生关系的关键。通过事前的调查了解情况,对话中的恰当引导以及事后的持续观察和支持,能够有效地解决学生的问题,促进其健康成长。这不仅是对一个学生的帮助,也是对所有教育工作者的一种启示。

第二节　教师间沟通与合作

一、教师团队沟通与合作的意义

　　在现代教育体系中,教师团队的沟通与合作起着至关重要的作用。尤其是班主任与其他科任教师之间的沟通与合作,对于学生的全面发展、教学质量的提高、教育环境的和谐、学生个性化发展的促进以及家校沟通的优化,具有深远的意义。

(一) 有利于促进学生全面发展

　　教师团队的沟通与合作有助于全面了解学生的情况,这对于促进学生的全面发展至关重要。班主任作为学生日常生活和学习的主要管理者,与其他科任教师的合作可以综合评估学生的学习状况、行为表现和心理健康。班主任可以从学生的日常表现、家庭背景等方面获取大量信息,而科任教师可以通过课堂表现、考试成绩等方面提供反馈。通过沟通,教师们可以共享这些信息,从而全面了解每个学生的优点和不足。这种全面的了解有助于制定更适合学生的个性化教学方案和辅导计划,帮助学生在学业和品德上均衡发展。不同学科之间的协调也是促进学生全面发展的关键。通过沟通,科任教师们可以协调各自的教学内容和进度,避免教学内容的重复或冲突,确保课程内容的一致性和连贯性。例如,在教授某些跨学科主题时,教师们可以共同制定教学计划,确保学生能够从多个角度全面理解该主题。这不仅提高了教学效果,还能激发学生的学习兴趣。

(二) 有利于提高教学质量

　　教师团队的沟通与合作能显著提高教学质量,主要体现在资源共享和共同解决问题两个方面。教师们通过沟通可以共享教学资源、经验和方法。例如,班主任可以向科任教师介绍学生的个性特点和学习困难,科任教师则可以根据这些信息调整教学策略,采用更适合学生的教学方法。此外,教师们还可以共享各自积累的教学资料和工具,这种资源的共享能够有效提升教学效率,丰富教学内容。在教学过程中,教师们难免会遇到各种问题,如学生的学习困难、行为问题等。通过团队的沟通与合作,教师们可以集思广益,共同探讨解决方案。例如,针对某些学生的学习困难,班主任可以邀请科任教师一起分析原因,并制定针对性的辅导计划。这样的合作不仅能有效解决问题,还能促进教师们的专业成长。

(三) 有利于建立和谐的教育环境

教师团队的沟通与合作有助于建立和谐的教育环境,主要体现在一致的教育态度和增强教师团队凝聚力两个方面。通过沟通,班主任和科任教师可以在教育理念、管理方式和对学生的要求上达成一致。这种一致性有助于形成统一的教育环境,使学生在稳定的氛围中成长。例如,教师们可以共同制定班级管理规则,并在日常教育中一致执行这些规则,这样可以有效避免学生因教师要求不一致而产生困惑,从而形成良好的班风和学风。频繁有效的沟通与合作可以增强教师团队的凝聚力。通过共同探讨教学问题、分享成功经验,教师们可以相互学习和支持,形成良好的合作氛围。这种团队合作精神不仅提高了整体教育团队的工作效率,能提高教师们的工作满意度和幸福感,从而为学生提供更好的教育服务。

(四) 有利于促进学生个性化发展

教师团队的沟通与合作在促进学生个性化发展方面也发挥着重要作用,主要体现在个别关注指导和心理健康支持两个方面。班主任通过与科任教师的沟通,可以将学生的个别需求和兴趣爱好传递给科任教师,使他们在教学中能够有针对性地进行个性化指导。例如,对于某些在某一科目上表现出特别兴趣或天赋的学生,科任教师可以在课堂上给予更多的关注和指导,帮助他们在该领域获得更好的发展。班主任和科任教师通过沟通,可以共同关注学生的心理健康问题。通过合作,教师们可以及时发现学生的心理问题,并提供必要的支持和帮助。例如,对于某些出现情绪波动或行为异常的学生,班主任可以及时与科任教师沟通,共同制定心理辅导方案,帮助学生渡过难关。这种心理支持不仅有助于学生的心理健康,也能促进其学业和生活的良性发展。

(五) 有利于优化家校沟通

有效的教师团队沟通与合作还可以显著优化家校沟通,这体现在统一信息传递和综合反馈机制两个方面。班主任作为家校沟通的主要桥梁,通过与科任教师的沟通,可以确保向家长传递信息的一致性和准确性。例如,班主任可以将科任教师对学生的评价和建议汇总后统一反馈给家长,避免信息不一致或遗漏,从而提高家校沟通的效率和效果。在家长会等场合,班主任可以汇总科任教师的反馈,向家长全面展示学生的表现,帮助家长更好地了解和支持学生的学习与发展。例如,在期中或期末家长会上,班主任可以向家长介绍学生在各科目的表现,结合各科任教师的评价,提供综合性的反馈。这种综合反馈机制不仅有助于家长全面了解学生的情况,还能促进家校合作,共同支持学生的成长。

综上所述,教师团队的沟通与合作在现代教育中具有重要意义。班主任与其他科任教师之间的有效沟通与合作,不仅有助于促进学生的全面发展和教学质量的提升,还能建立和谐的教育环境,促进学生的个性化发展,优化家校沟通。这种多方面的积极影响,最终将有助于实现教育的根本目标:培养全面发展、身心健康的学生。

二、教师团队沟通与合作的实用技巧与策略

在现代教育体系中,教师团队的沟通与合作是实现教育目标的重要手段。尤其是班主任与科任教师之间的沟通与合作,不仅能促进学生的全面发展,还能提高教学质量,优化教育环境。然而,要实现这一目标,必须掌握一些实用的技巧与策略。

(一) 建立有效的沟通渠道

1. 召开定期会议

定期召开班级管理会议和学科教学会议是促进沟通与合作的基础。班主任应定期组织科任教师召开会议,讨论学生的学业表现、行为表现和心理健康情况。这些会议不仅有助于教师们交换信息、分享经验,还能集思广益,制定出更有效的教育策略。

2. 设立沟通平台

利用现代信息技术手段,如建立微信群、QQ 群或使用教育管理系统,可以方便教师们及时交流信息。班主任可以在这些平台上发布学生的最新情况、学业进展和需要关注的问题,科任教师也可以在平台上提出自己的意见和建议。

3. 开放交流时间

班主任应设立固定的交流时间,方便科任教师及时沟通。比如,每周固定一个时间段为"开放时间",科任教师可以在这个时间段内与班主任讨论学生的情况。这种制度化的沟通方式,有助于及时解决学生的问题,避免信息滞后。

(二) 加强团队协作

1. 明确角色与职责

在团队合作中,明确每位教师的角色与职责至关重要。班主任作为学生管理的主要负责人,应明确自己与科任教师的职责分工。科任教师则需要明确自己在学科教学中的职责,同时也要了解自己在学生管理中的辅助角色。通过明确角色与职责,可以避免工作中的责任推诿,提升合作效率。

2.共同制定目标

班主任与科任教师应共同制定学生的发展目标,并在教学和管理中共同努力实现这些目标。比如,在学期初可以召开一次全体教师会议,讨论并确定每个学生的学业目标和行为目标,然后在整个学期中定期评估这些目标的达成情况。共同的目标有助于增强团队的凝聚力,提升合作的积极性。

3.分享资源与经验

教师们应定期分享各自的教学资源和经验。班主任可以将自己在学生管理中的成功经验分享给科任教师,科任教师也可以将自己的教学方法和策略分享给班主任。通过资源和经验的分享,教师们可以相互学习和借鉴,提高整体的教学和管理水平。

> **课程思政**
>
> 合作才能办成大事,办成好事,办成长久之事。
> ——2022 年 6 月 24 日国家主席习近平在全球发展高层对话会上的讲话

(三) 注重个性化沟通

1.针对性反馈

班主任应根据学生的个性特点和实际情况,向科任教师提供有针对性的反馈。比如,对于某些学习困难的学生,班主任可以向科任教师介绍其具体的学习障碍和心理状况,帮助科任教师在教学中采取相应的措施。这种个性化的反馈有助于提高教育的针对性和有效性。

2.多元化沟通方式

不同教师有不同的沟通偏好,班主任应根据科任教师的特点选择合适的沟通方式。对于一些喜欢面对面交流的教师,可以安排面对面的沟通;对于一些更喜欢书面交流的教师,可以采用书面汇报的形式。通过多元化的沟通方式,可以提高沟通的效率和效果。

3.重视情感交流

在沟通中,班主任不仅要关注信息的传递,还要重视与科任教师的情感交流。比如,在讨论学生问题时,可以先肯定科任教师的工作成绩,再提出需要改进的地方。这种沟通方式可以增加彼此之间的信任和理解,促进合作的顺利进行。

(四) 建立反馈与评估机制

1.定期反馈

班主任应定期向科任教师反馈学生的情况和班级管理情况。比如,可以每月一次向科任教师汇报学生的学习进展和行为表现,听取科任教师的意见和建议。这种定期反馈机制有助于教师们及时了解学生的最新情况,调整教学和管理策略。

2. 多方评估

班主任与科任教师应共同参与学生的评估工作。除了学业成绩,还应关注学生的行为表现、心理健康和综合素质发展。通过多方评估,可以全面了解学生的成长情况,制定出更加科学合理的教育策略。

3. 反思与改进

在反馈与评估的基础上,班主任与科任教师应共同反思工作中的不足,寻找改进的方法。比如,可以在每学期期末召开一次总结会议,回顾本学期的工作成效,分析存在的问题,制定下一学期的改进措施。通过不断反思与改进,可以不断提高教育的质量和效果。

(五)培养专业素养与团队精神

1. 持续专业发展

班主任与科任教师应共同关注自身的专业发展,不断提升教育教学水平。比如,可以共同参加教育培训、教学研讨会等活动,学习先进的教育理念和方法。通过持续的专业发展,教师们可以不断提高自己的业务能力,更好地服务学生。

2. 鼓励团队合作

学校应倡导和鼓励教师之间的团队合作,营造良好的合作氛围。比如,可以设立"优秀团队奖",表彰在团队合作中表现突出的教师,激励大家积极参与团队合作。通过这种方式,可以增强教师们的团队意识,提升合作的积极性。

3. 建立支持系统

学校应为教师团队提供必要的支持和保障,确保沟通与合作的顺利进行。比如,可以配备专门的沟通工具和平台,提供专业的心理咨询服务,帮助教师们解决在工作中遇到的困难和问题。通过建立完善的支持系统,可以为教师们的沟通与合作创造良好的条件。

总而言之,教师团队的沟通与合作是实现教育目标的关键环节。学校应积极倡导和推动教师团队的沟通与合作,建立健全相关机制和平台,确保这一重要工作得以顺利开展,并取得实效。

三、教师团队沟通与合作的障碍及其解决

教师团队的沟通与合作是现代教育体系中不可或缺的一部分,尤其是班主任与科任教师之间的协作,更是对学生全面发展起着至关重要的作用。然而,在实际操作过程

中,教师团队沟通与合作可能会遇到各种障碍,这些障碍如果得不到有效解决,将会影响教学质量和学生的整体发展。

(一)沟通渠道不畅及其解决

教师之间沟通渠道不畅是一个普遍存在的问题。这种不畅可以表现为信息传递不及时、沟通工具缺乏或使用不便、缺乏定期的沟通机制等。其解决办法包括:① 建立多样化的沟通平台。利用现代信息技术,建立多个沟通平台,如微信群、QQ群、邮件系统和教育管理系统等。这些平台可以帮助教师们随时随地进行信息交流,确保沟通的便利性和及时性。② 设立定期会议机制。班主任应定期组织科任教师召开会议,讨论学生的学习和行为情况。这种定期的面对面交流有助于及时解决问题,增强团队协作。③ 确保沟通工具的有效使用。学校应提供必要的技术支持,确保教师们能够熟练使用各种沟通工具;学校还应定期举办培训,帮助教师们提高信息化沟通的能力。

(二)沟通意愿不足及其解决

教师之间沟通意愿不足的原因可能包括工作压力大、对沟通结果缺乏信心、认为沟通无效等。这种情况会导致教师们不主动参与沟通,从而影响团队合作。其解决方案包括:① 减轻教师工作负担。学校应合理分配工作任务,减轻教师的工作负担,为他们提供更多的时间和精力用于沟通与合作。可以通过增加教学助理或调整课程安排来实现这一目标。② 增强沟通的积极性。班主任可以通过设立奖励机制,鼓励科任教师积极参与沟通与合作。比如,评选"优秀沟通案例"或"最佳合作团队",给予适当的表彰和奖励,以激发教师们的沟通意愿。③ 建立信任关系。班主任应主动与科任教师建立信任关系,消除彼此之间的隔阂。可以通过定期的团队建设活动,如团体讨论、户外拓展等,增进教师之间的了解和信任,从而提高沟通的意愿。

(三)沟通内容不明确及其解决

沟通内容不明确是教师团队沟通与合作中的另一个障碍。这可能表现为沟通目标不清、信息不完整或误导、缺乏具体的讨论议题等。其解决方案包括:① 明确沟通目标。班主任在组织沟通时,应提前明确沟通的目标和议题。例如,在讨论学生学业问题时,可以具体到某个学生的某一学科学习情况,提出具体的问题和解决方案。② 提供完整的信息。班主任应确保在沟通中提供完整、准确的信息,避免信息的遗漏或误导。可以通过提前准备沟通材料,如学生的学习报告、行为记录等,确保信息的充分性和准确性。③ 制定沟通议程。在每次沟通前,班主任应制定详细的沟通议程,列出讨论的主要内容和具体议题,这样可以确保沟通过程有序进行,提高沟通的效率和效果。

(四)沟通反馈机制缺乏及其解决

缺乏有效的反馈机制会导致沟通流于形式,无法及时调整和改进。这种情况会使得教师们对沟通失去信心,影响沟通的持续性和有效性。其解决方案包括:① 建立定期反馈机制。班主任应建立定期的反馈机制;及时向科任教师反馈沟通的结果和进展情况。比如,可以每月一次向科任教师汇报学生的学习进展和行为表现,听取科任教师的意见和建议。② 设立反馈评估系统。学校应设立科学的反馈评估系统,对沟通效果进行评估。可以通过问卷调查、访谈等方式,了解教师们对沟通过程和结果的评价,从而不断改进沟通策略和方法。③ 注重反馈的落实。班主任应重视反馈的落实,将沟通中提出的问题和建议转化为具体的行动。例如,在沟通中发现某个学生的学习问题后,应及时制定辅导计划,并跟踪落实情况,确保问题得到有效解决。

(五)沟通文化不成熟及其解决

沟通文化不成熟体现在教师团队缺乏合作意识、沟通氛围不佳等方面。这种情况会导致教师们在沟通中缺乏积极性和主动性,影响沟通的效果。其解决方案包括:① 提倡合作精神。学校应大力提倡合作精神,营造良好的沟通文化。可以通过组织团队建设活动、开展合作教学等方式,增强教师们的合作意识和团队精神。② 营造良好氛围。班主任应在沟通中营造轻松、愉快的氛围,避免指责和批评。可以通过积极倾听、鼓励发言等方式,增强教师们的参与感和积极性。③ 培养沟通技能。学校应定期组织沟通技能培训,帮助教师们提高沟通能力。可以邀请专家开展专题讲座,教授有效沟通的方法和技巧,提高教师们的沟通水平。

(六)跨学科沟通障碍及其解决

跨学科沟通障碍主要表现在不同学科教师之间缺乏沟通基础,对彼此的教学内容和方法不了解,从而影响合作效果。其解决方案包括:① 增加跨学科交流。班主任应组织跨学科的交流活动,增加不同学科教师之间的沟通和了解。比如,可以定期举办跨学科教学研讨会,邀请各科教师分享教学经验和方法。② 推行跨学科项目。学校可以推行跨学科项目教学,鼓励不同学科教师合作设计和实施教学项目。在合作过程中,教师们可以相互学习和借鉴,增进对彼此学科的理解和认同。③ 建立跨学科团队。班主任可以建立跨学科教学团队,定期组织团队成员进行交流和研讨。通过跨学科团队的合作,可以有效解决跨学科沟通障碍,提升整体教学效果。

总之,教师团队的沟通与合作虽然面临诸多障碍,但通过科学有效的策略,这些障碍是可以逐步克服的。

班主任与科任教师沟通与合作的案例与分析

【案例描述】

1. 背景

在某中学七年级某班级,班主任李老师与数学科任教师张老师合作,共同帮助班上的学生提高数学成绩。该班级学生数学基础参差不齐,且有几位学生数学成绩一直不理想。

2. 沟通与合作过程

① 识别问题:李老师注意到班上有几位学生在数学方面表现不佳,通过与学生的谈话和观察,发现这些学生在课堂上常常跟不上进度,课后作业完成情况也不理想。② 初步沟通:李老师主动联系张老师,向她反馈了这些学生的情况,并希望能够了解更多这些学生在数学课上的具体表现。张老师对此表示认同,并约定利用周五下午的时间进行详细讨论。③ 制定策略:在讨论中,李老师和张老师共同分析了这些学生的学习习惯和问题根源。张老师提出了几种可能的解决方案,包括课后辅导、小组合作学习等。李老师则表示愿意在班级管理中配合张老师的教学安排,比如调整座位安排,让数学成绩较好的学生与成绩较弱的学生坐在一起,促进互帮互助。④ 实施计划:根据讨论结果,张老师开始在每周的数学课后为有困难的学生提供额外的辅导时间。同时,李老师在班会课上强调了数学学习的重要性,并动员全班同学积极参与互助学习。⑤ 跟进与调整:一个月后,李老师和张老师再次进行沟通,评估策略的效果。张老师发现部分学生成绩有了明显提高,但仍有个别学生进步不大。对此,两位老师决定进一步个性化辅导策略,张老师针对这些学生的具体问题设计了个性化的练习,李老师则在班级管理中更加关注这些学生的学习情况,及时进行心理辅导和激励。

3. 结果

经过一个学期的合作,该班级整体数学成绩有了显著提高,特别是之前成绩较差的学生进步尤为明显。李老师与张老师的合作不仅帮助学生克服了学习上的困难,也为全班营造了一个良好的学习氛围。

【案例分析】

1. 问题识别与沟通

李老师作为班主任,及时识别到班上学生在数学学习上的问题,并主动联系科任教师张老师,体现了班主任在学生全面发展中的核心作用。有效的沟通是合作的基础,两位老师在初步沟通中达成共识,为后续的合作奠定了基础。

2. 合作策略的制定

通过详细讨论和分析,李老师和张老师共同制定了针对性的教学策略。李老师在班级管理中的支持,以及张老师在教学方法上的调整,形成了有效的互补。合作策略的多样性和具体性是其成功的关键。

3. 实施与跟进

在策略实施过程中,两位老师保持了持续的沟通和跟进,及时评估效果并进行调整,体现了动态管理的理念。通过不断的反馈和调整,确保了教学策略的有效性和适应性。

4. 成果与反思

最终,该班级的数学成绩显著提高,验证了合作的有效性。李老师和张老师的合作不仅解决了具体的教学问题,还提升了整体教学质量和学生的学习积极性。

【结论】

班主任与科任教师的合作是中学教育中非常重要的一环。通过有效的沟通、合理的策略制定、持续的实施和动态的跟进,可以有效地提高学生的学业成绩,促进学生的全面发展。这一案例表明,班主任和科任教师的合作不仅能够解决具体的教学问题,还能为学生创造一个更加积极向上的学习环境。

第三节 家校沟通与合作

一、家校沟通与合作的重要意义

沟通是信息的发送者和接受者通过借助一定的媒介相互传达反馈信息、思想和情感的过程。家校沟通就是学校的教育者和家长为学生的成长和发展而进行的交流互动。沟通是合作的基础,家校沟通从本质上讲是家校合作的一种表现形式,因此,我们常常在家校沟通中谈合作,也在家校合作中讲沟通。家校合作的理念与实践源起于国外,强调家长参与学校事务,提高学校管理效率,改善学校组织文化,增进影响学生发展的合力。我国学者马忠虎则认为,"家校合作"不仅包括家长参与学校教育,使学校得到来自家庭方面的支持,还包括学校培训家长,使家长教育子女能够得到学校指导。[1] 所以,家校合作主要集中于家庭与学校之间,家长和学校教育者作为两个平等的教育主体,合作的目的在于共同促进学生的成长。"家校合作"即以促进学生学习和全面发展为目标,以学校和家庭为主体的一种相互配合、相互支持的双

---

[1] 马忠虎.基础教育新概念:家校合作[M].北京:教育科学出版社,1999:153-155.

向互动。

家庭和学校是学生社会化的重要环境,对未成年的成长和发展起着重要的影响作用。苏联教育家苏霍姆林斯基非常重视家庭与学校的合作,他说:"最完备的社会教育是学校教育与家庭教育的结合。""施行学校—家庭教育不仅可以很好地培养年轻一代,而且还可以使家庭和父母的道德面貌完美。没有对子女的教育,没有对学校生活的积极参与,没有成人与孩子之间经常的精神上的接触和相互充实,就不可能有作为社会基层单位的家庭本身,不可能有学校这个最重要的教育教学机关,也不可能有社会在精神上的进步。"①家校合作不仅直接关系到学生自身的健康发展,而且对参与其中的家长和学校的发展也都具有重要的意义。

(一) 对学生发展的意义

1. 提高学业成就

近年来,国内外关于家长的教育卷入对学生学业成就影响的大量实证研究表明,家长对学校教育的参与以及在家庭中对子女的延展教育活动,不仅对儿童的自我教育期望具有正向促进作用,能够帮助儿童自主生成良好的学习认知②,而且父母参与能够显著提升子女的学业自我效能感,家长参与子女的学习生活越积极主动,子女的学业自我效能感也随之提高③。同时,家长的教育参与是影响儿童学习投入和学习参与的重要因素,包括学校教育参与在内的家长教育投入越多,孩子的学习投入也越多④。因此,当学校和家庭为巩固孩子学习而建立合作关系时,学生在分数、态度和行为上都会有提高。他们会完成更多的家庭作业,更加投入班级学习活动,出勤率会大大提高,中学毕业后更可能继续学业等等。

2. 形成健全人格

人格的形成受到周围环境与人群的影响。家庭与学校作为青少年成长的两个重要基地,毋庸置疑地影响着其人格的形成与发展。今天的社会处于转型时期,社会的急剧变化也影响着家庭结构的变化,单亲家庭、重组家庭、留守儿童祖辈家庭、领养家庭等多元化的家庭形式存在,一方面影响着儿童成长的环境,另一方面也影响着家长参与学校教育的态度、需求和方式。为了让每个孩子都能健康成长,学校的家长教育应当发挥积极的作用,既了解各种类型家庭家长的教育方式和需求,又要解决他们在实际的家庭教

---

① 苏霍姆林斯基.帕夫雷什中学[M].北京:教育科学出版社,1998:6,7.

② 李玲,袁圣兰.家庭教育中家长主体参与和子女学业成绩之间的关系探究——基于链式中介效应分析[J].中国电化教育,2019,390(7):107-114.

③ 肖磊峰,刘坚.家庭社会经济地位对学生学业成就的影响——父母参与和学业自我效能感的中介作用分析[J].教育科学研究,2017,273(12):61-66.

④ 杨宝琰.城乡初中生学业表现差异的影响因素及作用机制——基于教育投入、学习投入和教育价值观的分析[J].教育科学研究,2017,264(3):68-75.

育中的困难和困惑,共同促进学生人格的健康成长,特别是班主任在学生和家长之间的沟通协调作用,对学生"润物细无声"的关心,将对青少年形成健全人格起到巨大作用。家长要尽可能地加强与学校的沟通与合作,在观念上与行动上达成一致。家校双方要经常性地交流,有必要时学校还可以配合家庭为那些学业欠佳、表现不良的学生量身定制有针对性的教育策略,为他们营造健康的学习与生活环境,让他们感受到家长和老师们的关心与支持、理解与帮助,引导他们为形成自己健全的人格而努力。

3. 促进社会化

社会化是青少年接受教育的重要内容之一,而他们的社会化不仅在学校教育中完成,同时也在家庭和社会中完成。因此,青少年要更好地适应社会、融入社会、服务社会,完成良好的社会化过程就需要学校、家庭、社会形成目标一致的教育合力,尤其是未成年儿童在正式走向社会之前,家庭和学校是社会化教育的两个重要阵地。家校双方应当联合起来,通过各种家校合作的方式,特别是邀请家长介绍各行各业的职业特点和发展动态,传授一些较高层次的专业知识和技能,指导学生参与社会实践,可以让学生早日了解社会,了解各职业的特点,诱发学生的职业梦想和人生规划,从中感受到学习的价值与意义,从而激发起他们学习的动力和兴趣,自发地增强其创新意识和创造能力。

4. 预防青少年问题

以上谈到的各点,对青少年的成长具有发展性的教育价值,这些教育价值发挥正面引导作用的同时也在防范各种不良影响对青少年成长和发展的作用。由于种种原因,在学生群体中,往往会有个别孩子出现学业和道德上掉队的情况,如果家庭和学校处于疏离状态,就不能及时发现问题,也无法将问题解决于萌芽状态,或者即使出现了问题,往往也难以了解问题产生的原因,家长和老师都可能会认为这个问题不属于他们的责任范围,从而延误教育的最佳时机。如果家长与老师的沟通是畅通的、经常的、有效的,青少年出现问题时,就能够得到及时补救。

(二) 对学校发展的意义

1. 丰富教育资源,形成教育合力

在社会教育资源中,学生家长是最有价值的资源之一,他们分布于社会的各个阶层、各个行业,具有丰富的、可以被动员和挖掘的社会信息。通过家校合作,如请家长做一些专题讲座,可拓展学校课堂教学知识的范围,对扩大学生视野,增强学生对社会的全面了解极为有利。家庭只有全方位地配合解决学校教育中的各种问题,家庭和学校才能在学生教育过程形成教育合力。家长对工作的支持包括对学校政策的理解和支持,对政策的执行和监督,积极参与学校组织的家校教育活动,为学校提供教育资源,为孩子创设良好的教育环境,做好家庭教育工作,帮助学校建立良好的公共关系。家庭教

育和学校教育达成一致,相互配合,弥补各自的不足,合力共促学生成长和发展。

2. 应对社会变化,完成校园综合治理

信息社会的发展对学校教育产生了重要的影响,信息获取的便捷性以及当下青少年群体借助媒介自我学习的能力和自主意识的提高,使得学校对青少年成长教育的主导地位被削弱,教师的知识权威被消解,教师和学生的关系发生了新的变化,校内和校外的关系重新调整。对此,学校除了适时改进自身机制外,还必须积极寻求合作伙伴。另外,社会问题已不再是学校以外的事情,校园暴力时有发生,贫困学生在贫富差距中如何完成学业并健康成长、黄、赌、毒的校园传播等都是学校教育必须面对和要解决的问题,家长和社会都期望学校和教师担负起解决这些问题的责任。但是这些问题发生在校园,根源却在社会,所以单凭学校的力量无法完成,它必须由社会、家庭、学校通力合作才能解决。学校因为家长的参与管理,可以及早地发现问题,避免学校中恶性事件的发生,大大降低校园安全事故,提高校园综合治理的效果。

3. 加强民主管理,提高教育质量

现代教育要求学校要与家庭、社会加强沟通和合作,担负起青少年教育的主导责任,同时承担起家庭教育和社会教育的沟通桥梁作用。学校一方面鼓励和引导家长参与学校教育管理,帮助家长更深入和更全面地了解学生德、能、行等各方面表现,更好地配合学校教育,提高教育的针对性和实效性。另外一方面,现代家庭的家长也越来越有主动参与学校教育管理的民主意识,他们不仅在学校的指导下参与学校管理,而且不乏有识之士的家长主动通过家长委员给学校提出意见和建议。家长参与学校教育管理,有利于学校克服自身教育空间的封闭性、教育形式的单一性、教育内容的滞后性等弊端,促使学校教育在更高层次上实现开放和社会化。家长对学校教育管理的参与和监督还可以进一步鞭策学校教育者不断地提高业务水平,获得教育、教学、管理的改革动力,提高教育质量。

二、家校沟通与合作的途径及方法

(一) 学校开展家长教育的途径及方法

1. 举办家长学校

举办家长学校的目的是帮助家长掌握教育孩子的正确方法,更好地协助学校进行教育教学活动,同时也可借此机会向家长传递学校的相关信息。

首先,建立组织机构。设立家长学校领导班子,组织一支有学校领导、中层干部、骨干教师及校外人士参与管理的领导机构。

其次,根据家庭、家长的实际,合理安排适当的学习内容。如介绍家庭教育的重要性,家庭教育的原则与方法;孩子良好品行的培养、良好学习习惯的养成和创造力培养;

自我保护意识的培养及家庭急救;家长如何配合学校教育孩子,怎样看待学生的学习成绩;等等。

再次,制定相关的制度、规章。如《家长学校规程》《家长学校学员管理条例》《"好家长""优秀学员"表彰条例》等,这样使家长学校制度化、规范化。

2. 举行家庭教育经验交流活动

家长学校不能只局限于讲座形式,更应该根据家长的需求和兴趣,以他们亲身经历和实际生活中出现的问题,作为鲜活的教材,使他们得到相应的家庭教育知识,所以可以在家长会上开展以班级为单位的家长经验交流活动。

3. 印发相关的家庭教育资料,合法合规地向家长推荐家庭教育相关书刊

学校组织相关的专业教师针对家庭教育中常见的儿童发展与教育问题编订家庭教育读本,一方面用作家庭教育的普及型读本,另一方面也可作为班主任进行家校沟通合作的参考性资料,指导家长开展家庭教育。同时,学校也可以在精心调研的基础上向家长推荐可读性和可操作性强的家庭教育书刊供家长学习。

课 程 思 政

家庭是社会的基本细胞,是人生的第一所学校。不论时代发生多大变化,不论生活格局发生多大变化,我们都要重视家庭建设,注重家庭、注重家教、注重家风,紧密结合培育和弘扬社会主义核心价值观,发扬光大中华民族传统家庭美德,促进家庭和睦,促进亲人相亲相爱,促进下一代健康成长,促进老年人老有所养,使千千万万个家庭成为国家发展、民族进步、社会和谐的重要基点。

——国家主席习近平在 2015 年春节团拜会上的讲话

(二) 家长访校参与学校教育的途径及方法

家长访校不仅可以使家长们了解自己孩子的教育环境,熟悉孩子的老师和同学,而且也为教师和家长们提供了交流的平台。

1. 举办家长会

家长会可以帮助家长提高家庭教育水平,掌握孩子发展情况,了解学校教育现状,能够及时沟通家长、学生和学校的思想感情,排除教育中消极的因素。为使学生健康成长,根据班级学生的具体情况以及各阶段的教育任务,可以有计划地组织内容和形式各异的家长会,如报告式家长会、交流式家长会、展览式家长会、表演式家长会、会诊式家长会等等。

2. 设立学校开放日活动

家长们关心孩子在学校的学习情况,也关心他们在校的生活情况。学校定期设立

开放日活动,一方面向社区宣传学校的办学理念和办学质量,另一方面也可以让家长走进学校、了解学校,了解孩子的学习生活,体验学校生活,如家长进课堂听课,进食堂参观,与学生一同参加第二课堂实践活动、校园特色艺体活动、劳动实践等。只有家长了解和理解了学校的工作,才能更好地与学校携手共同做好学生的育人培养工作。

3. 观看学生演出、体育比赛,参观学生作品展览等

对学校来说,展示教育成果可以提高学校的声誉,对家长来说,可以了解孩子或学校技能教育的状况,同时可以增加彼此之间的可信度。

(三) 教师家访的途径及方法

家访是教师同家长加强联系,谋求共同教育孩子的重要方式,是教育学生的一种必不可少的有效手段。

随着时代的发展,教师家访的方式越来越多样化。由原来的面访、电访、书访到现在的借助各种沟通媒介进行的网络家访,家访的内容也呈现出了新的变化。常见的家访内容有了解性家访,通过家访了解学生的兴趣爱好、个性特点、家里表现,以及家长的文化素养和教养方法等;鼓励性家访,当学生,特别是当学困生有进步时,在家访中当着学生的面,向家长做恰如其分的报告,及时给学生与家长以鼓励和警示;开导性家访,学生犯了错误或与父母发生矛盾,以致害怕家长打骂不肯回家等,教师要及时进行家访,一方面要耐心开导教育学生,稳定学生的情绪,一方面要向家长交流看法,取得教育的一致性;防治性家访,教师发现学生有异常的思想"苗头"或轻微的过错行为时,及时进行家访,不失时机地向家长及孩子委婉说理,可以起到防微杜渐的作用,如学生进游戏厅打游戏、私自下河游泳、拿同学钱、与同学打架等,及时家访会起到重要的预防作用。

家访需要选择适当的时机。一般地,下列时机进行家访是适宜的:一是学生思想或学业有进步时。孩子进步,作为家长都会感到高兴。此时去家访,一方面带给他们喜讯,另一方面可以增强他们教育子女的信心。二是学生思想或学业退步时。学生某方面退步,单靠学校老师教育是不够的,需要与家长取得联系,进行共同教育。三是学生获得某种荣誉或表扬时。四是学生病休在家时。五是学生家庭发生意外事故或遭遇灾难,此时去家访,可以沟通教师与学生同家长间的感情,密切学校与家庭的关系。

(四) 家长委员会参与学校教育的途径及方法

组建家长委员会,目的在进一步密切家校关系,沟通教育信息,提高育人水平,从而对学校教育教学工作起支持、参与和监督作用。

家长委员会的组织模式可以选择"学校家长委员会—年级家长委员会—班级家长委员会"三级机制。班级委员会是开展活动的基本单位,具有一定的独立性。家长委员会的条件必须是在校学生的家长,热心学校和家庭教育工作,有一定的组织能力和语言

表达能力,有奉献精神,乐于义务承担学校或其他家长委托的工作。同时还应考虑到组成人员的先进性和代表性。

家长委员会协助学校宣传党的教育方针,和学校教师、领导一起探讨教育思想、培养目标和实施素质教育的方法和途径。家长委员会要经常了解学校教育教学情况,反映学生校外表现情况和思想动向,沟通和协调师生关系、家校关系。家长委员会成员应注意搜集学生和社会对学校教育教学工作的评价信息,定期以口头或书面等形式,反映学生家长、社会对学校工作的意见、建议和要求,为学校教育出谋献策。

三、家校沟通与合作中的问题及对策建议

(一) 家校双方沟通合作的主动性不够,应深化家校沟通合作的认识

真正有效的沟通合作应该是家校双方积极、主动地参与。有调查研究表明[1],教师和家长对家校合作重要性的认同度较高,但二者主动沟通的意愿却不够强烈。大部分教师只有在学生学习成绩突然下降或学生在学校出现问题时才会主动与家长沟通,有时这种沟通也是"一次性沟通",教师把学生问题反馈给家长后,就不再主动沟通,缺乏沟通的持续性。定期与家长主动沟通的教师所占比例不多。家长主动联系教师的情况类似,在孩子学习成绩突然下降时,孩子在学校出现问题时,孩子生病了,家长会主动与教师联系,与教师定期主动沟通的也不多。在学生出现问题后,双方才主动沟通,这种主动沟通是带有被动性和突发性的。教师和家长没有主动沟通的意愿和主动沟通的习惯,难以形成对学生比较全面的认识,家校合作的应有效果无法实现。

要改变家校沟通的被动局面,学校作为主导方既要建好家校沟通的规章和激励制度,提高班主任教师工作的积极性,同时通过开展一定的家校互动,帮助和指导家长树立家校沟通的正确思想,熟悉沟通的渠道和机制,把握沟通的时机和方法。第一,开展家长课堂,帮助家长更新教育理念,指导家长重视家庭教育。学校通过家长会、微信公众号等多种方式,向家长宣传我国家校合作的政策文件要求。学校要在家校沟通合作活动的开展中,有意识地帮助家长更新教育理念,鼓励家长主动联系学校,积极与老师沟通,分享孩子在家学习和生活状况,遇到棘手的教育问题,主动寻求教师的帮助。学校要通过相关亲子活动、家长开放日、社区实践活动等,在实践中激发家长的责任意识,让家长意识到,家长自身的经历、受教育水平、兴趣爱好、价值观、生活态度、职业背景及家庭环境氛围等都会对孩子有耳濡目染的影响,家长本身就是一种教育资源。鼓励家长利用家长课堂等方式进行自主学习,提高自身的教养水平。第二,开展家校共育专题培训,增强家校合作共育意识,树立正确的家校合作育人观。学校应主张家庭和学校双向互动,学校不能一直掌握指挥权,在家校沟通合作方面,要真正发挥家长作为教育主

---

① 韦娟娟. 家校合作育人沟通问题研究[D].华东师范大学,2021:93.

体地位的作用和优势。家校合作育人是一个不断发展、持续性的过程,学校要系统深化对家校合作的认识,开展不同层次的家校合作,学校可以根据各年级的实际情况,通过家长学校或者家庭讲座等方式开展定期的家校共育专题培训,宣传和指导家长开展家校共育的方式方法。同时,学校建立家校沟通合作的常规性管理制度,在实践中激发教师的家校合作意愿,引导教师积极开展班级层面的家校互动合作。

(二)家校沟通合作的内容不全面,应全方位关注学生的成长和成才

在家校沟通合作的内容中,教师和家长的沟通合作主要集中在学生的学习方面,对于学生的思想道德素质、心理健康状况方面,家长与教师交流得比较少,对学校事务、管理工作方面更不关心。即便是学习方面的联系主要也是如何提高学习成绩考高分,家长向教师请教参考书的选择、校外辅导等。而教师召开家长会,内容也多是向家长通知学生的考试成绩或学习情况,让家长督促学生的学习等。从根本上看,学校并没有把家长作为学校活动的自愿参与者和学校教育决策的参与者,家长没有真正全面地参与到学校教育中来,家校合作只停留在最简单最初级的层面,沟通合作的内容也不可能深入和全面。

学校和班主任教师都应当创新家校沟通合作的形式和内容,尤其要应学生、家长、学校和社会的需要以及他们关注的热点和问题,不断丰富创新。如我们传统惯例的家长会不能就成为学生成绩的反馈会、班主任教师的主讲会,可以在教育政策、学校活动、教育学与心理学、家庭教育知识等方面有所涉及,同时形式上也不一定都是班主任教师主讲,也可以是学生家长,甚至是学生作为主角,关于成长经验的分享会。杭州第十一中学在家校沟通的形式和内容上做了大胆改革。他们要求各班的班主任协同各科任课老师就学生家长普遍关心的问题录成答疑解惑视频,在每次家长会和校讯通的家校互动版块,进行实时播放和更新,有的是关于学生学习方法和学习习惯的话题,有的是关于学生青春期成长的问题,有的是关于学科知识延伸拓展的问题,有的是亲子沟通问题,不仅改变了以往人们认为家校沟通合作仅是班主任工作的错误认识,而且也切实改变了班主任与各科任课老师之间的关系,以及老师与家长之间的沟通合作关系,真正地形成了校内外的教育合力。

(三)沟通合作的媒介协同使用不充分,传统和网络媒介应当各取所长,发挥协力作用

家校沟通合作所借助的媒介伴随着社会的发展在不断地迭代出新,传统的面对面家校互访、纸媒沟通的家校联系册等方式在逐渐被网络信息化的沟通媒介所取代,新媒介的使用打破了时空的限制,大大降低了家校沟通的时间成本和机会成本,它的便捷性也带来了家校之间更多可能的沟通合作机会和形式。但是新媒介的使用,并不能完全替代传统的家校沟通合作媒介,网络化云端的沟通与合作替代不了面对面现实场景的

切身体验和实践感,因为相同的内容经不同的媒介传递,沟通效果是有差异的。使用单个媒介或多个媒介的组合,都是需要信息发送者根据信息的内容进行慎重考虑和选择的。不同的信息内容、不同情况下采取的沟通媒介应该有所不同,媒介的选择必须切合自己想要传递的内容、沟通的场合,如果媒介选择有偏差,很难达到理想的沟通效果。如当学生在学校发生紧急事故时,联系沟通家长的最好不是 QQ、微信等简短讯息的发送告知,而是第一时间的电话通知及面谈。再如学生在学校发生的一些成长关键事件,教师选择照片和文字记录的方式传达给家长,与电话、微信告知的方式相比,所能取得的效果是截然不同的。网络媒介方便快捷,但也转瞬即逝,而传统的纸质媒介所承载的信息是永恒的,而且如果是班主任老师亲笔手书的话,纸媒更是传递了非同一般的情感意义。因此,家校沟通合作的方式应当根据现实的需要,多种媒介方式协同使用,各自发挥所长,不能因为网络的普及使用,而忽略传统媒介方式在家校沟通合作中的重要作用。学校和教师要充分挖掘网络媒介的优势,与传统沟通合作方式相融合,实现"强强联合"。

(四)沟通合作的反馈评价机制不健全,应因地制宜建立健全家校沟通合作机制

反馈是沟通合作的重要一环。没有反馈,沟通合作的效果就得不到保证。在家校沟通合作的实践中,有些家长因种种原因有自己的顾虑,不愿反馈。有些家长受时间、地理空间的限制,信息技术水平欠缺等条件制约,不能反馈。有些家长沟通能力不及,不会反馈,这影响了家校沟通合作的实效。家长不给教师有效反馈,教师也不知信息是否被家长接收和理解,也降低了教师沟通合作的热情和意愿。同时,学校缺少对教师开展家校沟通合作工作的反馈和评价,老师日常的家校沟通合作工作常常被忽略,制度化的评价反馈机制缺失更是造成许多老师开展家校沟通合作工作动力不足的主要原因之一。

学校应当根据国家制定的相关政策,建立契合本地区和本校实际的家校沟通和合作制度。学校在制定校本制度时,应当既要细化已有的与家庭、学校和社区沟通合作相关的比较宏观的政策及法律法规,还要开展相关的调研工作,深入了解当地的实际情况,考虑不同类型家庭的差异化需求和在沟通合作中存在的实际困难,家校合作制度的内容应详细、深入、具体,涉及家校沟通和合作的方方面面。学校鼓励教师主动与家长沟通,建立沟通合作的机制,提高教师家校合作共育素养,提高家校合作沟通技能。建立家校冲突应急管理机制,帮助教师及时处理家庭沟通中遇到的问题。鼓励教师利用多样化的方式与家长建立常态化的联系,把教师与家长的沟通成果纳入教师考评体系,作为年度优秀教师评选指标之一,给予教师一定的外部激励,如发放津贴等,提高教师的工作积极性。

巧妙沟通结同心,家校合作共育苗①
——被家长投诉怎么办?

一、案例还原

小雨(化名)在跑操途中,趁着小豪(化名)躬身系鞋带,从他身上跨了过去,这使得小豪一个趔趄,差点摔跤。起身站定后,小豪迅速冲上前和小雨扭打在一起。这一情况被体育老师反映到我这里。我让两个学生分别写情况说明。小豪认错态度诚恳,详细叙述了事情发生的经过,并保证下次如果遇到类似情况不会再蛮力解决。小雨则继续飞扬跋扈,不仅拒写情况说明,还要求小豪向他道歉。于是,我将小雨留在办公室反思。回到家后,小雨说自己被同学欺负,却被班主任留在办公室接受教育。母亲听说孩子在体育课上受到欺负,认为班主任在处理事件时歧视学困生。孩子母亲并没有找我沟通了解情况,而是直接向校长投诉。

二、案例分析

从家长的角度来看,作为班级家委的小雨妈妈一向对班级事务非常热心,这次的投诉行为一反常态,她越过我直接与校长沟通,这反映出她对班主任产生了信任危机。其深层次的原因在于,家长对孩子在学校中的表现格外关心,而来自班主任的负面反馈增加了她的焦虑感。

从学生角度来看,小升初后,小雨难以适应新变化。小学时,小雨曾经是很多家长眼中的"别人家的孩子",进入中学后,面对新同学、新老师,以及学科数量和知识难度的增加,他在学习上表现得非常吃力。另一方面,小雨自尊心极强,渴望得到尊重。因此,他回到家并没有向家长如实叙述学校发生的事情,而是隐瞒事情的真实过程。

从教师角度来看,我缺乏和家长进行及时、有效的沟通,平时"报忧不报喜",无法准确地掌握学生和家庭的实时状况。如果学生没有真实地和家长反馈在学校中的表现,很容易引起家校之间的沟通不畅乃至误会。

三、案例干预

1. 上门家访,共情铺垫。接到投诉后我初次致电小雨家长时,明显能感觉到小雨家长情绪激动,所以果断选择上门家访。我迅速搜罗整理资料,做好家访的充足准备。考虑到小雨对数学的浓厚兴趣,我还邀请了数学老师一起前往。及时上门家访彰显了班主任的真诚和对投诉意见的重视,提升了沟通的效率和准确度。

---

① 郑梅.巧妙沟通结同心,家校合作共育苗[J].中小学班主任,2024(3):76-78(内容有删减和改动).

2.表扬切入，直面问题。我和数学老师历数小雨的优点，听了我们的夸赞，小雨妈妈脸上的神情开始缓和，并和我们分享孩子成长过程中的闪光点。我抓住机会，将提前准备好的班级其他同学写给他的"夸夸条"交给小雨和妈妈。赞美如良药，这使小雨产生了深深的愧疚感。他向妈妈承认自己歪曲事实的错误行为，并如实叙述事件的经过，并保证改过自新。

3.精准把脉，指明方向。根据小雨的问题，我提供了以下三点建议。第一，转变教育方式，营造和谐的家庭氛围，让孩子在爱的浸润中成长。当孩子遇到困难时，父母的理解与关爱往往能给孩子向前的力量。第二，建议家长关注每周一群里的家庭教育讲堂信息，参与学习写下心得感受，将习得的技巧用起来，努力构筑良好的亲子关系。第三，用放大镜寻找孩子身上的闪光点，提升孩子的自我效能感。同时，我在班级家长群里就小雨妈妈的困惑，邀请其他家长建言献策，调动班级力量共同探讨亲子关系问题。

4.尘埃落定，家校双赢。事后，小雨家长愧疚万分，原来孩子身上的问题是和家庭密切相关的，并不仅仅是学校的责任。小雨妈妈从最开始的情绪激动到最后的充满感动，重新和我站在了同一战线上。我联合科任老师不断肯定、帮助小雨重新找回了信心。此次家校沟通基本达成了沟通目标，稳定了家长的情绪，重新取得了家长的信任，也使家校关系更为和谐。

第四节　学校与社区的合作

一、学校与社区合作的意义

学校是社区的学校，社区是学校的社区。学校置身于社区的大环境之中，是社区发展的重要组成部分。社区是学校存在的文化载体和物质载体，社区有着丰富的文化资源和人文资源，学校应充分利用社区所具有的资源，将学校教育置于社区之中，形成学校与社区相互协作、和谐共生。著名教育家陶行知说过："没有利用社会资源的教育是无能的教育，没有针对社会需要的教育是盲目的教育。"学校与社区的合作是紧密结合的实践样态，是促进学校发展的有效途径，也是建立学习型社区的必由之路。

沟通学校与社区，"把社会引入教育，让教育服务于社会"，不仅使学校扎根于地区社会，为学校的生存和发展取得了社会的支持和合作；而且也为社区建设发展和社区民众终生发展，赢得学校的支持和参与，从而为学习化社会的建设奠定基础。

(一) 对于社区建设的意义——教育服务和精神文化辐射

学校相对于社区拥有齐全的教育教学设施和文化、体育活动的设备,对整个社区的经济发展和文化教育活动具有空间调节作用。学校可以通过科技下乡、社区扫盲服务、社区公益事业等办学形式提供学习场所,为社区教育服务,这是学校承担社区建设的主要职能。学校从高墙耸立、四面环墙逐渐打开学校大门,走出校门,与社区进行合作是学校自身教育教学优质发展、增强学校活力、增长学生知识和增强学生文化自信的重要途径。同时,学校作为一个知识密集型的地方,教师群体具有良好的精神风貌和专业的知识技能,如创新精神、进取精神等,加之有独特的校园文化氛围,充分体现了现代社会的文明精神和价值观念,这将对社区成员形成一定的文明辐射优势。

(二) 对于学校发展的意义——教育教学的支持和学校管理的优化

在学校与社区的合作中,社区可以为学校的发展和生存提供物质、经费和信息等方面的支持。社区通过向学校开放社区资源,如图书馆、文化馆、体育馆等基础设施,参与学校的教育过程,整合社区内各种教育资源,为学校的教育教学提供支持。同时,良好的社区环境是年轻一代健康成长的重要外部条件。社区居民是学校教育最为直接的社会公众群体,社区可以通过自己的途径宣传学校的教育教学状况,如社区报纸、宣传单、黑板报等形式,争取公众对学校教育的理解和支持,形成良好的尊师重教的社区风尚。

学校是一个多功能、开放的动态系统,不仅能感受到来自系统内部的刺激影响,而且也能感受到来自外部社会环境的刺激反映,必然要与所在的社区人流、物流、信息流发生交换。社区作为沟通学校和社会大环境的中介,学校管理应该注重社区的参与,社区可以在多方面给予学校帮助,如在办学方向、课程设置、考核评价机制等方面。在管理和教育过程中充分反映社区的意愿,认真听取社区居民的建议,积极调动家庭、社区人员对学校工作的民主参与和监督,实现学校教育管理的优化。

二、学校与社区合作的途径及方法

学校和社区的合作,可以是以学校为主导方开展的合作,也可以是以社区为主导方开展的合作,无论是学校邀请社区合作方走进来,还是学校作为合作方走出去,我们都应提倡全方位、多渠道的沟通合作,以此来促进学校与社区合作的有效进行。

(一) 以学校为主体开展的合作

学校是育人的主要场所,在社区中起着重要作用。学校通过以下途径和方式与社区开展合作活动,为其提供服务。

1. 向社区开放设施设备

学校向社区开放,是以开放校园的方式,将学校的物质资源,包括校舍、教室、集会场所、运动场所及其器材、图书阅览室、计算机房等设施、设备,供社区民众使用,满足社区居民学习、健身、娱乐等方面的需求。

学校的场地、设备、人力,在工作日之外的节假期间大多停用或休息,如能提供给社区开展文化教育、健康娱乐等活动使用,既能减少社区发展的经费开支,也能发挥学校作为社区文化中心的作用。近年来,随着学校教育改革的深化,在学校办学体制创新、学校重组的过程中,在社区教育蓬勃发展中,进一步加大了综合利用学校资源为社区服务的步伐。

2. 学校开放日

学校开放日是指学校安排一个特定的时间,让以家长为主的社区公众参观、检查学校的教育教学工作,使他们对学校工作有直接的了解,并就学区建设提出意见,以增强对学校的信任和支持。[①] 学校的开放日多在学校秋季招生之前的一个学期开展,届时学校会通过网络媒体、社区海报等媒介向社会公众宣传和公示开放日时间和注意事项。

学校开放日给社会一个了解学校、了解教育的窗口。开放日当天,学校会通过展板、讲解等形式介绍学校办学理念、校园环境、课程设置、师资水平、办学特色、学区共享资源等。学校利用开放日活动,不仅宣传学校的特色和文化,提高学校的吸引力和影响力,更有助于学校承担起向社会、家长和学生传导"寻找适合的教育""关注儿童个性需求和特长发展"等科学育人理念。学校开放日里的各种学校活动和规章制度展示也是学校对外接受社会各界监督的最好宣示。

3. 志愿者活动

从志愿者活动面向社会生活的根本特征出发,学校推进志愿者活动必须基于学校、家庭和社区的协作。学校置于社区之中,社区是整个社会的缩影,它包括社会的方方面面,能为开展志愿者活动提供多方面的机会、场所、组织指导与援助。如学校可以组织学生利用周末和节假日的时间到社区敬老院做义工志愿活动,也可以到社区图书馆帮助整理图书等。

借鉴西方国家关于学校和社区合作的志愿者活动举措,我们还可以在学校与社区合作开展研究性学习,组织校际联合志愿者活动,把各种各样的对学校学科教学和特别活动指导的协助者、家长、地区的人才与企业的有关人员,作为志愿者接纳并组织起来,建立和完善校外辅导人员的管理制度等。结合我国的国情,在党政工团机构的组织和协调下,发挥我国的制度优势,坚持红色引领,动员家庭、社区组织、团体共同协作。

> **课程思政**
>
> 中国青年志愿者行动迈着青春的步伐走过了不同寻常的 30 年,它诞生于改

---

① 项亚光.美国学校如何向社区开放[J].外国中小学教育,2005(6):13.

革开放的时代大潮,厚植于共青团的优良传统,蓬勃发展于伟大的新时代,根本在于党的坚强领导;它是共青团主动回应时代挑战、勇开风气之先的青春创举,也是亿万青年志愿者挺膺担当、投身中国式现代化建设的持续接力。

——节选自中国青年志愿者网2024年新年献词《志合者,不以山海为远》

4. 家长学校

家庭是社区的基本组织,家长是社区构成中的重要成员。学校与社区合作还体现在学校为家庭提供教育指导上。"家长学校"一般邀请学校校长、教导主任、教师和有关方面的专家、教授采取专题讲座的形式向家长授课,主要针对家长的心理和实际需要来选题,在时间安排上也尽量考虑家长的闲暇时间。近年来借助网络媒体技术,家长学校的开展形式开始打破时空限制,通过QQ、微信、钉钉等线上直播形式向广大家长开展家庭教育指导,受到了广大家长的欢迎。

学校、家庭和社区相关利益主体通过凝聚教育共识、健全机构设置和优化运作机制,共同推动"政府主导、部门协作、学校组织、家长参与、社会支持"的协同育人格局。家长学校的管理强调家长、教师和社区人员等多主体的积极参与,家长与教师、社区其他家长之间的人际合作能形成一种支持性社群,有利于与儿童学习、生活各种相关信息的传递。同时,通过家长学校还有利于推动学校教育资源和社区教育资源向家庭教育汇聚,有助于增加家庭教育资源的无差别供给,微观层面上能显著减少家庭资本差异对儿童成长造成的消极影响,宏观上有助于形成更加公平的教育环境。

(二) 以社区为主体开展的合作

1. 社区参与学校课程开发

我国是一个文明古国,有着深厚的文化底蕴与优良传统,每个地域、辖区都有其丰富的乡土历史文化,其中不乏重大的历史事件、文物古迹及民俗传说。同时,我国正处于一个变革转型的时期,整个社会处于迅速发展的阶段,取得了许多的成绩,但其中也免不了出现诸多的社会问题和社会矛盾。而具体到每个社区,每个社区的发展成绩和问题又存在着地域性和独特性。通过社区参与课程开发,这些都可以成为学校课程的重要素材,丰富教学内容,使学生更加了解社区的历史文化和社会实际。

目前,许多地区在进行校本课程的研究与实验,而校本课程最重要的一个方面就是社区参与课程开发和社区文化教育资源的充分利用,使学校教育符合当地社会(社区)的实际情况和需要。

例说7-6

发掘社区教育资源，助力青少年成长[①]

天津大直沽街汇贤里社区汪宝树老同志的摄影技术高超，和老伴儿在社区、家庭办起了摄影班，给社区青少年讲授摄影知识，经常自费办摄影展，并将自己珍藏的民国时期天津洪水被淹等老照片、老故事讲给青少年听，使青少年更加珍惜来之不易的幸福生活。常州道街常一社区张金玲老艺术家，精湛的篆刻艺术，吸引了青少年的好奇心。东新街活动站吴维珍老师带领社区青少年共同筹划制作了庆祝建党90周年书画展，并在社区展览，让社区居民一睹青少年的才艺，获得社区居民的赞许。

2. 聘用有能力的社区人士参与学校课程教学

在我国，学校聘用有能力的社区人士担任课外辅导员参与学校教育，已成为一种制度。但是聘用有能力的社区人士参与学校课程教学尚未形成制度。日本实施的"特别非正式讲师制度"对我国开展学校社区合作有借鉴意义。日本的"特别非正式讲师制度"主要是对那些不具有教师资格证书，但具有相关及丰富知识、经验的社区居民及社区组织人士，经过向地方教育行政部门申报，就可以在中小学承担教学计划中各科的一部分教学工作。这部分非正式讲师担任的具体教学内容都是校内已有教师开设不了的，但对培养学生素质和多方面的技能与能力是十分必要的。因此，这是一种社区参与学校教育，培养学生素质的可参考和借鉴的制度。

3. 为学校提供教育基地

社区可以为学校提供德育基地和社会实践基地。培养青少年良好的道德品质是整个社会的责任，也是社区参与学校教育的主要内容之一。从社区的角度而言，社区是青少年德育的基础，也是学校德育的基本素材。因为学校德育的最终目的还要落实在社会中的道德实践上，而社会中的各种现象与问题也应是学校德育的基本内容。首先，社区有目的地、有组织地为青少年提供道德实践的空间，将社区内丰富的德育资源加以整合，对青少年施加影响。其次，净化社区风气，加强文化市场的管理，对确实有害于青少年身心健康的活动应坚决加以杜绝，使青少年远离污染。最后，对于发展中的社会问题与社会矛盾，应从理性的角度加以分析和引导，使青少年学生在独立思考中明辨是非，形成独立的价值判断，树立正确的价值观和人生观。

社区同时作为学校教育开展的社会实践基地，既可以帮助青少年将课本里的知识活学活用，又可以增强他们的见识和综合实践能力。例如，有些社区利用当地丰富的文

[①] 案例来源：全国基层关工委工作会议材料汇编.天津市河东区关工委《发掘社会教育资源 拓展社区教育阵地 扩大青少年教育覆盖面》，2011-09-16.

化古迹和抗日战争历史等与学校合作建立爱国主义教育基地,与驻地部队合作开展暑期军营夏令营活动以及国防安全教育等,既拓展了学校的教育,又帮助学生在实践中体悟了生活,提高了思想认识。

三、学校与社区合作中的问题及对策建议

学校与社区的合作,是追求学校教育更主动地将社区资源融入教育过程之中,也要求学校通过人的培养、教育教学活动的开展和学校文化的影响,反哺社区建设,促进社区发展。当前我国中小学与社区的合作在政府的推动下基本思路和格局已经搭建起来,但是要从"量"的普及深入"质"的发展则仍要跨越一个意识、动力、制度等的三重瓶颈。

(一) 合作动机较弱,应加强学校与社区合作的理论认识[①]

在学校,校长由于缺乏合作观念,往往不愿意与社区合作。再加上教育行政部门并没有强制性规定学校必须和社区合作,导致了一部分校长抱着"多一事不如少一事"的心态,不愿敞开学校的大门。还有的校长虽然有良好的合作意愿,但缺乏合作方面的知识,使合作活动也不能顺利进行。由于没有制定相应的激励制度也造成了班主任教师不愿意参与合作的被动局面。因此,学校方面并没有正确认识二者的合作问题,合作动机较弱。

社区中,社区管理者忙于日常繁杂事务,对于与学校合作表现得并不积极,只是在特定时期开展个别合作活动。由于社区里并没有设定专门人员负责合作事务,极易造成管理上的混乱。为了避免不必要的混乱,一些管理者选择了不与学校合作。社区居民素质的差异,造成了部分居民态度冷淡,缺乏合作意识;也有少量居民相对热情,但人数有限,难以形成教育力量。整个社区由于缺乏内部动力,只能隐居幕后低调行事。

促进学校与社区的合作,建立互相认同、理解、沟通、支持的互动关系是在终身教育理念指导下对学校教育和社区教育提出的共同要求。参与的双方对这一理念的认识都不够全面和深入,也无法充分认识到建立良好的合作关系对学校和社区发展的长远双赢效益。

首先是在学校管理者层面,教育行政部门要通过举办专家讲座、介绍国外经验、阅

---

① 邓璐.区域性学校与社区合作问题研究——以上海市浦东新区为例[D].华东师范大学,2007:68.

读相关书籍、实地参与社区教育等方式来加强校长、书记们对于终身教育理念、社区教育理论与实践以及学校与社会关系的发展等方面的理论学习,使他们能够正确地认识到学校与社区合作对于双方发展的重要意义,以及新时代对于学校制度变革提出的要求。其次,要加强对教师这方面理论认识的普及和提升。开展的形式以理论学习和实践反思相结合,挖掘教师在参与社区活动中的感受和收获,从而提高教师参与学校与社区合作活动的积极性和主动性,并不断探索更合理有效的方式、方法。再次,通过学校与社区开展的活动以及教师在教育教学中渗透的对于参与社区生活的理解,促进和引导学生主动关心社区、服务社区,并逐步认识作为社区的成员应具备的素质和发挥的作用。

在社区中,同样要以各种方式加强对社区工作者、社区教育工作者尤其是居委会干部的理论引导,树立教育在社区建设发展中的核心地位,将社区建设和发展目标定位于构建以终身教育体系为基础的学习化社区。增强他们的"教育意识",这一方面是对于社区教育的意识,另一方面则是参与学校教育的意识。通过对双方理论认识的引导和普及,才能建立起学校与社区合作沟通的共同思想基础和认识。

(二)合作行为较散,应常态化、规范化学校社区之间的合作行为

由于学校社区合作的内容涉及多个方面,造成了合作行为也相对分散。学校和社区根据各自需求,组织开展各种活动,合作行为多种多样。有以学校为主体的合作,也有以社区为主体的合作。如学校组织的志愿者活动、家校合作活动,社区组织的体育文化活动、资助活动等,而且这些活动往往未经统一规划,多为自发而起,使合作行为更不易集中。再者学校和社区在参与合作中行为较"乱"。目前,很多学校和社区都还没有制定出明确的规章制度来确保合作活动的开展,对待合作问题多是各自内部管理,这不免会给双方带来一定冲突。如时间、经费、权力、利益等方面的冲突,这无疑会对二者的合作关系产生不良影响。因此,针对合作行为较散、较乱的问题,教育行政部门和社区管理部门应在政策上给予足够支持,使学校和社区做到有法可依,让合作行为逐步向规范化、标准化方向迈进。

一方面,教育行政主管部门和学校应当建立有关家校社合作的常规化制度,另一方面可以在社区教育机构常规体制中,将学校和社区要开展的合作活动进行定期规划,协调好双方主体的责任,形成以学校教育和社区教育为双依托的合作模式,双方按照规划定期合理地开展合作活动,常态化、规范化二者之间的合作行为。

(三)合作机制建设运行不力,应当健全学校、社区合作的长效机制

根据学校和社区合作的运行规律,应当建立领导协调机制、安全保障机制、成本补

偿机制和奖激励机制四大机制①。但是因为学校和社区在实际的合作中缺乏主动性，即便在行政的干预下实施合作，也多流于工作的表面形式，缺少对合作建章规制的探索，导致学校和社区的合作成为完成任务式的流程工作。例如我国上海浦东新区开展的学校和社区合作模式探究，虽然浦东新区几乎所有的学校与街镇都建立了学校与社区合作的领导协调机构，但由于一个街镇常要对应多所学校，因此，"学校资源开放工作协调管理委员会"常常是一个街镇设一个，然后邀请各个学校的管理者共同参与召开协商会议。目前这一机制在许多街镇只是一种形式，没有常规化、长期化地运作起来，并且由于缺乏基层居委会组织人员的参与，许多具体的活动内容在操作的时候都难以直接贯彻其精神，而基层反馈的问题也难以直接在领导协调会议中得到讨论和解决。这样导致的结果就是虽然建立了街镇分管领导与学校领导参与的协调制度，在学校资源开放工作执行之初发挥了较好的协调作用，但是在继续推进的过程中，由于没有固定的常规性协商互动，又缺乏居民基层组织的直接参与，使得许多街镇学校建立的领导协调机制作用发挥有限。

以行政力量推进学校与社区的合作无疑是最为有力，也是最切实有效的力量。但是，如果行政力量继续强势地发挥主导控制作用，无疑会挤压学校与社区合作关系以及自主发展的空间。"事实上，经过一些国家的多年实践也证明，公权力（行政力量）的作用虽然非常重要，但却不是唯一的。反之充分利用国家和民间两方面的力量来共同参与和协同努力，这才是成功举办教育的一条有效途径。"②因此，政府必须转变行政力量的角色和定位，充当支持、推进和援助者的角色，而将主导、策划和实施的权利交给学校与社区的协调机构来共同完成。这样既有利于政府进行宏观上的监督和引导，又能够将自主发展的权利交给学校和社区双方，按照居民、学校师生的真实需求来开展合作活动。

在行政力量角色转变的同时，居民自治组织的建设必须发展起来。由于原来单位制下的集中居住已经被打破，单位制的解体和人口的迅速流动使居住区的人口社会经济结构发生显著变化，陌生人的社区成为普遍的现象。也就是说社区公众缺乏社区主人翁意识，缺乏对社区的认同和集体行动能力。学校与社区的合作也面临着这样的问题，一方面是居民对学校社区合作的需求没有愿望或途径可以进行直接的表达；另一方面，学校与社区的合作内容又变成了对上级布置任务的执行，实际上，没有满足居民在这方面的需求。因此，其中关键的一个环节就是要将基层居民自治组织——村居委会的自主性发展起来，建立起居民组织与学校的直接沟通和合作。同时，通过学校与社区的合作活动，也能帮助作为社区居民的学生和普通的社区居民逐渐加深对本社区的认

① 邓璐.区域性学校与社区合作问题研究——以上海市浦东新区为例[D].华东师范大学,2007:56-58.
② 吴遵民.关于对我国社区教育本质特征的若干研究和思考——试从国际比较的视野出发[J]. 华东师范大学学报(教育科学版),2003(3):30.

同感,从而增强社区的凝聚力,促进居民自治组织的发展。

目前,国家和地方都有政策措施来推动学校与社区的合作。但是政策为照顾到各种可能的情况而在措施指导上都较为笼统。为了确保政策的落实,要制定配套的管理考核细则。这也是行政力量角色转换的一种方式,将重心转移到规则的制定和监督上。推进学校与社区的合作要以建立机制为抓手。但到目前,我国学校与社区合作应当建立的四大机制仍有很强的随意性和不确定性,这就需要政府以行政力量完善、细化相关的规章制度和激励措施以使各项机制能真正落实并切实发挥协调和保障作用。

思考题

1.师生沟通对于学生交往能力的发展有哪些具体作用? 如何通过沟通提升学生的交往能力?

2.如何通过换位思考和主动倾听来提升师生沟通的效果? 请具体描述这些策略在实践中的应用。

3.师生沟通中的认知差异可能会导致哪些问题? 班主任可以通过哪些方式来缩小这种差异?

4.为什么教师团队的沟通与合作在现代教育体系中具有重要意义?

5.教师团队的沟通与合作如何促进学生的全面发展?

6.在现代教育体系中,教师团队的沟通与合作面临哪些主要障碍? 如何解决这些障碍?

7.家校沟通与合作的途径与方法有哪些? 你认为家校沟通合作的最好方式是什么? 为什么?

8.班主任在家校沟通的工作中常见的问题有哪些? 请结合现实论述有哪些具体的解决办法。

9.学校和社区合作的方式有哪些? 班主任可以在以学校为主体的校社合作中开展哪些工作?

10.请结合学校工作的实际情况,思考学校在与社区合作的过程中常见的问题有哪些? 如何解决这些问题?

附　　录

一、《中小学生守则》《小学生日常行为规范(修订)》和《中学生日常行为规范(修订)》(2004 年)

二、《中小学班主任工作规定》(2009 年)

三、《中小学心理健康教育指导纲要(2012 年修订)》(2012 年)

四、《中小学生守则(2015 年修订)》(2015 年)

五、《中小学德育工作指南》(2017 年)

六、《中小学教师培训课程指导标准》(2020 年)

七、《师范生教师职业能力标准(试行)》(2021 年)

八、《义务教育质量评价指南》(2021 年)

九、《中华人民共和国家庭教育促进法》(2021 年)

十、《教育部等十三部门关于健全学校家庭社会协同育人机制的意见》(2023 年)

主要参考文献

[1]《班级活动的设计与实施》编写组.班级活动的设计与实施[M].北京:世界图书出版公司,2011.

[2] 阿尔伯特·班杜拉.社会学习理论[M].陈欣银,李伯黍,译.北京:中国人民大学出版社,2015.

[3] 巴赫金.文本、对话与人文[M].石家庄:河北教育出版社,1998.

[4] 杜威.我们怎样思维·经验与教育[M].姜文闵,译.北京:人民教育出版社,1991.

[5] 冯增俊.当代西方学校道德教育[M].广州:广东教育出版社,1993.

[6] 胡光玉,贾锡钧.中小学班集体建设概论[M].上海:上海科学普及出版社,1998.

[7] 教育部师范教育司组织.教师专业化的理论与实践[M].北京:人民教育出版社,2003.

[8] 马克思,恩格斯.马克思恩格斯全集:第3卷[M].北京:人民出版社,1960.

[9] 鲁洁.教育社会学[M].北京:人民教育出版社,1990.

[10] 马卡连柯.马卡连柯论青少年教育[M].北京:中国青年出版社,1984.

[11] 马卡连柯.马卡连柯全集(第5卷)[M].北京:人民教育出版社,1956.

[12] 马忠虎.基础教育新概念:家校合作[M].北京:教育科学出版社,1999.

[13] 潘旭华.管理学原理[M].上海:立信会计出版社,2011.

[14] 苏霍姆林斯基.帕夫雷什中学[M].北京:教育科学出版社,1998.

[15] 泰勒.原始文化[M].蔡江浓,译.杭州:浙江人民出版社,1988.

[16] 王道俊,郭文安.教育学[M].7版.北京:人民教育出版社,2016.

[17] 王道俊,王汉澜.教育学[M].北京:人民教育出版社,1989.

[18] 吴康宁.教育社会学[M].北京:人民教育出版社,1998.

[19] 杨乃虹.现代教育管理原理[M].北京:中国人事出版社,2001.

[20] 叶澜.教育概论[M].北京:人民教育出版社,2006.

[21] 于洁.我就想做班主任[M].武汉:长江文艺出版社,2018.

[22] 周金浪.教育学[M].上海:上海教育出版社 2006.

[23] 李玲,袁圣兰.家庭教育中家长主体参与和子女学业成绩之间的关系探究——基于链式中介效应分析[J].中国电化教育,2019,390(7).

[24] 李雁冰.论综合素质评价的本质[J].教育发展研究,2011(24).

[25] 吴遵民.关于对我国社区教育本质特征的若干研究和思考——试从国际比较的视野出发[J].华东师范大学学报(教育科学版),2003(3).

[26] 张红霞,刘志军.关于综合素质评价若干问题的再思考[J].教育发展研究,2022(8).

[27] 郑梅.巧妙沟通结同心,家校合作共育苗[J].中小学班主任,2024(3).